O PORÃO DA FAMÍLIA

ensaios de psicanálise

2ª Edição Revisada e Ampliada

YOLANDA MOURÃO MEIRA (ORG.)
ANA MARIA PORTUGAL
CARMEN MOREIRA CARAM
IZINÁ HELENA TRAVAGLIA
ROSELY GAZIRE MELGAÇO

O PORÃO DA FAMÍLIA

ensaios de psicanálise

2ª Edição Revisada e Ampliada

YOLANDA MOURÃO MEIRA (ORG.)
ANA MARIA PORTUGAL
CARMEN MOREIRA CARAM
IZINÁ HELENA TRAVAGLIA
ROSELY GAZIRE MELGAÇO

PSICANALISTA CONVIDADA:

ALICIA HARTMANN

Artesã

O Porão da família: ensaios de psicanálise
2ª edição revisada e ampliada

Coordenação Editorial
Karol Oliveira

Direção de Arte
Tiago Rabello

Revisão
Rhennan Felipe Siqueira Santos

Projeto gráfico e Diagramação
Plinio Ricca

Capa
Karol Oliveira

Ilustração
Sandra Falci

Dados Internacionais de Catalogação na Publicação (CIP)
(Câmara Brasileira do Livro, SP, Brasil)

O Porão da família: ensaios de psicanálise / Ana Maria Portugal...[et al.]; Yolanda Mourão Meira (org.); psicanalista convidada Alicia Hartmann. — 2. ed. - Belo Horizonte: Artesã Editora, 2018.

ISBN 978-85-88009-91-2

1. Família – Aspectos psicológicos 2. Psicanálise I. Meira, Yolanda Mourão. II. Portugal, Ana Maria. III. Caram, Carmen (Carmen) Moreira. IV. Travaglia, Iziná Helena. V. Melgaço, Rosely Gazire. VI. Hartmann, Alicia. VII. Título: Ensaios de psicanálise.

03-1083 CDD – 150.195

Impresso no Brasil

Printed in Brazil

ARTESÃ EDITORA LTDA.
Site: www.artesaeditora.com.br
E-mail: contato@artesaeditora.com.br
Belo Horizonte/MG

À memória de

Nilza Rocha Féres,
que acolheu a nossa proposta de trabalhar com a família nos incentivando a não recuar diante desse desafio

SUMÁRIO

PREFÁCIO DA SEGUNDA EDIÇÃO: ENLAÇANDO CÓDIGOS E MONSTROS: A FAMÍLIA SAI DO PORÃO

Thereza Christina Bruzzi Curi[1]

— *Aqui mais parece um porão*! — exclama Joana, ao se referir ao consultório da analista de sua família.[1]

É, então, a partir dos porões de seus consultórios, calcadas na clínica, que Ana, Carmen, Iziná, Rosely e Yolanda produzem o *Porão da Família: Ensaios de Psicanálise*, agora, em nova edição ampliada.

— "*Rédiculo*"! — assim Bruno define, para a avó, como ficara seu pai após raspar a barba. "Rédiculo" torna-se, daí em diante, o código pelo qual a família Gattai-Amado (Gattai, 2001) passa a dizer a palavra ridículo. Cada família tem seus códigos, suas particularidades, ditos

1 Psicanalista, membro da Escola Freudiana de Belo Horizonte/Iepsi.

que, se não pronunciados com os "devidos sotaques de berço, perdem a graça, não causam efeitos" (Gattai, 2001, p. 95).

Tal como para entender um chiste, é preciso ser da paróquia para transmitir os códigos nas famílias. E o psicanalista, por não ser da paróquia, é convocado a intervir quando o mal-estar se instala na família.

"Samsa acordou em sua cama metamorfoseado num inseto mons-tru-o-so!!!".[2]

— *Vocês sabem o que Kafka quis dizer com isso?* — pergunta um pai aos seus filhos, em uma sessão de família.

E ele mesmo responde:

— Vocês têm isso lá em casa. É como a Karina, irmã de vocês... em casa... sem trabalhar... sem estudar, no quarto, com aquela barriga "e-nor-me" de onde vai sair um bebê.

— O que vai ser deles? Não sabemos — acrescenta o pai.

Enlaçando monstros e códigos, histórias são tecidas nas famílias. Com o monstro de Kafka, um pai anuncia do que se trata quando uma família procura tratamento. De acordo com as autoras, isso acontece quando algo vacila na família e os arranjos de até então não se sustentam mais. É quando se verifica o impedimento de um trabalho com sujeitos, individualmente, quando a circulação do desejo entre os membros fica impedida, quando falham as condições estruturantes. O estranho, "mons-tru-o-so", anúncio do Real adentra a casa e faz esgarçar o tecido tricotado, aqueles códigos antes tão familiares.

No atendimento psicanalítico com a família, como mostram as autoras, evidencia-se a importância de uma localização precisa do sujeito e do objeto causa de desejo, para operar com os equívocos inerentes à própria estrutura do sujeito. O objeto "a", pedacinho excluído e não simbolizado, é destacado do sujeito para que este se constitua. Enquanto perdido, este objeto retorna como causa de desejo, por um lado e, por outro, é objeto intolerável, distinto do "eu" tomado como "outro" estranho.

2 O paciente refere-se ao personagem Samsa do livro *A Metamorfose* (1915), de Kafka.

No texto de 1919, Freud discorre sobre "O Estranho" (*Das Unheimliche*) (Freud, 1919/1976). Sua pesquisa sobre esse campo de fenômenos e sensações leva-o a constatar que o significado da palavra *heimlich* (familiar) acaba por coincidir com o seu oposto *unheimlich* (não familiar, estranho), ou seja, *heimlich* (vindo de *Heim* = casa, lar), no seu sentido de familiar, passa a significar não familiar. Ao longo de seu texto, Freud interroga-se: como algo que é familiar ao sujeito torna-se estranho e assustador?

Freud (1919/1976) relata que "uma experiência estranha ocorre quando os complexos infantis que haviam sido recalcados revivem uma vez mais por meio de alguma impressão, ou quando as crenças primitivas que foram superadas parecem outra vez confirmar-se" (p. 310).

Nas famílias, a presença do "Outro" pode ser tomada como *mons-tru-o-sa*, tal como Karina, e provocar a experiência do que é familiar e que causa estranhamento. A psicanálise com famílias possibilita a passagem para o confronto com o Estranho Familiar, ou seja, com uma Outra Cena que rege a vida do sujeito, Outro Lugar, que é o território do inconsciente, condição do desejo.

Em contraposição à mistificação da família como lugar ideal para tamponar as faltas, tropeços do Real, as autoras demonstram que é preciso que ela fracasse em tampar as falhas para que o movimento do desejo se instaure e o sujeito sustente sua particularidade no laço familiar.

A Família Ideal produz ideais de grupo em torno do líder, o que dificulta que cada um encontre sua singularidade. Um filho relata um jantar em família durante o qual um convidado quer saber a música preferida de cada um. É o pai quem responde, e todos, em uníssono, concordam com ele.

— *Assim não vale!* — exclama o convidado, atônito. Não se podia falhar frente ao ideal apontado pelo líder, não havia brechas que possibilitassem escolhas particulares.

"Pai e mãe, ouro de mina, coração, desejo e sina" (Djavan, 2015).

Como canta Djavan, se há na família ouro de mina, há também coração, desejo e sina, brechas para que cada um encontre seu jeito particular.

J., aos 15 anos, pegou, para "brincar", o revólver escondido durante anos nos armários. A mãe, assombrada, esbraveja com o pai, na sessão de família, para que ele esconda, novamente, a arma. Ao que o analista interpõe, dizendo que há que se haver com "isso" que, escondido durante tanto tempo, ressurge nas salas da casa.

No livro *Sal* (Wierzchowski, 2013), acompanhamos a saga dos Godoy, em uma história que é tecida em torno de um farol, uma "espécie de âncora para a família". Cecília, a matriarca, entrelaça suas lembranças tecendo uma tapeçaria em que usa cores diferentes para o marido e os filhos ausentes. Verde é a cor de Ivan, o marido, cuja mãe gostava de possuir as coisas. São palavras de Ivan referindo-se à mãe quando ele era menino:

— Ela não gostava de gente, não gostava mesmo. [...] Afora meu pai e eu, claro. Ela gostava de nós, gostava de mim como uma coisa bonita e cara que tinha o inconveniente de andar, de ter ideias próprias, de desobedecê-la, ao invés de ficar trancado numa gaveta (Wierzchowski, 2013, p. 23).

A menina-monstro que surge, metamorfoseada, na cama, o convidado que desarticula, a arma que sai do armário e o menino que não quer ficar trancado na gaveta indicam fracassos nos diferentes ideais de cada uma dessas famílias: não haver mudanças, todos terem o mesmo gosto, manter tudo escondido, todos obedecerem. Tais falhas são, por vezes, intoleráveis e levam famílias em crise aos consultórios.

Segundo as autoras desta obra, a família funciona quando fracassa, mas o fracasso e o mal-estar são, às vezes, intoleráveis. O psicanalista é convocado a se posicionar; no entanto, não cabe a ele oferecer soluções que aplaquem o mal-estar. Ao levar em conta as falhas, faltas e tropeços do Real, o psicanalista possibilita a abertura ao movimento do desejo, abrindo para que cada um explore sua singularidade na família.

A psicanálise não comporta um padrão de cura e é pautada pela incidência do Real. É essa direção que as autoras dão ao tratamento com famílias. Destaco aqui a radicalidade das propostas das autoras, em consonância com a ética da psicanálise que aponta para a impossível captura do Bem Supremo (Safouan, 1970).

O que mais nos ensina o *Porão da Família*? De seus baús saem pressupostos teóricos

Com novas configurações, a família insiste em existir. E, apesar das mudanças trazidas pela contemporaneidade, ela apresenta uma estrutura com um elemento que é constante. Surpreendo-me ao constatar que três elementos se articulam nessa estrutura: um elemento organizador constante, o interjogo das fantasias e o mal-estar. Não recuei em correlacionar esses elementos, respectivamente, com as três dimensões - Simbólica, Imaginária e Real.

Simbólica

As famílias apresentam leis e normas, códigos que regulam sua organização, havendo sempre, na base de seu funcionamento, um elemento organizador (interditor), que remete à função paterna e é amplamente debatido no livro, desde as considerações sobre o pai, em Freud, até as elaborações sobre a função paterna, em Lacan. Os textos ressaltam a repercussão na família do declínio da função paterna na atualidade.

Engendrada pelo simbólico, a família tem a incumbência de transmiti-lo. Pela via da linguagem, a transmissão de um nome tem por função identificar o sujeito. É a linguagem que institui a filiação. O significante, ao marcar o sujeito, segrega um conjunto de elementos recortados do universo simbólico, provocando uma particularização, uma forma específica de gozo para cada sujeito.

Imaginária

O interjogo das fantasias está presente na família: um sujeito toca a fantasia do outro e é tocado por ele, de modo que as fantasias se articulam e podem aprisionar. A detecção das relações fantasmáticas não é, entretanto, assunto de família, pertencendo ao particular de cada um. O interjogo das fantasias mantém-se presente, também, sob a forma dos mitos construídos e que atravessam gerações.

Com relação ao que atravessa as gerações, importante distinção é feita entre identificação e transmissão. O que a identificação torna consistente, a transmissão, como ato, faz corte. Sendo que se faz necessária uma transmissão veiculada no desejo que não seja anônimo, que nomeie. Essa transmissão implica o Real.

Real, o mal-estar

O mal-estar, tributário do encontro com a civilização, inevitável e inerente ao ser falante, permeia a vida de cada um, no amor, na profissão, no sexo, na família. Por vezes, na família, o sujeito coloca o mal-estar no outro. E a mulher, o marido, os filhos, os pais são responsabilizados pelas inquietações que lhe são próprias. Quando se fala de mal-estar, em Freud, é da presença do impossível que se trata. Impossível que é da dimensão do Real. A família estrutura-se para lidar com o Real. Se não há como curar o mal-estar que habita o sujeito, resta a possibilidade dos encontros faltosos, contingentes.

Assim, as dimensões Simbólica, Imaginária e Real estão enlaçadas na estrutura da família.

Remexendo nos baús: ainda, a clínica

A roupa suja da cuja se lava
no meio da rua (Buarque, 2015).

Em consonância com a canção, contrapondo-se ao ditado, a roupa suja da família é levada aos consultórios. Somos apresentados, neste livro, à inquietante proposta de formalização da clínica com família. Ao dar testemunho dos efeitos verificados por esse trabalho clínico inovador, as autoras fazem valer a premissa lacaniana de que "é somente sobre a base de fatos clínicos que a discussão pode ser fecunda" (Lacan, 1998, p. 693).

Vestida com o guarda-roupa diversificado da contemporaneidade, a família apresenta-se na clínica e um tratamento possível tem lugar. Na direção do tratamento, a psicanálise é uma só: nos atendimentos com criança, adulto, casal ou família, os pressupostos que norteiam a clínica permanecem os mesmos. Entretanto, apontam as autoras, não há encaixe da teoria psicanalítica no atendimento familiar, como se fosse uma psicanálise individual. Se não há encaixe, foi preciso colocar, com rigor, questões relativas à causa do desejo, tais como repetição e fantasia fundamental.

Escutamos, nos fragmentos clínicos, o discurso dos sujeitos que formam o laço familiar. Na direção dessa escuta, as autoras propõem uma torção, em que a família é tomada como um conjunto aberto, uma coleção de singularidades. Assim, em contraposição a uma clínica do grupo, *a clínica do sujeito.*

A clínica psicanalítica com famílias traz a possibilidade de atravessar o horror diante do qual o sujeito recua, paralisa, na insuficiência de seu sintoma, inibição ou angústia. Contrapondo os fenômenos comuns ao grupo que tamponam o Real, o trabalho com famílias pode desarticular os efeitos do Imaginário, abrindo a dimensão do singular.

Nesse sentido, é feita uma articulação entre a psicanálise com família e a lógica do trabalho em Cartel, tal como proposto por Lacan. Trata-se de um modo inédito de organização coletiva, que se contrapõe à lógica do grupo e que funciona graças ao elemento que lhe é exterior, o mais um. O trabalho de Cartel possibilita tocar o Real, desarticulando os efeitos do imaginário. Nessa direção, opta-se por tomar a família pelo coletivo e não pela estrutura de grupo.

De acordo com Freud, em *Psicologia das massas e análise do eu*, o que caracteriza o grupo é que seus participantes colocam um elemento externo, um líder, no lugar do Ideal do eu e, consequentemente, identificam-se entre si. Assim, o grupo, ao recuperar esse elemento externo – o líder – incorporando-o e anulando sua alteridade, implica a lógica do "UM", na qual as diferenças são anuladas e os membros, identificados entre si, tornam-se iguais uns aos outros. Em contraposição à lógica do grupo, Lacan (1998) propõe a lógica do coletivo. Para tal, utiliza-se do apólogo dos prisioneiros, demonstrando que uma pessoa só pode saber de si a partir do outro, que possibilita o conhecimento lógico dessa situação. Cada sujeito na família, tal como no apólogo dos prisioneiros, deve fazer um cálculo coletivo para se localizar como sujeito.

Em contraponto ao atendimento ***da*** família como ***Um-todo***, um grupo, tal como formulado por Freud, as autoras trazem a proposta de trabalhar a família utilizando a lógica do coletivo, que aponta para uma psicanálise ***com família***, em que é considerada a dimensão ***não toda***, do um por um, das diferenças (lógica do feminino, segundo Lacan).

Para concluir, fica aberto o baú

Enlaçando monstros e códigos, a família tece suas histórias e, do porão, do baú deixado aberto, sai, em edição ampliada, um livro tecido com o fio da clínica, com a delicadeza cortante de não recuar diante das incidências do Real.

COISAS DE FAMÍLIA[3]

Venus Brasileira Couy[4]

Algumas peças de roupa
Alguns castiçais de prata
Entre os vestidos
vestígios de festa
nas sobras do dia
murmúrios, tolices
Catalogando o tempo
(Rebuzzi)

Panos rotos, garrafas vazias, o sobretudo do pai em frangalhos, os braços da boneca Brigitte espalhados pelo velho piso de madeira. Sob o jornal amarelado, escondida, a caixinha de música da mãe, não há mais música, e a bailarina não dança mais. Soterrados no baú, Pinóquio e Soldadinho de Chumbo tramam guerrilhas inconfessáveis.

Por que, afinal, O *Porão da Família*? Na verdade, o título desta obra surgiu ao acaso, a partir da conversa com Rosely Melgaço e de uma paródia marota à obra *Infância no sótão*[3] – pesquisa que retrata a história esqueci-

3 Os autores apontam que: "foi exatamente em um sótão, o da Secretaria de Justiça do Estado de Minas Gerais, que nos deparamos com parte da história de vida de muitos meninos guardada em prontuários desde o início do século XX. Suas histórias se confundem com a história das instituições nas quais viveram, à medida que foram organizadas por elas. Em cada prontuário

da de diversos meninos encontrada nos prontuários dos subterrâneos da Secretaria de Justiça do Estado de Minas Gerais. Ali, crianças sem nome, sem família, sem nome de família, sem isto e aquilo e muito mais – cem vezes chamados, como o narrador-personagem do filme *Abril despedaçado*[4] de apenas "meninos" – põem-se a falar, ainda que um dia tenham tido a voz presa e engasgada na garganta e em silêncio se fizeram emudecer. Afinal, qual porão abrigará seus restos, desejos e fantasmas? Qual *bunker* recolherá os dejetos de *los niños* e os estilhaços da família?

Não se trata aqui de colocar a família no porão, mas, sim, ao revés, de capturá-la desse lugar, escondido das vistas do público[5], à margem até mesmo de certas teorizações e formalizações que perpassam o "bom discurso" psicanalítico, bem posto, bem colocado. E, enquanto isso... na clínica cotidiana e arenosa, quando se diz "deite e fale o que lhe vem à cabeça" é dela – da família – que reiteradamente se fala. Qual sótão desnudará as roupagens de poder que permeiam e encobrem a família e fará ecoar os códigos indizíveis do clã? Na penumbra sussurram secretos segredos.

Os textos, que ora se apresentam ao leitor, apostam e sustentam uma práxis com a família sob o viés da psicanálise – daí a proposição recorrente ao longo dos diversos ensaios: trata-se de propor a psicanálise com família. Esta não pretende um encaixe, tampouco uma ortopedização do desejo, individual ou coletivo. Busca-se, sobretudo, construir a fina teia da epopeia familiar, narrada em tantas cenas quantas forem as roupagens, decantada em tantos atos quantos forem

---

estavam seus dados: a capa com o nome da instituição, o retrato do menino, a sua identificação civil e física, o seu destino" (Veiga & Faria Filho, 1999, p. 21).

4 Filme *Abril Despedaçado* (2001), dirigido por Walter Salles, Brasil/ Suíça/ França.

5 No verbete *porão*, tem-se: "porão: 1. parte de uma casa ou edifício entre o primeiro piso e o solo, onde ger. se guardam coisas velhas, ou seja, (carvão, lenha etc.) (*quando pequeno gostava de brincar no p.*). *Guardava-se lenha no porão.* 1.1 *fig.*: lugar escondido das vistas do público, onde se passam atos ilícitos, escabrosos, vergonhosos (*os p.* da ditadura) (*os p.* do crime). 1.2 *fig.*: parte da psiquê onde se guardam lembranças inconfessáveis, fatos, coisas escabrosas que não se deseja divulgar (*os p.* da alma). 2. parte de uma casa ou prédio abaixo do primeiro piso, grande o suficiente para ser habitada (*eles alugaram um p. para morar)* (...) 6 Teat a parte inferior da caixa de cena, subterrânea ou não. Ir para o p. *fig.* Teat sair de cartaz (peça de teatro) (...)" (Houaiss & Villar, 2001, p. 2.262).

os desejos. Desejos não anônimos, não sem-nome. Qual subterrâneo guardará os crimes não ditos e abrigará as lembranças inconfessáveis?

Propor aqui a psicanálise com família significa admitir: a família não tem conserto, pois é justamente por meio do fracasso e do mal-estar que o sujeito pode advir. A família vai mal, obrigada, e dela não se faz concerto, pois a tão propalada harmonia, que se tornou até mesmo um clichê, não passa de uma miragem, o velho canto da sereia nas profundezas do mar... Ou ainda, lançando mão de uma imagem um tanto quanto desgastada, mas que possui certo fulgor, a do pôr do sol: quanto mais nos aproximamos dele, mais ele se afasta. E, assim, na roda de *la dolce vita*, rodopiam os discursos, os laços familiares, os desamparos, as impossibilidades, as insatisfações, os engodos, as faltas, os vazios.

Apostar, assim, em um trabalho com família sob o crivo da psicanálise implica reconhecer: é como provocação que se podem desconstituir certos imaginários familiares e até mesmo minimizar seus efeitos, é como intervenção que se torna viável o esvaziamento da inflada bolha de fantasias, retificando posições subjetivas e reinscrevendo o sujeito no campo do outro.

No jargão teatral, diz-se "ir para o porão"[6] quando se pretende retirar uma peça teatral de cena, indicando, assim, a saída de cartaz. *A contrario sensu*, podemos pensar que "sair do porão" é entrar em cena, colocando, assim, a peça, finalmente, no circuito. As autoras: Ana Maria Portugal, Carmen Teresa Moreira Caram, Iziná Helena Travaglia, Rosely Gazire Melgaço e Yolanda Mourão Meira. Participação especial: Alicia Hartmann.

No entanto, o que "as meninas"[7] se propõem a apresentar – em meio a nossa contemporaneidade alquebrada – não é a Grande Família, toda-poderosa, plena, indissolúvel, mas, sim, a família, barrada, não toda, rearranjada, transcriada, monoparental, *gay*, com ou sem

---

6 Bachelard (2000, p. 36-37) assinala: "[...] com efeito, quase sem comentário, pode-se opor a racionalidade do teto à irracionalidade do porão. [...] No porão também encontraremos utilidades, sem dúvida. Enumerando suas comodidades, nós o racionalizamos. Mas ele é a princípio o ser obscuro da casa, o ser que participa das potências subterrâneas. Sonhando com ele, concordamos com a irracionalidade das profundezas".

7 As autoras de *O Porão da Família* tratam-se carinhosamente por "meninas". Cf. Telles (1998).

pacto de solidariedade civil, de quartos e quintos casamentos ou de nenhum, e, sobretudo, atravessada por questões.

Ao avesso da antológica obra-prima *As meninas*[8], de Diego Velázquez, chamada ainda *Quadro de família*, *A família de Felipe*, *As damas de honra* e *A família real* – que curiosamente era denominada apenas *A família*, e, após o incêndio no palácio real em 1750, tornou-se conhecida por *Las meninas* –, a trama do quadro[9], que ora se representa, não pretende capturar a "fresca atmosfera da cena" (Ragghianti, 1968, p. 88), na qual Filipe IV, a Rainha Mariana, a Infanta *Doña Margarita*, as damas de honra, as criadas, os anões, o cão, o mestre de cerimônias e até mesmo o pintor contracenam.

No entanto, o que se pretende colocar em cena aqui é bem diverso. Como em um truque de circo, de bom prestidigitador, trata-se de rearranjar a "sala íntima" e deixar alguns lugares vazios. Inicialmente, vira-se para o espectador a tela que o pintor está pintando e ninguém vê, em seguida, desloca-se a realeza confinada ao espelho e coloca-se o par real junto com os anões, as criadas e o cão – que pode ser um gato, um pássaro ou um bicho de pelúcia – e, por fim, destitui-se a poderosa e loura infanta, "a filha do rei que é talvez um menino" (Brousse citado em Miller, 1993)[10], do centro da narrativa, do lugar cativo.

Incursionar, portanto, pelo porão da família significa atravessar o muro da linguagem, o avesso do avesso, a terceira margem, pantanosa travessia na qual o real nos espreita e escapa à significação. Lugar das

---

8 Acerca do quadro "Las meninas" (318 x 276 cm, 1656, Museu do Prado, Madrid, Espanha), de Diego Velázquez de Silva, Carlos Ragghianti (1968) aponta: "as personagens são vistas em uma sala do palácio real, contendo, nas paredes, quadros identificáveis – *Apolo* e *Pan*, escola de Rubens [...] Malgrado a escassez de cores na parte superior, é claro que a composição se concentra no influxo luminoso sôbre [sic] o "proscênio" e noutro do fundo, num contraste resolvido pelo jôgo [sic] de perspectivas: um quadro oblíquo em primeiro plano, a tela diagonalmente colocada, e o fundo com as figuras espelhadas contra a luz. É uma sala íntima. A realeza não participa do quadro senão por reflexo [...]" (p. 88).

9 Cf. Saliba (1988) e Foucault (1987).

10 Miller aponta que "La niña del bastón quizás es um niño, dice Mª Helene Brousse, pero la niña del baston quedará como el emblema de estas Jornadas" (p. 34, tradução livre).

"más intenções" e dos "maus pensamentos", o porão traz ainda o vazio emoldurado, o drama esquecido, a loucura entranhada.

Quem sabe, assim, consigamos vislumbrar pelas bordas do vestido da Infanta, ainda que de viés, os vestígios de nossos fantasmas, do irrepresentável, do irreconhecível, do que não cessa de bordejar, aqui e alhures, no só-depois "lálonge", *lalangue,* além do além da língua, "encenando a origem, mas também a morte" (Guimarães, 2005).

À MANEIRA DE UM CONTO

As autoras

O que se diz no princípio de uma obra escrita, certamente, é o que restou ao seu final. Este livro abre ao debate um polêmico assunto. Mas como não se avança com um ideal de uma teoria sem o questionamento de seus próprios argumentos, como faziam Freud e Lacan, trazemos nossa proposta sobre a clínica com a família.

Nossa proposta de reflexão sobre a clínica com família surgiu nos primeiros anos da década de 1990, quando formamos um grupo de estudos que apresentava seus trabalhos e pesquisas no Instituto de Estudos Psicanalíticos (Iepsi). Não nos limitando a pontuações teóricas sobre o tema, insistimos em privilegiar a formalização exigida pelos avanços da psicanálise lacaniana em relação à prática clínica que testemunhávamos ao longo dos anos. Em outras palavras: tentávamos circunscrever os efeitos, a eficácia e os limites da psicanálise com a família.

A resistência do meio psicanalítico em nos escutar, inicialmente contundente, tornou-se um impulsor para nos aventurarmos a renovados estudos do assunto, sabendo que não caberia ceder e recuar diante de tal desafio, visto ser esse tipo de obstáculo já há muito conhecido da psicanálise. Aliás, desde seus primórdios, Freud deparou com a oposição em relação às ideias que divulgava.

Sustentar um tratamento da família com os parâmetros da psicanálise, inclusive com os avanços introduzidos por Lacan, foi nosso empenho desde o primeiro trabalho em 1992, quando, em contraposição a uma orientação à família, buscamos operar com as coordenadas do simbólico, guiadas pela proposição de que um analista se define não por um padrão da demanda, mas pelo lugar que ele ocupa: o lugar do analista.

Foi muito importante a supervisão de Nilza Rocha Féres, psicanalista que não recuava perante às mais difíceis causas, com uma interlocução muito produtiva e instigadora. Formalizar essa clínica trouxe questões nos limites da psicanálise: como o inconsciente se apresenta na família? A "instituição família" é uma estrutura que persiste para além das variações das formas contemporâneas? A família é tomada como um todo ou são os sujeitos que são tratados? Qual o término possível desse atendimento?

Posteriormente, por intermédio do dispositivo de cartel, convidamos Ana Maria Portugal para mais-um, quando nos direcionamos a investigar a incidência do real na clínica com família, já que as coordenadas simbólicas, até então utilizadas, revelaram-se insuficientes para a formalização da pesquisa. A ideia do presente livro teve sua origem na produção do cartel, como um registro do trabalho, pretendendo manter o debate e a reflexão, como em um laboratório.

Se a psicanálise transcende um padrão de cura, já que sua direção se pauta pelo encontro com o Real, com o incurável que habita o ser falante, o que lhe resta é a criação, como possibilidade de formalizar uma clínica no *a posteriori*, como o oleiro que modela sua obra em torno do vazio. O trabalho com família vem presentificar o vazio, inclusive, apontando para o que é da dimensão do não formalizado no tratamento do coletivo.

Tentando iniciar o leitor em uma incursão de supostas e provisórias conclusões, digamos que a estrutura deste livro se aproxima à de um conto.

"Um conto sempre conta duas histórias", diz Ricardo Piglia, escritor argentino, no livro *O laboratório do escritor* (1994). Uma história visível esconde uma história secreta, narrada de um modo elíptico e fragmentário, que, ao final, aparece na superfície. Cada uma das histórias é contada de maneira diferente, tanto na causalidade quanto nas lógicas narrativas, às vezes antagônicas, sendo os elementos essenciais utilizados diferentemente pelas duas. O que é supérfluo em uma é indispensável na outra, criando uma tensão nem sempre resolvida, fazendo aparecer, artificialmente, algo que estava oculto, por meio de uma iluminação profana.

Como nos conta Rimbaud: a visão instantânea que nos faz descobrir o desconhecido, não numa longínqua terra incógnita, mas no próprio coração do imediato. Para o psicanalista, o imediato é a clínica, lugar onde pulsa a demanda a ser acolhida, pois nela se articula o desejo que se antecipa, exigindo o avanço da teoria. Freud (1923, p.307) sabia disso, como expressa ao final de um verbete para uma enciclopédia:

[...] a psicanálise não é, como as filosofias, um sistema que parta de alguns conceitos básicos nitidamente definidos, procurando apreender todo o universo com o auxílio deles, e, uma vez completo, não possui mais lugar para novas descobertas ou uma melhor compreensão. Pelo contrário, ela se atém aos fatos de seu campo de estudo, procura resolver os problemas imediatos da observação, sonda o caminho à frente com auxílio da experiência, acha-se sempre incompleta e sempre pronta a corrigir ou a modificar suas teorias. Não há incongruência (não mais que no caso da física ou da química) se a seus conceitos mais gerais falta clareza e seus postulados são provisórios; ela deixa a definição mais precisa deles aos resultados do trabalho futuro.

E nos alerta, na introdução a seus casos clínicos: "...Na minha opinião, o médico assume deveres não só em relação ao paciente individual mas também em relação a ciência, e dentre eles está o dever de publicar o que julga conhecer [...] e será vergonhosa covardia de sua parte deixar de fazê-lo" (Freud, 1905, p.6).

No que se refere ao tema psicanálise e família, este livro se antecipa. Não pretende fazer definições, mas, sim, brota da clínica e da transmissão em psicanálise, fazendo conjecturas que poderão ser verificadas no *a posteriori*. Algumas são reflexões pontuais, outras reafirmam a teoria já estabelecida, outras propõem uma ampliação do campo para que se possa demarcá-lo melhor.

Assim, cabe ao leitor lidar com a tensão e com os imprevisíveis efeitos da "iluminação profana".

PREFÁCIO QUE FUNCIONOU COMO UM LABORATÓRIO ONDE VÁRIAS COISAS ACABARAM POR SER FEITAS, OU MELHOR, DITAS

Célio Garcia

O convite que me foi endereçado pelas autoras para que trouxesse algum comentário a ser incluído na coletânea sobre psicanálise e família, eu o entendo como um convite ao trabalho em comum, como em um laboratório. Laboratório onde testássemos nossas ideias, nossos conceitos, nossa prática. Laboratório, como dizem os grupos de teatro e os grupos de formação, lugar onde um convívio intenso fizesse surgir alguma elucidação após enfrentamentos de nossas diferenças, sem esquecer demonstrações de afetividade.

Sinto-me levado a expressar meu afeto pelo grupo de colegas que reuniram os trabalhos constantes na coletânea. Vou mais longe, dizendo de minha admiração por colegas que se organizam em torno d uma prática que aceita responder a questões e problemas que se põem aos casais nos dias atuais. Claro que, com isso, estaremos falando de família e não do atendimento individual, o que já constitui motivo de debate entre nós.

Sabemos que as pessoas que nos procuram em nossos consultórios e em nossas clínicas, na maior parte do tempo das sessões, falam sobre a família. A pergunta é: por que não atender diretamente a família, já que é dela que vamos falar? Acresce que, em alguns casos, somos procurados pelos dois cônjuges ao mesmo tempo. E, no entanto, discute-se se podemos falar de psicanálise da família. É bem verdade que a maneira de atender pessoas que nos procuram em virtude de sofrimento emocional e afetivo, técnica deixada por Freud, comumente chamada psicanálise, é experiência regrada e somente acontece dentro de determinados parâmetros, obedecendo a certos limites. Poderia a intervenção com a família estar destinada a um acompanhamento em fase aguda de desentendimentos e posterior encaminhamento a uma psicanálise individual?

A resposta é afirmativa, mas logo surge a indagação sobre o atendimento em família. Quando ela já está reunida no consultório, por que não prosseguir com esse atendimento? Por outro lado, não há nada de mais em delimitar nossa atuação na clínica psicológica.

Há, certamente, outras abordagens mais maleáveis, mais facilmente adaptadas à situação criada pelo atendimento em conjunto, quando o marido e a esposa se encontram no mesmo horário e lugar ao tentar solucionar problemas do convívio familiar. É bem verdade que a extensão da prática e da aplicação da psicanálise veio em virtude do impacto e da importância que teve durante o século XX, ela mesma tomando parte em debates, movimentos de prevenção, promovendo estudos de natureza social, mostrando inquietação pelos rumos que tomavam certas instituições como o casamento ou a educação dos filhos, para nomear duas que estarão na pauta de nossos comentários.

É comum dizermos que a família está em crise. Possivelmente, estamos vislumbrando nos tempos que passam novas formas de organização familiar, já não encontramos os mesmos personagens nem os mesmos lugares no cenário que chamamos de lar. A família monoparental é bem um exemplo, encontrando-se somente a mãe ou somente o pai marcando presença na casa, ou responsável diretamente no dia a dia, no cuidado dos filhos.

A família recomposta, que resulta da reunião de marido e esposa em segundas núpcias com filhos provenientes de dois casamentos distintos, leva-nos a adotar prática capaz de revolucionar nossos usos estabelecidos, até mesmo, crenças que contavam com respaldo de sabedoria secular. As acusações tão frequentes por ocasião de uma separação, a noção de culpa, critério para que o juiz confiasse a guarda dos filhos a esse ou àquele cônjuge, tudo isso passou a ser visto sob novo ângulo. Uma inovação como a guarda compartilhada, já prevista em nossa prática jurídica, vem desempenhar papel importante no acompanhamento da família.

Surgem os casais com parceiros do mesmo sexo, logo pretendem eles adotar filhos. Assim vai se diversificando a instituição tida como a *célula mater* da sociedade. Entendo que, se a psicanálise se apresenta como uma abordagem no atendimento de família, ela deve estar acompanhando todas essas experimentações que atravessam a "instituição família". Por isso que os colegas argentinos haviam criado o termo "Clínica das Transformações Familiares", no Centro Descartes, para nomear o trabalho de orientação psicanalítica com a família. Assumia, decididamente, a equipe de psicanalistas do Centro Descartes a fase atual de transformações por que passa a família, sem nenhuma preferência por esta ou por aquela forma de organização.

Dou apenas um exemplo: o já conhecido declínio da função paterna acontece ao mesmo tempo em que mudanças consideráveis são vivenciadas no seio da instituição familiar. Não basta fazer jornadas e simpósios sobre o declínio da função paterna sem acompanhar mesmo o que se segue em virtude desse declínio. De imediato, passávamos a pensar no que está acontecendo e que anuncia novas formas de relacionamento e talvez novos sintomas. De outra maneira, estaríamos adstritos a um grupo de famílias que, estando reunidas debaixo do mesmo teto, identificam suas crises tão somente em termos de uma separação, como toda separação sempre difícil. Podemos pensar que a crise e as questões vão além de uma separação de casais.

Não tenho visto por parte de meus colegas (em que eu me incluo) uma casuística que nos apresentasse casos com as novas formas de organização familiar, ocasião para diversificar o leque de nossas intervenções. Daí a impressão que fica e que tem sido motivo para objeções por parte de grupos situados fora do âmbito da família dentro das normas, impressão de que a psicanálise está comprometida com uma "ordem dita simbólica". A expressão ordem simbólica tem sido empregado para mencionar o modelo a que corresponde a organização da família tradicional (pai e mãe vivendo no mesmo lar rodeados ou não de filhos).

É possível que a ameaça da separação, ou a separação, em se tratando de uma família dentro das normas, seja vivida como um desastre, deixando as pessoas em desamparo emocional ou afetivo, justamente em função da tal ordem simbólica, em que atuaria a psicanálise. Não vamos fazer aqui papel de incendiários, agravando nossas inquietudes. Há mesmo uma reação por parte de autores que têm defendido, firmemente, a ordem simbólica sobre a qual se assentariam as intervenções da psicanálise da família. Esses autores têm denunciado a mudança de identidade sexual, as cirurgias que modificam o sexo da pessoa, as mudanças de nome a partir de uma mudança de sexo, os casamentos com parceiros do mesmo sexo, a adoção de filhos por casais do mesmo sexo, a guarda compartilhada e o declínio da função paterna, tudo isso sendo visto como grave ameaça para os destinos da humanidade. Precisaríamos de uma ordem simbólica bem estabelecida; para isso nada melhor que conservar o que nos foi deixado pelos usos e costumes assentados em sabedoria secular. "Instituir a vida", dizem os autores, significa aceitar os fundamentos da lei, a função paterna como garantia de genealogia, descendência e sobrevivência da humanidade. Não são autores unicamente comprometidos com um pensamento religioso, são autores que se debruçam sobre as questões que são as nossas. Por conseguinte, só tenho a admirar colegas que, com uma prática rica, acumulam documentação, agora trazida ao público formado por todos os que se interessam pelas questões aqui identificadas. Podemos afirmar que o trabalho realizado pelas colegas merece nossa consideração e elogio. Mas podemos ir além e aproveitar a ocasião para um balanço de nossa prática frente aos problemas e indagações que surgem em nosso horizonte de início de século.

Temos nos limitado, já disse, a uma faixa do que hoje entenderíamos por família, consequentemente temos pensado nossas questões a partir de uma amostragem por demais homogênea, o que talvez oculte a problemática em jogo. Eu mesmo escrevi um livro *Psicologia Jurídica - Operadores do Simbólico* (2004), vejam que uma ponta de ironia para comigo perpassava o título, já que, ao trazer documentação sobre a interface Direito/Psicanálise, toda ela suscetível de nos fazer deparar com questões a ser pensadas em função das tais transformações, eu me colocava em xeque, pois até então só levava em conta a "ordem simbólica", agora atendida pelos seus operadores. Havia até criado o termo "Operadores do Simbólico", por ocasião do Congresso sobre Direitos da família. O termo reunia advogados, juízes, psicólogos e psicanalistas, todos aqueles que trabalhassem na área da família. Foi bom ter encontrado o termo que confortava meus anseios e os anseios de meus colegas, mas logo percebi que deixava de fora alguma coisa.

Ficava, assim, evidente que a ordem simbólica tradicional, constituída pelos elementos básicos em torno da família, da noção de responsabilidade e culpa, não eram suficientes para se pensar a violência encontrada em nossas cidades, as novas formas de organização familiar, o declínio da função paterna, as recomposições inventadas pelos implicados nas novas formas de convivência familiar, os vínculos criados em comunidades eletivas formadas por pessoas do mesmo sexo ou não.

Se me for permitido, vou dar um primeiro resultado de anotações em que registro dados encontrados fora da família enfeixada pela "ordem simbólica"; ao mesmo tempo, espero assinalar as questões e os esclarecimentos que daí decorrem. Minha hipótese será: quase que, espontaneamente, veremos surgir interrogações encontradas pelas colegas nos textos enfeixados nessa coletânea; assim, não serão críticas deselegantemente sublinhadas, mas certo deslocamento operado, ao não me restringir à chamada "ordem simbólica", nos oferecia uma outra perspectiva, eventualmente, outro ponto de vista para poder observar o que acontecia. Sem que, em momento algum, se pretendesse uma solução definitiva ou técnica de substituição. Vamos ao teste de minha hipótese.

O casal e o pacto de solidariedade. A guarda compartilhada ou a solidariedade no pacto

O assunto desse tópico é uma questão milenar e envolve união de parceiros comprometidos por laços de afetividade; sabemos ser um tema de importância, a tal ponto que as religiões frequentemente procuraram se associar ao Estado na regulamentação da referida união. Com a separação dos poderes, já nossa Constituição de 1891, a primeira da República, referia-se apenas ao casamento civil e gratuito. Veremos que, a propósito do casal, nossos tempos trouxeram duas questões cujo encaminhamento exigiram notável criatividade do pensamento jurídico, ao mesmo tempo em que punham à prova sentimentos íntimos, ligados à vida psíquica de cada um dos parceiros. No Brasil, a Constituição de 1988 alterou profundamente a concepção jurídica da família. Nessa carta foram inseridos novos dispositivos institucionais que diziam respeito à filiação, ao princípio da isonomia entre os cônjuges e a formas de entidades familiares.

A primeira parte do título ("pacto de solidariedade") menciona o casamento, tanto em sua forma tradicional quanto em sua modalidade inovada, o que pode sugerir que o casamento poderá ser compreendido no âmbito de um pacto mais amplo do que o habitual pacto conjugal. A segunda parte, "guarda compartilhada ou solidariedade no pacto", traz à baila questões relativas às decisões a ser tomadas quando o casal se separa e a sociedade conjugal se desfaz. Para onde vai o pátrio poder? Ele deixaria, afinal, de existir? Ou estaria ele ora de um lado, ora de outro, criando uma solução bem estranha? A guarda compartilhada propiciou entendimento mais adequado dessa questão milenar. Quero mencionar o pátrio poder.

I. O pacto de solidariedade

Na era do pós-guerra, duas perspectivas surgiram em nosso horizonte conturbado. Por um lado, a fraternidade, o movimento comunitário, cujo auge foram os anos 1960, prometiam o amor, pensando, com isso, afastar a guerra. Por outro, as minorias (raciais, sexuais), agora contempladas com o devido reconhecimento político, davam a impressão de representatividade no seio da comunidade. Atualmente, somos advertidos pela Antropologia "ser difícil escapar da segregação presente em todo sistema simbólico; a exclusão é inerente a todo sistema classificatório". A hipocrisia da ideologia multiculturalista, fundamento da promoção das minorias, ocultava formas de racismo e segregação.

Esgotados os recursos enumerados anteriormente, deparamo-nos, na etapa atual, com a diferença mais uma vez. Como tratar as diferenças, sem recorrer às soluções costumeiras, baseadas, sabidamente, na noção de identidade? Essa é a orientação que nos levou à presente nota.

Surpreendido pela riqueza do material que nos oferecia recente debate na França, todo ele documentado pela imprensa parisiense, vamos acompanhar, passo a passo, o tratamento dado à questão da "identidade" (sexual) em oposição à "tendência" (sexual), termos que mobilizaram os jornais e representantes de diversas correntes, todas elas convocadas pela questão. Teríamos de mencionar igualmente a documentação dada a público pelo caderno IDEIAS, da *Folha de S.Paulo*, em 12 de março de 2000. Já que encontrava documentação atualizada nas páginas dos jornais, fiz levantamento de frases, enunciados que compõem o discurso formulado, posições aos poucos reveladas, fontes a que se referiam, crenças que validavam noções, apoio para diversas perspectivas abertas no campo semântico pelo debate.

De repente, era a psicanálise de Freud que se via solicitada a tomar parte na discussão sobre identidade, identificação, modos de gozar, função paterna e seu declínio, pondo à prova noções que ela mesma havia contribuído a construir e fazer valer. Partindo dos termos "Identidade", "Tendência", constantes nas discussões registradas nos jornais, logo me dei conta da pertinência em trazermos para o confronto outros termos, tais como "depuração" (racial, religiosa, partidária, e outras), "comunidade" e seu eventual fundamentalismo, "função paterna", tida como referência, sem esquecer seu constatado declínio, "pequena diferença" como referência suscetível de afastar os maciços parâmetros e pesados emblemas fornecidos pela identidade e identificação, todos eles termos que povoaram, queiramos ou não, um século de psicanálise ou a psicanálise do século.

Identidade, fonte de segregação *versus* tendência, marca de uma dimensão genérica

O pacto civil de solidariedade (PACS), discutido no parlamento francês durante todo o ano de 1999, foi motivo para explicitação de aspectos não bem esclarecidos até então. O PACS foi ocasião para que se discutisse o quadro jurídico a ser assegurado em se tratando da homossexualidade e diversas situações dele decorrentes. "Instituir o sexual" foi o termo postulado para dar nome aos princípios que seriam adotados; "instituir", no vocabulário do pensamento jurídico, quer dizer proceder à montagem consistente, amparada em dispositivo legal a ser testado em jurisprudência logo acumulada, montagem suscetível de encaminhar a questão que motivou o novo instituto jurídico. Veremos qual a expectativa do público, de que instrumentos lançavam mão dos profissionais para pensar o novo "instituto" jurídico; veremos ser discutida a orientação a ser dada à "instituição" do sexual em se tratando do instituto jurídico cogitado. Seria a identidade sexual declarada critério decisivo para fundamentar a montagem jurídica? Contaria o pensamento jurídico com outro critério que não a identidade?

Por ocasião do debate nos jornais, em fase que antecedeu a intervenção do legislativo, surgiram posições supostamente representativas de grupos que produziam os enunciados a que me referi anteriormente. Logo, os opositores às pretensões do Movimento Gay argumentaram que, sendo a identidade sexual destinada a socializar a sexualidade de cada um por meio das relações *tenables dans la réalité* (ponho na língua original para assinalar a dificuldade de quem assim se expressava), não era compreensível que se passasse a decidir agora a partir das *tendências sexuais,* pois, se assim fosse, estaríamos confundindo a simbólica dos sexos com um pretenso "unissexo", ou com um "terceiro sexo" dito mais livre, mais criativo, mais generoso. As tendências de cada um, seus gostos, suas aspirações, enfim, sua subjetividade não seriam uma referência para instituirmos com elas laço social, fazendo crer que um particularismo, orientação pulsional, valem como realidade universal. Somente a pessoa é sujeito de deveres e direitos, concluem, o que não é o caso de uma tendência sexual. "Como organizar, ou pensar em organizar, uma tendência sexual" foi o enunciado formulado claramente pelos opositores às pretensões do Movimento Gay e seus simpatizantes? Como contar com uma tendência que, na verdade, reativa o que há de mais primitivo na sexualidade, simplesmente repetindo a pré-história afetiva, limitada ao mesmo e ao semelhante? Desconhecem os opositores ao Movimento Gay a dimensão genérica suscetível de acolher uma tendência, a qual poderá se ampliar, sem que por isso devesse criar nova identidade, ilusão fundadora de comunidade, dimensão genérica, cujo alvo não será a universal fonte de identidade; aliás, o singular com o qual trabalha a psicanálise não se refere e não tem como ponto de conclusão o universal. Genérica é a dimensão que convém ao singular. Universal é a dimensão na qual se encaixa o particular. Algumas situações examinadas ao longo de nosso texto vão nos proporcionar alguma intimidade com o genérico; em todo caso, sabemos ser este o fundo de ideias e enunciados a partir dos quais se discute a união de duas pessoas do mesmo sexo com reconhecimento perante a lei e a adoção de filhos por um casal homossexual.

Além dessas questões aqui identificadas a um nível bastante prático, há um aspecto a ser posto em relevo que diz respeito aos fundamentos de uma identidade, tal como ela é pensada, a saber, seu caráter universal; em outras palavras, como seria possível coletivizar ou pensar para toda a coletividade um dispositivo de lei? Sabemos que o grande Outro ou que nome tenha (Deus, para os que creem, Universo panteísta, para os que constróem assim uma Referência máxima) foi desde sempre uma via de passagem que articula o singular ao coletivo. Pierre Legendre, jurista e leitor atento do texto de Freud, tem apontado para o desastre, se continuarmos a trilhar o caminho que passa pelo declínio da função paterna. O autor vê no novo estatuto ou instituição do sexo, no casamento homossexual, na mudança reconhecida e autorizada de sexo algo que colocaria em xeque as montagens que asseguraram a Referência indispensável com a qual nos organizamos em nossa genealogia. *La fabrique de l'homme occidental* (livro de Legendre) é um verdadeiro panfleto contra o atual estado de coisas.

A comunidade, a comunicação, o coletivo

Teríamos que, forçosamente, encontrar em nossa reflexão dois termos que circulam em se tratando de comunidade, a saber, a comunicação e o coletivo. Uma das perguntas será: o que há em comum dentro de uma instituição como casamento ou, ainda, o que é comunidade?

A comunidade, para nós, consiste na partilha e na exposição à finitude e à imortalidade do sujeito soberano, finito, porém, aspirante à imortalidade: isto é, na interpelação que se revela constitutiva do ser-em-comum. Freud nos advertira para o fato de que a "Psiquê é extensa"; ela não é fechada em uma forma, ela é apenas o que ela é graças à sua extensão. Ela só faz existir expondo ao que está fora. Por outro lado, considerar que a comunicação é um laço supõe resolvida a questão do em-comum. A metáfora do laço social superpõe a sujeitos uma realidade hipotética – a realidade do laço – à qual nos esforçamos em conferir uma intersubjetividade dotada de virtudes capazes de ligar as pessoas umas às outras.

Ora, a sociedade é laço e separação; o estado social nos expõe à separação, ele expõe o homem, e o apresenta ao julgamento de seus semelhantes.

Para a psicanálise, o emissor recebe sua própria mensagem invertida, consistindo nisso a comunicação. E se ele não se dá conta do esquema, basta indagarmos: "por que você quer que eu...". A isso chamamos performativos de segunda pessoa, a saber, o tu, segunda pessoa, vem a ser aquele a quem se dirige a mensagem, tornando-a efetiva, performativa. Mas as coisas não acontecem somente na cabeça dos militantes de Movimentos que combatem pelas minorias excluídas da "ordem simbólica". Vamos à clínica.

A clínica atual ou os novos sintomas

Podemos creditar o epíteto "novos sintomas" ao inusitado da maneira como o sintoma se apresenta, à dificuldade em se estabelecer um diagnóstico, em se conduzir à cura. Como se apresentam os "novos sintomas"?

O sintoma clássico reconhecido por Freud era uma formação estranha ao sujeito, considerado pelo interessado pouco explicável, com tendência a se manter isolado como experiência de vida. Freud estabeleceu como referência o Édipo e sua história; uma mãe cuja exclusividade é desejada e um Pai que se interpõe impondo o que ele chamou entrada no Édipo, assim como sua saída, uma vez que a situação passasse por elaboração.

Cabe falar em Metáfora paterna, cujo operador é o pai e cujo resultado é o falo, significante mestre que organizava o campo. Era essa a "ordem simbólica". O que era sempre possível já que a situação inicial era pensada em termos de uma metáfora, ou seja, um sentido que emprestávamos a alguma "coisa". Metá-fora, com um hífen para destacar o *meta* e o *fora* (Exemplo: a primavera é a juventude da vida.), quer dizer emprestar, transportar sentido de uma palavra "Juventude" para outra "Vida". Tudo isso organizado, ordenado, garantido por uma lei – o simbólico, o qual também podemos chamar de tradição, os mais velhos, nome do pai, enfim.

Agora, não é mais assim. O mundo esvaziou-se de sentido, dizem os mais jovens, nossos pacientes. Houve desvalorização das grandes metáforas, dos ideais, das identificações. A hegemonia assegurada graças à identidade, ao real identitário, chega ao seu fim. Qual é, afinal, a figura semântico-política que vai prevalecer nesse universo? Qual a deriva caótica a que leva esse esvaziamento? Em vez da metáfora, vamos encontrar, com muito mais frequência, a metonímia, ou seja, os mais jovens passam de uma "coisa" para outra, de uma marca (*griffe*) para outra sem nenhuma razão, de uma... enfim, não vou continuar a lista de objetos que formam o modismo logo explorado pelo mercado. De que acham graça os mais jovens? Como se divertem? Contra o que se revoltam quando encontram barreiras?

Existe certamente a pulsão, mas o prazer e a forra (o gozo) vieram a se desvincular da grande referência: o pai. Formariam série os tais objetos com *griffe*, a moda consumista, sabendo-se que eles desaparecem do mercado como por encanto? Ou é próprio da metonímia instaurar uma insaciável busca de prazer, sem nenhum referencial semântico? Como poderíamos, nesse caso, ainda pensar em algo coletivizável?

Já os opositores ao Movimento Gay estavam baseados no caráter universal a ser atribuído ao reconhecimento o qual, sabidamente, encontrou guarida, por vezes, no pensamento jurídico institucional tradicional. Fica claro que o universal mencionado não será equivalente ao coletivizável por mim anotado. O coletivo foge à oposição massa/grupo, conhecido por Freud. O coletivo não passa pela identificação ao líder no esquema freudiano, indispensável ao grupo.

Se já não dispomos de uma via de passagem (a religião, a tradição, o pai, os mais velhos...) que nos dissesse como ir do um para o coletivo, que novas formas de referências estão surgindo, longe da tradição, com o declínio da função paterna? Há o que podemos chamar de identificação horizontal suscetível de dar origem ao que já foi chamado *rule girls* (Anthony Giddens) como fenômeno bem situado em moças que seguem comportamento bastante consistente em sua conduta sexual, sem que estejam se referindo ao pai, pois já nem moram em casa da família, nem parecem ligadas a práticas ou ideologia tradicional.

Um exemplo de situação concreta encontrada em psicanálise

Qual a conexão entre a figura do pai, da família patriarcal, do pátrio poder e o declínio da função paterna? Tudo aconteceu tão de repente que nós nem reconhecemos como tendo acontecido conosco. O corte aqui será essa ruptura, para alguns impossibilidade nunca admitida, para outros motivo de enlouquecimento. Foi a psicanálise a passadora do pensamento desse processo entre duas gerações. Foi Freud quem se encarregou de colher os primeiros sinais, relatá-los, por vezes por meio da linguagem mítica, ao fazer apelo aos mitos.

Vamos dizer que o "grande Outro barrado" (inexistente, por conseguinte) vai repercutir em todos os níveis, ou seja, a função distribuidora de lugares tornou-se obsoleta, e a antiga hierarquia em forma de pirâmide transformou-se em uma outra figura não hierarquizada. A democracia, eventualmente, assim como a função paterna vieram a se tornar impotentes. Os sintomas trazidos em nossa clínica nos falam de um sentimento de impotência, de um mal-estar diante do tamanho das instituições (elas também impotentes), de uma impotência diante dos filhos, de uma impotência diante das leis do mercado, de uma impotência diante do desemprego, quando se sabe que eles não voltarão a ser o que foram. A psicanálise teria dado testemunho de tudo a que me referi, por isso chamei-a passadora de um pensamento, pensamento desse processo. Como falar do novo sem o ruído da destruição, sem os cuidados da depuração?

A Sérvia, quando pretendia depuração racial, é um exemplo na atualidade recente. A tese de Zizek (ele mesmo originário da Eslovênia) é a seguinte: a Sérvia se pensa a si mesma como a única não atacada pela enfermidade, que seria o secessionismo que se abateu sobre a velha república da Iugoslávia; na verdade, a Sérvia parece não registrar seus atos e consequências. Vejam-se as danças nas ruas, enquanto Milosevic, ditador várias vezes eleito, pensava na Grande Sérvia. O discurso nacionalista ancorado na depuração de raças e religião corroeu muita coisa na alma Sérvia, conclui Zizek. A autonomia é cada vez mais tendência de nossos dias; os países e povos sujeitos a limites de acordo com soluções políticas da época já não se submetem ao que ficou estabelecido no passado. Um casal que isola suas questões e quer a todo custo se proteger da separação tem algo de Sérvia. Esperamos que a psicanálise, tal como a praticamos, não se envolva com procedimentos dessa natureza.

Na prática clínica, se não fazemos apelo ao real identitário, como já aconteceu, podemos trabalhar com o critério de pequenas diferenças, sem prejuízo de conceitos como "verdade", em nada nos comprometendo com o relativismo. Por sinal, o neutro não é categoria que se apresente com nitidez suficiente para que com ele possamos trabalhar. Neutralidade era a posição pretendida pela belezinha da "bela alma", sempre disposta a ver no outro fonte e origem dos próprios problemas.

Na prática clínica, tratamos o gozo de maneira não familiar. As mais variadas versões trazidas pela criança enlaçam a criança, o analista e a instituição, e deveriam levar à destituição do saber "psi". A diferença nos modos de gozar e seus paradigmas suscitam a questão da "tendência sexual", objeto de debate na França por ocasião do PACS.

No caso, interessa-nos especialmente o reconhecimento, o estatuto jurídico a ser atribuído, o tratamento que será dado pelo Estado às questões de identidade sexual. A psicanálise será parte atuante nesse debate, por ela há muito esperado, desde Freud. O que segrega, diria, é o real a que se pretende chegar pela ruptura, no caso, um real identitário; a pequena distância que diferencia (tendência sexual, modo de gozar) não passa pela identidade sexual e pode estar incluída no coletivo, sem menção ao universal.

A psicanálise será um discurso entre outros, eventualmente passadora de discursos próprios ao século que se termina, eventualmente criando interface com outros discursos sobre os quais ela não pretende hegemonia. Ela não será paradigma nem a "ciência comum", ou geral, que servirá de ponte ou lugar epistêmico de onde serão examinadas as outras ciências.

II. O casal e a guarda compartilhada

Depois de percorrermos o que terá sido encontrado em se tratando do casal, surpreendentemente, associado ao "Pacto de Solidariedade", vamos nos debruçar sobre uma questão de atualidade enfocando a guarda de filhos após divórcio, ou seja, após separação do casal. Divórcio e separação sugerem divergência, desde sempre vividos em meio a sofrimentos e enrijecimento de posições. Enfrentando todos esses obstáculos, a guarda compartilhada se impõe a nós, sempre apostando na *solidariedade de um pacto*, ainda que submetida à dura realidade. O vocabulário utilizado para expressar esses sentimentos e posições atesta a construção de argumentos e defesas cuja âncora vem a ser frequentemente a Psicologia, com ou sem a anuência dos profissionais atuantes nessa área. Vimos, então, surgir ocasião única de testar a veracidade de sentimentos tidos como naturais e insubstituíveis em nosso universo psíquico.

O papel de mediação, tido hoje em dia como contribuição dos operadores do direito – psicólogos e psicanalistas –, e as situações de conflito limitavam-se a estabelecer salvaguardas que valiam como barreiras com fins de se evitar confrontos e, eventualmente, agressões.

A guarda única valia como cordão de isolamento. Na nova situação criada pela separação assim regulamentada, os filhos encontravam-se em uma posição de intermediários entre os adultos. Encontravam-se, na verdade, em meio a um campo tensionado: de um lado, a figura que assegurava a continuidade dos cuidados primários, muito frequentemente a mãe, de outro, a famosa pensão alimentícia trazida por alguém com direito-dever de "visita" nas ocasiões em que encontrava os filhos. Esse modelo, até hoje vigente entre nós, ancorado em hábitos e justificativas tidas como autorizadas pela Psicologia ou senso comum, escondia sofrimentos psicológicos consideráveis. Sabemos pela prática de aconselhamento e acompanhamento com casais em situação de litígio que os argumentos de cada um são expressos em discursos de autojustificação e acusações sedimentadas no decurso das reuniões de conciliação e sessões no consultório. O modelo de guarda única, apoiado em critérios legais, doutrinários e jurisprudenciais, não privilegia a manutenção dos laços afetivos que vinculam os pais a seus filhos, rompendo a convivência e impondo uma dissimetria intolerável nos papéis parentais aos olhos do preceito constitucional da igualdade entre o homem e a mulher.

Como mudar essa situação, dando orientação original desde o início, operando deslocamento no eixo ao longo do qual se produzem os enunciados colhidos nas situações supracitadas? Atualmente, procura-se estabelecer uma corresponsabilidade parental; com isso, manter, na medida do possível, apesar da ruptura conjugal, os parâmetros da situação precedente, a fim de que seja protegido o "menor" de sentimentos de desamparo e incertezas a que se submete com a desunião dos pais.

Penso que a guarda compartilhada oferece a nós oportunidade para estudo, observação e comentários inspirados por meio de postura de leitura e reflexão mantida e estimulada pela interface a que fazemos alusão. Como já disse em outras ocasiões, a criatividade de que fazem prova os juristas e a riqueza dos debates suscitados põem em cena aspectos inusitados a serem anotados, tanto pela psicanálise quanto pelos estudiosos do pensamento jurídico.

Nesse sentido, registro manifestações de um juiz da Califórnia, acompanhadas de resposta de um grupo de mulheres (National Organization of Women, conhecido pela sigla NOW). No seu parecer, o juiz ataca, veementemente, os que se opõem à guarda compartilhada; já o grupo NOW considera-se o alvo dos ataques do juiz. Até aí poderíamos pensar tratar-se de mais uma polêmica, mas os argumentos, frases, conceitos e noções veiculados por ambos apontam para confluência da Psicologia, da psicanálise, no âmbito do pensamento jurídico, assim como de prática social que a guarda compartilhada suscita. De fato, a proposta, motivo das críticas ao juiz, sugere mudanças na lei vigente, que reconhece e estimula a guarda compartilhada.

A proposta defendida pelo NOW diz o seguinte:

1. Suprimir na lei de guarda compartilhada a possibilidade de requerer-se "contatos frequentes e continuados por parte do cônjuge a quem não coube a guarda".
2. Suprimir encaminhamento dirigido ao juiz para que ele conceda guarda ao cônjuge de quem se espera que ele vá concordar em permitir contatos com o cônjuge a quem não coube a guarda.
3. Proibir ao juiz conceder guarda compartilhada se ambos os cônjuges a recusam.
4. Permitir ao cônjuge viajar com o filho sem permissão do juiz.
5. Pensar no bem-estar da criança sempre o relacionando a *healthy primary relationship* (sadia relação primária). [Para deixar claro o que entendem por "sadia relação primária", acrescentam entre parênteses (i.e. *with mom*), isto é, em companhia da mamãe.]
6. Declarar que o ajustamento psicológico não "está relacionado à frequência e ao tempo longo destinado a visitas".
7. Acentuar a importância da pessoa que cuida da criança em suas necessidades primárias.

A expressão "cuidados primários", enunciado encontrado no discurso do grupo que o formula, foi considerada pelo juiz como sendo ocasião "para uma política pública inapropriada". Acrescenta o juiz "os referidos movimentos não querem justiça nem igualdade, nem querem que os indivíduos sejam tratados como pessoas singulares que têm necessidades individuais, mas estariam satisfeitos com decisão administrativa que viesse ao encontro de argumentos tradicionais". Estudos alegados pelo juiz a respeito dos pais a quem se atribuiu à guarda atestam que eles dão provas de cuidar muito bem da alimentação dos filhos. Finaliza o juiz dizendo que, se a modificação da lei de guarda compartilhada fosse aprovada, a criança estaria sendo considerada figura, cuja significação se reduz tão somente ao âmbito dos conflitos pessoais.

A leitura da documentação faz pensar que o instituto jurídico "guarda compartilhada" provoca debate e tomada de posições, revelando aspectos de nossas crenças e hábitos de julgamento, por vezes, justificados ou não pela Psicologia. Nossa leitura e análise dos enunciados postos em circulação por ocasião do debate visam a uma melhor compreensão do que estava em jogo na situação anterior (guarda única preferencialmente atribuída à mãe, completada pela figura do pai a quem se garante o dever-direito de visita). Nossa hipótese chama atenção para a forma dos argumentos utilizados habitualmente nos conflitos por ocasião do exercício da guarda única. Uma vez instaurado o procedimento de guarda única, qualquer intervenção esbarra em obstáculos defendidos por tais argumentos; é de se pensar que a guarda compartilhada faz que o conflito entre os cônjuges seja ocasião de elucidação e não de escamoteio de motivos e razões. Vimos no caso da manifestação do juiz da Califórnia ser posto em debate, submetido à elucidação, o sentimento materno para com o filho, assim como a paternidade em aspectos até hoje pouco explicitados; sem esquecer o que está expresso na locução "melhor interesse do filho". Mais uma vez, a interface Psicanálise/Direito nos revela aspectos pouco claros de nossos usos e costumes.

Juntamente com colegas psicólogas exercendo atividades profissionais na área do Judiciário, estabelecemos levantamento de termos que sofreriam reorientação e redefinição no campo semântico, digamos, até então, minado:

- Visita;
- Guarda;
- Horários de visita;
- Viagem de filhos e respectivo alvará expedido pelo juiz;

- Pensão alimentícia trazida por ocasião de dever-visita do pai;
- Parte culpada, como critério para que a guarda seja atribuída à outra parte;
- Eventualmente, mito do amor materno (lembremos do livro *Um amor conquistado: o mito do amor materno*, de Elizabeth Badinter).

Uma vez redirecionado o campo semântico, a intervenção do psicólogo, a orientação de casais, o exercício do mediador e a função do operador do direito muito provavelmente contarão com maior viabilidade e recepção menos distorcida. Foi com surpresa que notamos que todo um vocabulário, assim como posições psicológicas, mudaria de ponto de inflexão uma vez adotada a guarda compartilhada como regra e não como exceção. Problemas sempre existirão, mas serão agora tratados em melhores condições de encaminhamento, concluiu nossa colega.

Conclusão

O leitor poderá constatar que nossa documentação apenas se antecipa às questões colocadas por minhas colegas. Antecipação, no caso, significa enfocar a rica documentação acumulada pelo trabalho que elas realizaram sob ângulos até então encobertos pela faina diária, tal como ela se apresenta. Nem seria eu que viria pretender argumentos doutrinários quando as questões suscitadas são de tal monta, sem que para elas tenhamos uma solução única. O laboratório a que fiz alusão no início deste prefácio está aberto e tem tudo para continuar a funcionar.

FAMÍLIA E ESTRUTURA

FAMÍLIA: O QUE SAI DESSE BAÚ

Carmen Moreira Caram
Iziná Helena Travaglia
Rosely Gazire Melgaço
Yolanda Mourão Meira

> No fundo de cada palavra,
> assisto ao meu nascimento.
> *(Alain Bosquet)*

> A ausência do outro me conserva a cabeça sob a água;
> pouco a pouco sufoco, meu ar se rarefaz:
> é através dessa asfixia
> que reconstituo minha verdade,
> e preparo o irretratável do amor.
> *(Roland Barthes)*

Deite e fale o que lhe vem à cabeça

A família tem sido objeto de constantes discussões e indagações, quer no campo das ciências sociais, da religião e da Psicologia, quer em outras áreas do saber. Dela se ocupa a mídia, veiculando inúmeras fórmulas, métodos, propostas de saída e soluções na tentativa de resolver os impasses das relações familiares. Desde uma conversa de bar a uma sessão de análise, as pessoas estão sempre falando do pai, da mãe, do marido, do filho, do amante.

Desde a criação da psicanálise, as relações familiares foram consideradas pontos nodais dos conflitos psíquicos. Quando Freud propôs: "deite e fale o que lhe vem à cabeça", o que ele ouviu? As pessoas não traziam indagações filosóficas ou problemas do mundo, mas, sim, questões sobre o amor, os impasses familiares, as escolhas, as insatisfações e os desencontros.

Surge, então, uma questão: se o tema das relações familiares está sempre presente em análises individuais e em textos psicanalíticos, há possibilidade de uma implicação direta da psicanálise no trabalho com o casal e a família? É viável a psicanálise com família?

Buscando desenvolver esse tema, certas considerações sobre a família tornam-se pertinentes. Ao longo do tempo, a família tem sofrido inúmeras modificações na sua configuração. Os bebês de proveta, as mães de aluguel, os homossexuais que buscam adotar filhos, mulheres grávidas no climatério, filhos de "produção independente" dão testemunho dessas mudanças na atualidade, denunciando que a variabilidade histórica das organizações familiares se inclui em um processo amplo de metamorfose cultural.

O guarda-roupa familiar

Anteriormente, o casamento era estabelecido como união de dois patrimônios familiares, visando à constituição de uma descendência e não requeria nada além da mútua compreensão, estima e companheirismo. Havia um acordo tácito sobre os objetivos desse projeto comum, como educação dos filhos e valores a serem preservados. A partir do momento em que houve uma mudança social, na qual se privilegiou a individualidade, a construção da família apareceu como consequência do movimento das escolhas, não mais determinadas por pactos econômicos, sociais, morais e religiosos: "a família perde importância institucional, a dimensão de projeto tende a perder terreno para a dimensão da vivência, e o amor conjugal, compreendido, principalmente, em seu aspecto sexual, surge como condição reconhecida socialmente para o sucesso do casamento" (Souza, 1994, p. 27). E, atualmente, o casal e a família estão menos sujeitos a turbulências e conflitos? As pessoas estão mais exigentes, mais complicadas ou mais insatisfeitas? Afinal, em que a família mudou?

Desde os povos primitivos até os dias de hoje, a família apresenta uma *estrutura que é constante*: em qualquer uma há leis e normas que regulam sua organização, incluindo a prática sexual entre seus membros, a divisão de trabalho, a definição de papéis e funções de cada um, havendo sempre um *elemento interditor* na base de seu funcionamento. Como nos diz Lacan (1987): "entre todos os grupos humanos, a família desempenha um papel primordial na transmissão da cultura [...] Mais amplamente, ela transmite estruturas de comportamento e de representação, cujo jogo ultrapassa os limites da consciência" (p. 15).

A família é elemento essencial da civilização e assim tem permanecido, exatamente por estar no alicerce da constituição da sociedade. Desse modo, ainda que as roupagens apresentadas por ela sejam as mais diversificadas, a estrutura básica se mantém. Os estilos mudam, entretanto, a "estrutura família" permanece.

Atualmente, a diversificação nessas roupagens chama a atenção, denunciando que alterações estão em curso no seu processo de funcionamento e organização, já que é lugar aberto aos acontecimentos e eventualidades próprias do decurso dos tempos. Muitas famílias apresentam uma falta de nitidez que, anteriormente, as caracterizavam: pai e mãe com atribuições definidas, filhos submetidos à ordem familiar. Alguns pais sentem até medo dos filhos: "— *Meu filho está me tiranizando. Está querendo mandar em mim, controlar meus horários, decidir sobre minha roupa e, qualquer dia, vai me dizer: já para a cama!*".

Os casais casam-se e descasam-se, constituem novas famílias e daí advêm novos arranjos, como nos diz esta criança:

— Eu tenho minha primeira mãe e meu segundo pai e o primeiro pai e a segunda mãe. Tenho cinco irmãos. Minha irmã pequena é filha do meu primeiro pai com a segunda mãe. Meu irmão mais velho tem dezoito anos. Ele é filho da minha segunda mãe com o outro marido dela. Eu sou filho de minha primeira mãe e do meu primeiro pai.

Também são colocadas em questão as funções do pai, da mãe e dos filhos: "— *Minha mãe quer ser minha amiga, mas o que eu preciso é de uma mãe. E eu acho que minha mãe está confundindo as coisas*".

Certos conceitos psicanalíticos tornam-se essenciais para abordar o tema proposto neste trabalho: o desejo é sempre insatisfeito, existe um mal-estar no confronto do indivíduo com a cultura, o amor leva a equívocos quando traz uma ilusão de completude, e a repetição ocorre nas escolhas amorosas, havendo um interjogo de fantasias na família.

Ao se inserir na linguagem, o homem sofre uma mudança radical. Não lhe é possível uma satisfação completa, pois, além de *necessidades* que dizem respeito ao instinto, e as funções biológicas que podem ser satisfeitas, o homem tem de se haver com *desejos*. O sujeito, ao fazer escolhas (e sabe-se que a escolha é sempre forçada) – com quem vai se casar, quantos filhos vai ter e outras que sua vida lhe impõe –, coloca em ação algo desconhecido, o desejo que o move, e, no entanto, lhe é estranho e inquietante. A busca é incessante, e o movimento dialético do desejo impulsiona o indivíduo, tornando-se o motor de seu percurso.

O ser humano, ao fazer parte da cultura, abdica de uma regulação instintiva de sua vida e, por se tornar falante, inaugura sua entrada em uma outra dimensão, a do simbólico. Assim, o que é natural, biológico e instintivo fica submetido a uma nova ordem em que o pensamento e a linguagem se tornam mediadores de seus atos, de seus desejos, já que não há um saber fechado e definido regulando sua vida.

A cultura impõe, de saída, uma constatação: o homem distanciado pela linguagem de sua origem animal está fadado à insatisfação. Desde o desamparo inicial ao nascer, o sujeito busca o que, por estrutura, nunca poderá achar, já que os objetos de sua satisfação são sempre contingentes. Por mais que pareça que o indivíduo queira isso ou aquilo – aquele doce, aquela roupa, aquela mulher – na verdade, o que a psicanálise propõe é que não há atrelamento natural do sujeito ao objeto de desejo. Assim, o ser humano defronta-se sempre com a *impossibilidade de uma satisfação completa*. Freud (1912/1972) salienta: "talvez tenhamos de ser forçados a nos reconciliar com a ideia de que é absolutamente impossível harmonizar os clamores de nossa pulsão sexual com as exigências da civilização; [...] a não satisfação inerente à civilização é consequência necessária de certas peculiaridades, que a pulsão sexual adotou, sob a pressão da cultura" (p. 172).

Em sua obra *O mal-estar na civilização*, Freud (1930/1972) refere-se a esse impasse irremediável: as exigências pulsionais que insistem, repetem-se e desorganizam o sujeito por um lado, e as restrições da cultura que tentam domesticá-las, por outro, gerando uma fonte de *mal-estar permanente*, inevitável e inerente à trajetória de todo indivíduo, permeando sua vida, no amor, na profissão, no sexo, na família. Por vezes, o sujeito coloca esse incômodo no outro, e a mulher, o marido e os filhos são responsabilizados por suas inquietações.

Entretanto, essas atribuições de suas particularidades ao outro estão inseridas no próprio processo de constituição do sujeito. É inerente à condição humana a importância que o sujeito dá ao que o semelhante espera e deseja dele. É por meio desse outro, representante do Outro da cultura, do Outro simbólico, que o sujeito ganha um nome, um lugar no mundo, subjetivando-se. Então, o sujeito se constitui, construindo sua subjetividade em um processo dialético de se alienar no outro e também dele se separar.

Nas relações familiares, o movimento de báscula *alienação/separação* é reeditado. Assim, muitas vezes, ocorre que, colado a esse outro – parceiro, irmão, pai, mãe – não se estabelece um distanciamento adequado que permita ao sujeito reconhecer o que é seu e o que é do outro: "— *Depois do casamento, fui me transformando na sombra do meu marido. Não sabia mais distinguir a minha vontade da dele. Eu fui me apagando*", diz uma analisante.

O porco-espinho

Freud, em "Psicologia das massas e análise do eu" (1920-1923/1972), cita uma fábula de Schopenhauer sobre o porco-espinho: para fugir do frio, os porcos se agrupavam, mas, ao fazê-lo com excessiva aproximação, feriam-se com seus próprios espinhos Na tentativa de evitar tal incômodo, afastavam-se uns dos outros, no entanto, corriam o risco de morrer de frio. Eles tiveram que fazer uma regulação dessa distância de tal forma que pudessem se esquentar sem, contudo, ferirem-se (p.91).

Nas famílias, percebem-se movimentos semelhantes: os indivíduos ora se colocam tão próximos que se perdem no outro, ora se distanciam demais, criando uma ruptura: "— *Não estou entendendo esses meninos. Antes, eram grudados na gente; agora, não estão nem aí. Nada que falamos dá certo. Mal nos dão bom-dia. Parece que não nos suportam*", relata a mãe.

O engodo

As relações humanas, permanentemente submetidas ao mal-estar, são caracterizadas por equívocos. Não se quer saber que a felicidade é relativa e episódica, que os encontros são sempre faltosos e que o amor e as relações familiares não completam e não preenchem: "— *Ao casar, achei que Pedro adivinharia meus desejos e pensamentos, tamanho era o nosso entrosamento. Hoje, às vezes, penso que me casei com um estranho*".

O amor e o desejo estão no alicerce das relações familiares, entretanto, há uma intolerância frente ao fato de que não se realizam, havendo uma permanente busca de garantia ilusória: "casaram, tiveram filhos e foram felizes para sempre". Contrariamente ao que o poeta Vinicius de Morais dizia: "que não seja imortal, posto que é chama, mas que seja infinito enquanto dure" (Morais, 1960, p. 96).

O tema do amor aponta para a inevitável *fantasia de completude*. Ouve-se frequentemente: "— *Estou em busca da minha cara-metade!*". As pessoas esperam encontrar alguém que as complete, preenchendo suas expectativas, seus ideais, satisfazendo seus desejos, como se o amor pudesse corresponder a esse ideal de que duas partes possam se juntar e formar um todo harmonioso, em perfeita sincronia. Assim, o amor inclui o mito de que é possível um enlace adequado entre uma pessoa, sujeito, e um parceiro, seu objeto de desejo.

Na verdade, este é *o engodo do amor*. Os parceiros podem ter um encontro amoroso, no entanto, isso não implica que cada um tenha encontrado o objeto certo, adequado, perfeito, para que advenha daí um encaixe, uma reciprocidade. Esta é a face ilusória do amor: a complementaridade, a simetria entre sujeito e objeto, entre amado e amante, é, por estrutura, impossível.

A temática da escolha amorosa remete-nos a Freud (1901-1905/1972), nos "Três ensaios", quando diz: "o encontro de um objeto é, na realidade, um reencontro dele" (p. 229). O amor apresenta, então, essa face de repetição. Com frequência, as pessoas comentam, com certa perplexidade e surpresa, sobre a semelhança entre um antigo e o atual parceiro. Também é comum ouvirmos: "— *Casei com um homem que, no fundo, é igualzinho à minha mãe; ele é distante e não está nem aí. Fico achando que não posso contar com ele para nada, como acontecia com a minha mãe. E aí eu me isolo. Eu fico do mesmo jeito com os dois*".

A marca

Freud, no texto "Psicologia das massas e análise do eu" (1920-1923/1972), distingue três tipos de identificação, dentre elas a que ele designa como *identificação do sujeito com um traço de objeto* com uma marca de todos os seres um dia amados, revelando que o traço que persiste e se repete no primeiro, no segundo e em todos os outros parceiros sucessivos de sua história não é outra coisa senão ele mesmo. O sujeito é a marca comum dos objetos amados e perdidos no curso da vida – *traço unário*. Assim, o outro amado é um traço repetitivo com o qual ele se identifica: "— *Não sei por que, mas fui casar com uma pessoa que faz comigo o que minha mãe fazia e que eu odiava. Estou no terceiro casamento e, quando me dou conta, estou de novo com o mesmo tipo de mulher*".

O traço identifica o sujeito, contudo lhe é desconhecido. É a sua marca registrada. Ela está relacionada ao jeito de ser de cada um. Assim também as fantasias marcam o jeito de ser, como algo muito particular e muito significativo, na medida em que podem recobrir toda a sua vida. Por outro lado, essas fantasias podem se enlaçar com as do outro. Como uma mulher que tem muito ciúme de outras, atraentes, e, no entanto, "empurra-o" para a cama de sua melhor amiga, ficando em uma situação de gozo, prazer e dor, revivendo a cena. E ele coloca-se como "culpado" e fica "remoendo a culpa por ter desmoronado o casamento". A posição do homem dá suporte à fantasia de traição da mulher; esta, por outro lado, fornece elementos para que o parceiro confirme sua fantasia de que ele não vale mesmo nada, é um "zero à esquerda", só lhe resta ficar pagando essa culpa.

A vestimenta da família

Assim, em uma família, intervém de forma decisiva o *interjogo das fantasias*, no qual um sujeito causa algo, toca e dá corpo à fantasia do outro, apresentando-se como "objeto causa de desejo". Dessa maneira, as fantasias se articulam, aprisionando os sujeitos que, por vezes, veem-se impedidos de encontrar outras saídas.

Será que é nessa busca de saída que um casal ou uma família procura um analista? Algo vacilou, tropeçou, e as respostas, que antes satisfaziam e asseguravam, tornam-se insuficientes. Há uma quebra e eles não conseguem restabelecer o "equilíbrio" suposto anteriormente. A situação fica insuportável, e, nesse momento, eles se veem impotentes, o que conduz a um pedido de ajuda:

— Estamos aqui porque lá em casa se tornou um inferno, depois que a Maria ficou grávida. Imagina só: com 15 anos. Meu marido diz que é culpa minha, que não soube criar, e eu acho que a culpa é dele, pois não soube ser pai, deixou rolar solto, não cobrava horários de voltar. Meu pai já foi diferente: era bravo, mandão. Se bem que não adiantou nada. Quando eu quis, dei um jeito de transar. Agora, não sabemos como agir.

Assim, o analista ouve o discurso, opera com ele, possibilitando que a queixa se transforme em questão. Se "a demanda vem vestida de qualquer roupa" (Féres & Costa, 1999, p. 25), então o analista pode se deparar com um indivíduo, um casal ou um grupo familiar. O que leva o analista a decidir por atender a família, o casal ou encaminhá-los para uma análise individual?

A demanda é acolhida, e, no percurso do trabalho analítico, a direção do tratamento vai sendo apontada. Determinadas famílias, ou mesmo casais, somente conseguem procurar auxílio porque o fazem em conjunto. Será que eles não conseguem formular individualmente um pedido de ajuda? É difícil para as famílias perceber o que cada um de seus integrantes tem a ver com a queixa? Muitas vezes, é preciso um tempo para que estas, escutadas por um psicanalista, localizem a posição de cada um na situação da qual se queixam. Nesses casos, o atendimento em conjunto é uma porta de entrada. Frequentemente, depois de um tempo de trabalho, eles reconhecem que, na verdade, o que demandam é análise pessoal.

Indaga-se, então: o atendimento da família funciona como um momento inicial, como *entrevistas preliminares* que visam entrada em análise? E, assim, como entrevistas preliminares, possibilitam uma mudança, passando da queixa a uma verdadeira demanda de análise?

Já em outras circunstâncias, a experiência clínica mostra que o trabalho com família produz efeitos mesmo sem se encaminhar para análise individual. Que efeitos são esses? Pode-se falar de uma *retificação subjetiva*, quando os membros da família se implicam na queixa, interrogando-se, formulando suas próprias questões? Ou pode-se pensar que esses efeitos evidenciam uma *modificação da posição subjetiva* de cada um diante das fantasias que os aprisionavam?

A psicanálise não propõe aconselhamento e orientação, visto que não é um discurso de convencimento e de apaziguamento. Assim, não é uma ortopedia do desejo. A psicanálise está engajada na direção de uma "Outra cena", que comanda e rege a vida do sujeito, sem ele saber como e por quê. Nesse campo desconhecido, o que se passa não diz respeito às expectativas sociais, à moral, aos bons costumes, pois essa outra Outra cena é o território do desejo inconsciente: "— *A casa dele é o bar, lá em casa ele é turista.*"/"— *Ela reclama de tudo que eu faço.*"/"— É lógico! Tudo que você faz dá errado: ou você é ausente, ou é intrometido."/"— *Você é neurótica, é nervosa!*"/"— *Eu não suporto que ele me chame de neurótica. Eu fico com ódio!*" , retruca o casal.

Nessa família, as inúmeras vezes em que o marido se propunha a parar de beber, fracassavam à primeira briga do casal: "— *Ele fica insuportável quando não bebe. Começa a se intrometer em tudo, implica comigo e com as meninas, reclama da comida, quer saber de tudo".*/ *"E você? Já notou que é só eu parar de beber e você fica mais nervosa, emburra à toa e, se eu pergunto o que você tem, só vem patada? Eu não aguento, saio de casa"*, desabafam marido e esposa.

No decorrer do processo do atendimento, no lugar das queixas, as questões aparecem, especialmente, as que dizem respeito às provocações que eles se impõem. Podem, enfim, assim implicar-se e questionar: "— *O que eu tenho a ver com isso?*", "— *Qual é a minha participação nessa história?*".

A pesquisa do tema – A família e a psicanálise – destaca fundamentais interrogações sobre as possibilidades de implicação da psicanálise na clínica. Acolher o grupo não significa desprezar o individual. Se essa demanda vem de um sujeito, casal ou família, não se deve recuar diante dela, mas, sim, dar-lhe tratamento. Este paradoxo é retomado por Lacan (1998), a partir de Freud: "o coletivo nada mais é do que o sujeito do individual" (p. 213).

A articulação desses dois temas está presente na estrutura do sujeito, lembrando Freud (1920-1923/1972), em "Psicologia das massas e análise do eu", que,

> *[...] contudo apenas raramente e sob certas condições excepcionais, a Psicologia individual se acha em posição de desprezar as relações desse indivíduo com os outros. Algo mais está invariavelmente envolvido na vida psíquica do indivíduo como um modelo, um objeto, um auxiliar, um oponente, de maneira que, desde o começo, a Psicologia individual, nesse sentido ampliado, mas inteiramente justificável das palavras, é, ao mesmo tempo, também Psicologia social (p. 91).*

É importante considerar que a psicanálise é uma só. Atendendo uma criança, um adulto ou um grupo familiar, os pressupostos básicos que norteiam essa práxis se mantêm. Não se pode perder de vista que o trabalho se orienta na vertente do *um a um*, da particularidade de cada sujeito. Este é o desafio dessa clínica. A psicanálise com família, por fugir aos padrões convencionais da clínica psicanalítica, requer, em função disso, uma permanente e rigorosa articulação de conceitos, demandando avanços e exigindo invenção.

A LEI FAMILIAR

Rosely Gazire Melgaço

Surpreendo-me a definir o umbral
Como sendo o lugar geométrico
Das chegadas e das partidas
Na Casa do Pai.
(Michel Barrault)

A família chega ao limite
De se sentar e recordar-se.
Já não cabe fotografia
panorâmica: um dia coube?
Esta família faz-se grupo
Imóvel mas sempre fixo
Quanto sobrou da família:
A leve escultura de um grupo.
(Carlos Drummond de Andrade)

O presente tema[11] dirige-nos, primeiro, a situar a família no contexto teórico da psicanálise e a nos perguntar: o que a psicanálise tem a dizer sobre o atendimento de famílias?

Desde Freud, a dinâmica familiar e os conflitos dela decorrentes sempre foram objeto de investigação teórica da psicanálise. O que se revelou, há poucas décadas, foram referências sobre a *prática clínica* com famílias, visto que o campo clínico da psicanálise foi construído para tratamentos individuais. Justamente aí se iniciou a polêmica discussão sobre o operar com os pressupostos psicanalíticos nessa clínica. É possível o atendimento de famílias sob a ótica da psicanálise?

Trabalharemos essa questão, apresentando algumas pontuações teóricas que provoquem reflexões sobre o tema. A psicanálise é um campo do saber que formulou seu interesse na Teoria do Sujeito, na

---

11 Este texto teve como ponto de partida uma palestra sobre Família, realizada em 3 de maio de 1996, no Juizado da Infância e Juventude, em Belo Horizonte.

visão do um a um e precisou suas conceituações a partir da clínica individual.

Entretanto, o saber então constituído abriu portas para considerar a psicanálise implicada em outras áreas, por exemplo, a família, *não como uma transposição direta* de aplicação de seus pressupostos, mas, sim, pensada no âmbito da diferença e especificidade de cada campo em questão.

Assim, não é possível fazer um "encaixe" da teoria psicanalítica no atendimento familiar como se fosse uma análise individual. No entanto, a prática clínica tem nos confirmado, de forma contundente, que o discurso psicanalítico fornece diretrizes para a direção desse trabalho.

A posteriori

No *a posteriori*, os efeitos observados apontam para a possibilidade de tal tratamento e também para a importância do estudo e da pesquisa nessa nova área. Muitos psicanalistas, ansiosos para formular teorizações sobre essa clínica, encaminharam-se para distorções de princípios básicos da psicanálise, provocando desvios do que essa Ética – com seus paradigmas próprios – tem a oferecer.

Na verdade, trata-se de uma clínica de difícil manejo, considerando os múltiplos aspectos que nela se sobrepõem. O que observamos em uma retrospectiva histórica da prática clínica de psicanalistas com famílias?

Em princípio, a evidência é de que surgiu com psicanalistas que trabalhavam com crianças ou psicóticos e que incluíam os pais ou a família no tratamento por perceberem a eficácia de tal manejo.

A literatura revela inúmeras abordagens com autores fundamentando seus trabalhos no âmbito das relações interpessoais ou no campo das relações de objeto e, até mesmo, no enfoque pedagógico, gerando notórias confusões e descréditos nesses atendimentos. Muitos utilizaram a teoria sistêmica, que centralizava sua atenção no "sistema casal" ou no "sistema família", outros criaram o movimento grupalista que desenvolveu uma metapsicologia – inexistente no texto freudiano –, uma teoria da reciprocidade, com base em um "inconsciente compartilhado" pelos membros da família, utilizando o particular conceito do "aparelho psíquico grupal".

A torção

Nos últimos anos, as formalizações teóricas da clínica com família operaram uma torção e, em um resgate da ética da psicanálise, passaram a situar como objeto de estudo o sujeito e seus conflitos psíquicos, atualizados no contexto da estrutura familiar.

Esse novo modelo aponta para uma *clínica do sujeito*, e não a uma clínica do grupo, na qual o psicanalista dirige sua escuta aos discursos de todos os sujeitos que formam o laço familiar. É uma escuta voltada à subjetividade, apostando na abertura do inconsciente, na possibilidade de fazer advir o desejo inconsciente e cada sujeito se confrontar com sua própria questão: "os impasses e a crise vivenciada como sendo da relação, referem-se, quase sempre, a uma incapacidade dos sujeitos em retomar e elaborar seus próprios conteúdos internos projetados no outro" (Alvarenga, 1994, p. 16).

Assim, a clínica com família tem sua indicação, com certa predominância, quando se verifica o impedimento de um trabalho com os sujeitos individualmente, quando as pessoas pertencentes à família revelam falta de mobilidade em suas relações, em que se veem aprisionadas em uma trama insuportável que não conseguem romper, presas em uma rede fantasmática que mantém esse tipo de laço, capturados pela trama imaginária que as relações grupais inevitavelmente desencadeiam.

O efeito mais frequente do trabalho com a família é o da demanda, ou da aceitação de encaminhamento para tratamento individual. Nessa mudança, a transferência tem um papel fundamental, quando o saber suposto ao analista permite sair da rede mortífera especular que caracteriza o funcionamento grupal patológico.

Podemos verificar, a partir dessas considerações preliminares, por que o tema "psicanálise e família" tem se revelado tão polêmico, na medida em que insiste em apontar um trabalho clínico inovador na psicanálise, de uma tal especificidade, que sua formalização teórica está sendo *construída* por uns poucos psicanalistas que aceitaram o desafio: dar testemunho dos efeitos então verificados.

Na verdade, o que constatamos é que a psicanálise implicada nessa área tem algo a dizer. E, mesmo que a estrutura teórica da psicanálise, até então, não inclua esse tipo de tratamento, o campo do saber freudiano oferece inúmeras indicações para se desenvolver um trabalho dirigido à família. É uma prática aberta a pesquisa, reflexões e formalizações que tem se estendido para fora dos consultórios e atingido diversos segmentos da sociedade.

Alguns pontos tornam-se relevantes na articulação do tema em questão, entre eles, destaca-se a relação do sujeito com a cultura, que nos dará subsídios para refletir o ponto de entrada da família na estrutura de um sujeito.

Lacan (1990) nos diz que

> *[...] entre todos os grupos humanos a família desempenha um papel primordial na transmissão da cultura. Se as tradições espirituais, a manutenção dos ritos e dos costumes, a conservação das técnicas e do patrimônio são com ela disputados por outros grupos sociais, a família prevalece na primeira educação, na repressão dos instintos, na aquisição da língua acertadamente chamada de materna (p. 13)."*

A nomeação – *língua materna* – dirige-nos para a importância determinante que a função simbólica materna imprime na constituição do Sujeito e na condição de a criança ser investida pelo desejo da mãe e, a partir daí, fazer seu percurso psíquico.

Não há desejo sem lei

Lacan (1990) acentua, ainda, que a família "preside os processos fundamentais do desenvolvimento psíquico [...] mais amplamente, ela transmite estruturas de comportamento e de representação cujo jogo ultrapassa os limites da consciência" (p. 13).

Com auxílio da Antropologia, verificamos que, em todas as sociedades humanas conhecidas, sempre houve algum tipo de família, com formas delimitadas de linguagem, previsão, cooperação, autocontrole, planificação e aprendizagem cultural. Essa organização torna-se imprescindível à civilização como um modo de sobrevivência, mais do que como imposição cultural introduzida pelo homem.

Todos nós temos acompanhado, nos últimos anos, as mudanças na organização da família, o que não quer dizer, como a pesquisa antropológica aponta, que vá morrer a estrutura familiar, verificada, entretanto, como constante.

Quando nos referimos à "estrutura família", constata-se que, em qualquer família, vai haver leis e normas que regulam sua organização, existindo sempre um *elemento interditor* na base de seu funcionamento.

Tal afirmação remete-nos às considerações feitas por Freud em *Totem e Tabu*, quando expõe o mito simbólico do pai da horda primeva e desenvolve a noção de função paterna, tratando, ainda, da relação do sujeito com o social, estabelecendo as fronteiras do permitido e do interdito que organizam o desejo.

Por meio desta construção mítica: um dia o bando de irmãos, vivendo sob a tirania do pai, resolve se rebelar contra ele, suprimindo-o em uma festa canibalesca. Pelo ato de absorção, realizavam sua identificação com ele, apropriando-se cada um de uma parte de sua força. E como forma de renegar seu ato, dois interditos surgem: a proibição da morte do Totem (substituto simbólico do pai) e a renúncia de recolher os frutos de seu ato, a proibição do incesto.

Freud faz, assim, uma incursão pela Antropologia, construindo uma mitologia para conceituar as origens das relações familiares. A análise do mito em questão ressalta os seguintes aspectos: o caráter ambivalente diante do pai: amor e ódio; a união dos irmãos que lhes permitia realizar aquilo que cada um deles, individualmente, teria sido incapaz de fazer; o pai simbólico (pai morto) tornava-se mais poderoso do que o que fora em vida. Desdobra-se de tais considerações que a lei ou a proibição do incesto instaura o desejo. Não há desejo sem Lei.

Como diz Lacan: o pai surge "fazendo a lei para a mãe". Se isso falha, a criança fica cativa de uma relação mortífera com a mãe, revelando o fracasso da função paterna. Para Freud, as figuras dos pais e seus representantes seriam os "deuses" primordiais do infante, por isso são representados como onipotentes.

É preciso que as figuras paternais possam morrer simbolicamente para o sujeito, destituídas de sua onipotência primordial, o que possibilitará que ele escreva as marcas de sua própria história. Inscreve-se, assim, a experiência da perda e da castração, fundante da emancipação da posição de amado em direção à posição de amante, como ser de desejo.

Para que se inscreva *simbolicamente* a figura do pai no psiquismo, o pai onipotente precisa ser assassinado por um *ato* do infante. É disso que Freud fala por intermédio do mito apresentado em *Totem e Tabu*, ao propor que a paternidade se funda na figura transcendente do pai morto, lugar primordial onde se ordena a cultura. Da natureza para a cultura; do poder absoluto para o lugar vazio, a ordem da cultura é uma sociedade fraterna, na qual os irmãos trabalham em conjunto, e em que a circulação da linguagem é o contraponto ao lugar vazio da figura do pai.

Não há no discurso freudiano qualquer possibilidade de se pensar a exterioridade das categorias do sujeito e da cultura, pois a constituição do Sujeito implica o Outro. Não há singularidade sem alteridade. O Totem representa o lugar do pai vazio e virtual, simbolizando a sua presença e, simultaneamente, destacando a sua ausência. Essa imagem faz articulação entre a morte, o símbolo e a ordem social.

Do estado de Natureza, em que cada qual age para o seu próprio usufruto, terreno fértil à permanente possibilidade de guerra de todos contra todos, e ameaça de morte das individualidades, ao homem é imposto fazer uma renúncia e adotar a cultura. Ao perder a condição de ser natural, não existem mais situações predeterminadas para alcançar a satisfação.

A cultura impõe, de saída, uma constatação: o homem distanciado pela linguagem de sua origem animal está fadado à insatisfação. Desde o desamparo inicial ao nascer, para conseguir viver, o ser humano precisou de um Outro. Com efeito, sabemos que a busca do objeto perdido – pretenso possuidor da chave da felicidade – é uma busca irremediavelmente fracassada por estrutura e que, nessa direção, impulsiona o movimento dialético do desejo, que não para quando ativado por restos (Melgaço, 1995).

E, como bem disse Freud (1930-1936/1974, p. 103): "não existe uma regra de ouro que se aplique a todos: todo homem tem que descobrir por si mesmo de que modo específico ele pode ser salvo".

A infelicidade na cultura

Infelicidade na cultura é o primeiro título que Freud havia dado para a sua obra *O mal-estar na civilização*. Nela, Freud trata do antagonismo irremediável entre as exigências pulsionais e as restrições que a civilização impõe, apontando, inclusive, o papel da pulsão de morte. Para ele, a pulsão, por excelência, quando voltada para o exterior, com seu caráter de repetição, é um desorganizador que obriga a civilização a estabelecer meios de se haver com ela.

Na sua fragilidade, o homem faz laço social como condição de sobrevivência, no entanto, é no movimento de separação que sua individualidade emerge. Sujeito de desejo é sujeito da castração. O ser simbólico paga seu preço com o mal-estar.

E a família que chega até nós? É diferente ou apresenta os mesmos aspectos delineados? A família que nos chega, apresenta, sob a forma de conflito, a falha das condições estruturantes, funcionamento impeditivo da circulação do desejo entre seus membros.

Sabemos que o desejo move o aparelho psíquico, e seu aprisionamento pode revelar-se por meio de saídas sintomáticas. Poderíamos pensar, inclusive, que uma patologia, por vezes, é a única coisa que resta ao sujeito como algo que lhe é próprio e particular.

A escolha forçada pela alienação, evidenciada em muitas famílias, traz um pseudoconforto a seus membros, no sentido de a ilusão de todos estarem juntos, no engodo da completude, mesmo que por meio de um sintoma. Na outra face da mesma moeda, encontramos a hostilidade e a agressividade como reação à impossibilidade de diferenciação.

Assim, a práxis psicanalítica, enquanto processo de abertura ao inconsciente, contribui para a construção dos parâmetros de uma clínica com família e é essencial, nesse sentido, que a psicanálise possa aí se implicar sem renunciar à especificidade de seu discurso.

Importante ressaltar que o objeto de estudo privilegiado por Freud é o sujeito do desejo, e não o indivíduo da relação: "o desejo, ancorado na castração, visa à singularidade de cada um, que supõe o defrontamento com o impossível da reciprocidade e o resgate da ordem do que é irredutível e particular a cada sujeito" (Caram et al., 1995, p. 45).

Os aspectos apresentados neste texto apontam para a possibilidade de implicação da psicanálise em direção a um trabalho com família, e ainda na transmissão possível de ser efetivada, no diálogo com outros campos do saber, que apostam no estudo da "questão da família". São muitos os obstáculos que se interpõem, entretanto, não devemos recuar, mas, sim, contar com as possíveis interlocuções que se intercruzam nesse âmbito.

EM NOME DA FAMÍLIA

Carmen Moreira Caram
Iziná Helena Travaglia
Rosely Gazire Melgaço
Yolanda Mourão Meira

> Na casa fechada
> ele fixa um objeto no entardecer
> e joga o jogo de existir.
> *(Jean Follain)*
>
> Sua família me deu a mãe
> o pai me deu o seu braço forte
> os seios fartos me deu a mãe
> o alimento, a luz, o norte.
> *(Milton Nascimento e Fernando Brant)*

A vertente do um a um

Para a psicanálise, o social e o cultural requerem uma abordagem que se norteia pela dimensão inconsciente, à luz do interjogo dos mecanismos psíquicos, nos quais o individual e o coletivo se entrelaçam. Ao se recusar, a partir de Freud, a ideia da existência do inconsciente coletivo, destaca-se que a ética da psicanálise aponta em uma outra direção, a da vertente do um a um. E é por essa via, do particular, da singularidade, que se orienta nosso interesse pela família.

A psicanálise, assim como outros campos do saber, ocupa-se do sujeito, considerando-o, entretanto, em sua posição desejante. Nesse sentido, a interlocução com outros saberes cria uma via que, antes de ser uma proposta de ajustamento da psicanálise ao mundo atual, visa à reinvenção de seus conceitos fundamentais, a partir da diferença e dos limites da sua especificidade.

Então, o que a psicanálise tem a dizer sobre a família na contemporaneidade?

Os agrupamentos humanos remontam, provavelmente, aos primórdios da existência do homem na terra. Porém, sabe-se que a família composta por pais e filhos não existiu desde sempre. E, como um produto da cultura, as configurações assumidas por ela no decorrer dos tempos sofreram significativas transformações.

Jacques Dupuis (1989), em sua obra *Em nome do pai: uma história sobre a paternidade*, diz que o pai não existia nas primeiras sociedades humanas. Não havia um saber estabelecido sobre a paternidade, uma vez que não se associava sexo à fecundação.

As mulheres, as matriarcas, eram depositárias de grandes poderes e detentoras da sabedoria sobre a fertilidade, quer dos filhos ou mesmo da terra, prática essa descoberta por elas. A grande deusa que encarnava a fecundidade e garantia a renovação de toda a vida na terra era documentada em registros mitológicos, e as iconografias dessa época são ricas em imagens femininas representadas por pares de seios. A não representação do pênis nesses registros denuncia o desconhecimento do lugar do homem e sua função como genitor.

A descoberta da paternidade provocou uma profunda convulsão social, com reflexos marcantes nas estruturas familiares, da ordem de uma contingência: a criação de animais em cativeiro e o extermínio apenas dos machos para a alimentação, já que as fêmeas eram preservadas para procriar, resultou no risco de extinção da espécie e provocou indagações sobre a importância do macho, estabelecendo-se, assim, uma correlação com o que acontecia na espécie humana. A filiação que era até então vinculada apenas à mãe passou a ser patrilinear, conferindo ao macho o papel principal na formação da prole. As representações mitológicas começam a exibir os "casais mitológicos", e o pênis passa a figurar nas iconografias, testemunhando a participação do órgão sexual masculino na procriação.

Uma das consequências do novo sistema foi o advento do casamento, cujas primeiras formas não eram estáveis. Os filhos eram gerados em encontros esporádicos pelos maridos visitantes, por ocasião dos festivais coletivos, e passavam a pertencer coletivamente à comunidade.

Segundo Dupuis (1989, p. 97), a família tem sua origem na "idade dos heróis", como um ato de violência, inclusive sexual. As jovens cativas desses guerreiros tornaram-se os primeiros modelos de mulheres submetidas ao homem, ao seu senhor e, aqui, nesse momento histórico, essas mulheres eram "bens", sujeitas a negociações e objetos de tráfico. Em sânscrito, antiga língua indiana, a palavra *vivaha* (1989, p. 100) – casamento – significa rapto, rapto da noiva.

Com o advento do patriarcado e do casamento monogâmico, observam-se várias alterações. A liberdade sexual da mulher começava a sofrer repressão, a ponto de a adúltera ser severamente punida, inclusive com a morte. Diante disso, ela se submetia à proteção paterna ou do cônjuge, ainda que sob coerção.

A família nuclear, monogâmica, heterossexual e patriarcal era intensamente defendida por princípios religiosos e morais e parecia estável até o século XIX, sofrendo uma desarticulação em sua estrutura, quando o pai, referência máxima e vetor da nomeação e filiação, a quem a mulher e os filhos se submetiam, sofre um abalo na sua posição. Já no final desse período, o movimento do individualismo, do particular, começava a ser valorizado, fazendo oposição ao coletivo, e era nessa vertente ética que o desejo de alcançar a felicidade surgia no mundo ocidental, quando a tecnologia e a ciência ofereciam soluções ideais de satisfação. A mulher passava a decidir sobre o seu trabalho, suas escolhas amorosas, "a livre disposição de seu corpo, de seu ventre, de seu sexo tornou-se, no século XX, uma reivindicação prioritária" (Perrot, 1993, p. 75).

Do matriarcado, no qual as mulheres tinham uma posição de destaque, ao patriarcado, em que a ascensão do poder do homem fazia contraponto ao declínio da mulher, assiste-se, hoje, a uma radical subversão desses arranjos. É crescente a ascensão da mulher, evidenciada nas suas conquistas, em vários segmentos da sociedade, notando-se, ainda, significativas mudanças no campo do discurso masculino, implicando radical remanejamento da posição do masculino e do feminino, quando a questão do desejo é a que se torna relevante.

Desterritorialização

A pós-modernidade promove a construção de um modelo, de um protótipo ideal do vínculo conjugal: uma união tão perfeita e "produzida" que dispensa até sua formalização em um laço instituído em termos legais. "— *Não precisamos casar. Vamos juntar!*", ouve-se comumente.

Paradoxalmente, há uma busca de legitimação, de reconhecimento do Outro... social. A lei da ligação estável, por exemplo, testemunha isso: "— *Eu não casei, mas quero meus direitos assegurados*", relata a mulher.

Assim, o casal atual tem de produzir essa milagrosa demonstração de perfeição da relação amorosa e sexual, como resultado de toda abertura, avanço científico e, por que não, tecnológico, dos últimos tempos. E, ainda, é uma resposta a toda repressão, autoritarismo e aprisionamento em oposição à experiência controvertida dos pais e avós.

Entretanto, aparece a outra face do mesmo conflito. Uma jovem o expressa quando diz: "— *A gente sabe, hoje, que casamento não precisa ser para toda a vida, como era antes. Pode dar certo, pode não dar, mas a gente já entra pensando no 'descartável'. Hoje, tudo é descartável!*".

Meios de comunicação, estudiosos, cientistas e curiosos falam e inquietam-se com a família. De forma velada ou explícita, há uma demanda político-social para que a manutenção desse laço se sustente, sobretudo, no que se refere à idealização. Quando se busca encontrar as instruções sobre "qual botão apertar" para que tudo funcione bem, a família responde e soluciona as questões relativas à violência e aos desajustes sociais presentes na sociedade.

Paralelamente, fala-se de uma pulverização da família pós-moderna, havendo desestabilização de padrões estabelecidos, vigentes há alguns anos, colocando em dúvida a sua sobrevivência.

Vivemos um tempo de fim de utopias, de diluição de certezas, de dispersão de valores, de sentidos, em que o narcisismo se ancora em um individualismo exacerbado, marcado pela falência dos ideais sociais. Há uma desorientação relativa ao sentido de responsabilidade e pertinência sociais, perda de crença na transcendência da lei com renúncia à busca de ideais coletivos. É "cada um por si" e "salve-se quem puder".

A contemporaneidade é uma mistura de profundas alterações na cultura com avanços científicos e conquistas sociais, coexistindo com a destituição de valores e reposicionamentos constantes de funções, lugares, atitudes e crenças.

A família pós-moderna, imersa nesse caldo cultural, sofre profundas mudanças na sua configuração. Os bebês de proveta, as mães de aluguel, os filhos de "produção independente" falam como a ciência, com seu discurso de mestre, tenta driblar os limites da condição humana.

Assim, na contemporaneidade, os avanços da ciência e os efeitos da globalização vêm promover alterações significativas nos processos de subjetivação que a família está incumbida de operacionalizar.

Assiste-se aos impasses crescentes da civilização, em que os progressos científicos produzem a uniformidade dos vínculos sociais. A universalização das práticas, dos costumes e dos hábitos de vida vêm abolir a singularidade, fazendo obstáculo ao surgimento do que o sujeito tem de único.

Gadgets

A cultura de hoje, claramente capitalista, exige a submissão ao império do mercado. Os objetos de consumo – *gadgets* –, criados em larga escala pela ciência, acenam com a promessa de alcance da felicidade, solução fácil para driblar o mal-estar e elidir a castração.

Os significantes mestres que ordenam a civilização estão em crise, e, se o mestre antigo se fazia obedecer, o pós-moderno impõe que se goze dos objetos, segundo a lógica do "todos iguais", que desemboca, inevitavelmente, na exclusão e na segregação.

A família, inserida nas questões políticas, econômicas e sociais do seu tempo, acomoda-se à lógica do discurso capitalista e da ciência. Presentificam-se, assim, novas formas de modulação da economia do gozo, quando, paralelamente, às mudanças na sua configuração, a contemporaneidade propõe ordenamentos cada vez mais complexos nos seus processos de estruturação.

Surgem configurações antagônicas: o elevado número de casamentos apontado pelas estatísticas coexiste com grande número de separações. A alta incidência da gravidez na adolescência contrasta com o adiamento da maternidade, por vezes até o climatério. Os homossexuais se casam e adotam filhos, os casais vivem o "casamento aberto", os jovens adiam cada vez mais a saída da casa dos pais. As mulheres conquistam posições legitimadas legal, social e profissionalmente, quando se constata um declínio da virilidade.

Assim, aparecem desvios das funções de pai e mãe, questionando-se se haveria também um declínio da função paterna, evidenciada na crise de autoridade – familiar e social – quando o desrespeito à lei, à ordem e aos limites é flagrante. Ouve-se: "— *Esse é um país do vale-tudo!*". Diz um pai: "— *Minha palavra não surte mais nenhum efeito. Só me faço obedecer tirando sangue!*".

A morte da família?

Anuncia-se a morte da família, no entanto, ela insiste em sobreviver. O que estaria sustentando sua permanência até os dias de hoje?

Assim como a criança aponta o que há de sintomático na família, esta, como célula fundamental da sociedade, revela o que há de anômalo, de sintomático, na cultura. Então, as atuais denúncias, como expressões sintomáticas, não seriam uma "nova cara" para a família falar como porta-voz da cultura sobre o "antigo" impasse do homem diante do mal-estar e de sua condição como ser de falta?

O ser falante, ao fazer parte da cultura, distancia-se de sua origem animal regida pelos instintos. Há uma quebra da harmonia com a natureza. Desde o nascimento, ele não consegue sobreviver sozinho, precisando de um outro, de quem depende e a quem se submete. Marcado, então, por esse desamparo estrutural e inscrito na ordem de cultura, da linguagem, o homem deve pagar um preço: a perda do paraíso. A felicidade não é algo natural. Ela vai sempre estar em conflito com a civilização.

O homem tem que se haver com normas, valores para viver com seus semelhantes. Isso faz parte da estrutura de todo ser humano e é um impasse irremediável. De um lado está a pulsão e, de outro, estão as exigências sociais e morais que se deve atender. Isso gera um mal-estar permanente, quando, então, o sujeito se defronta com a impossibilidade de satisfação completa. Sabe-se que a busca pelo objeto perdido, pretenso possuidor da chave da felicidade, é sempre fracassada por estrutura. Porém, é a procura que impulsiona o movimento do desejo.

O termo *família* remete a *conjunto,* e *ficar junto* é o movimento que o homem prioriza como resposta ao mal-estar. A partir dessa falta, desse vazio estrutural, a família se inscreve como lugar de busca do reencontro do objeto irremediavelmente perdido. Mas, ao mesmo tempo, é nesse espaço de equívoco que o sujeito se constitui.

Então, o sujeito vai tentar encontrar no laço familiar, na relação com o outro o que, por estrutura, é da ordem do impossível: a junção, a simetria, a adequação. O sujeito, remetido a essa condição de falta, pode encontrar saídas na fácil oferta do "somos todos um", como mostra a seguinte fala: "— *Eu defendo a família até o último furo. Se alguém fala mal de alguém da minha família, eu não admito mesmo! A gente pode falar mal uns dos outros, mas ninguém pode entrar!*".

O sujeito, dividido, procura no grupo, no social, uma resposta para tal divisão. Entretanto, a resposta é, inevitavelmente, da ordem do fracasso. Como ser de desejo, o sujeito é regido por uma ética da diferença, na qual sua particularidade é contraponto a qualquer tentativa de uniformização.

Se, de um lado, a família tem apresentado, no decorrer da história, mudanças em suas configurações, de outro, temos de considerar a existência de uma *estrutura* que permanece constante.

Em psicanálise, a noção de estrutura liga-se à linguagem. A estrutura, para Lacan, é uma reunião de elementos, uma matriz, um conjunto de casas, uma das quais fica sempre vazia, seja qual for a permutação dos elementos que entram na sua composição. Pode-se pensar, também, nos jogos de formar palavras que têm um vazio central, o qual possibilita a circulação das peças.

Considerando a família do ponto de vista estrutural, fala-se em posições, lugares e funções – de pai, mãe e filho. O modo de funcionamento da estrutura sustenta-se na combinação dessas posições, ressaltando-se a importância da articulação da função paterna com a materna na constituição da subjetividade.

A situação de desamparo inicial a que a criança está submetida a lança em um estado de dependência radical em relação ao Outro. Para que ela se subjetive, necessita de alguém que a deseje. A função materna é exercida por quem cuida, acaricia, alimenta e ampara o sujeito. Geralmente, é a mãe quem ocupa esse lugar do Outro, na medida em que interpreta a solicitação do filho, nomeando suas experiências: "— *Você está com fome! Está com frio!*".

No contato da criança com esse Outro, nessa inserção na linguagem e na cultura, o sujeito vai se constituindo, tentando se localizar, a partir de uma pergunta dirigida ao Outro: "— *O que queres?*". Esta questão é fundamental para se pensar na sua posição em relação ao desejo, já que este é sempre desejo do Outro.

No que se refere ao filho, é sua função, inicialmente, ocupar o lugar daquele que se supõe completar a falta da mãe. Ser o que a mãe deseja, isto é, ser capturado pelo desejo materno. Esta é a resposta que o situa diante do desejo do Outro, até que o pai entra fazendo um corte, destituindo a criança desse lugar do falo, possibilitando que ele deslize da dialética do ser para a de ter o falo.

A função paterna instaura a lei simbólica na medida em que o pai proíbe o gozo, possibilitando o aparecimento da falta e, portanto, do desejo. Há o interdito à criança: "— *Não dormirás com a sua mãe*", e, à mãe: "— *Não reintegrarás o seu produto*". Essa operação de castração possibilita ao sujeito ter acesso ao mundo simbólico. Substituindo o desejo da mãe, instaura-se a metáfora paterna. Pai não é o produtor da lei, mas, sim, efeito desta e que participa como seu representante.

Quando tratamos de *função paterna e materna*, consideramos que elas não coincidem, necessariamente, com o pai e a mãe biológicos. Na verdade, esse conceito, do ponto de vista da psicanálise, vai além da pessoa que a exerce, possibilitando que tais funções possam ser desempenhadas por outros que não os genitores. Pode-se comparar essa situação com a de um diplomata, designado especialmente para representar o governo de um país ou os interesses deste com o outro. Ele o representa, mas não é o país.

O declínio da função paterna

Lacan (1987, p. 60), em *Os complexos familiares na formação dos indivíduos*, analisando questões relativas à degradação do papel do pai na família no último século, fala de "um declínio da imago paterna". A partir desse ponto, algumas interrogações tornam-se pertinentes: pode-se falar de um declínio da função paterna na atualidade? Quais os efeitos desse declínio no campo do sujeito e no campo da cultura? Haveria como consequência uma carência presentificada no enfraquecimento do poder da palavra, na falência das leis e dos limites?

Miller (1995), comentando o seminário *Relação de objeto*, de Lacan, propõe que no caso de Hans teria havido uma "metáfora paterna desviada" (p. 75), construída a partir de elementos femininos, em razão de um pai insuficiente para exercer o que Lacan (1995) chama de "função eficaz de pai castrador" (p. 376).

Se a subjetividade é efeito do enodamento dos três registros (real, simbólico e imaginário) e considerando-se que há um enfraquecimento do simbólico articulado a uma falência da função paterna, como ficam os outros registros? Pode-se falar que o simbólico deixa de recobrir o real, que irrompe sob a forma de violência, de desrespeito às leis, aos ideais sociais, por meio da delinquência e das drogas? Paralelamente, exacerba-se o imaginário e o sujeito se aliena na imagem que o captura. E, diante da carência simbólica, o sujeito passa a fazer um apelo ao Pai, a um pai imaginário, o "Pai terrível", o pai da Horda Primeva, como se esse fosse o último recurso para suprir a insuficiência do pai simbólico.

Se a função paterna metaforiza o desejo materno e se a estrutura é, sobretudo, de linguagem, devemos considerar que estamos nos referindo a um significante – o Nome-do-Pai – que vem fazer o corte na relação mãe-filho, instaurando a divisão do sujeito, constituindo-o como ser de desejo.

Então, pensar a família como estrutura implica considerar quais os efeitos advindos da articulação entre estes significantes – Nome-do-Pai e Desejo da mãe – e as figuras que os corporificam. Quais seriam, então, o melhor pai e a melhor mãe para dar corpo e veicular estas funções? Os pais da nossa pós-modernidade estariam, afinal, mais ou menos habilitados a ocupar esse lugar?

Frequentemente, o psicanalista é convocado a se posicionar acerca de questões relativas ao laço familiar e seus impasses. Não lhe cabe responder e oferecer soluções na intenção de salvar o sujeito do mal-estar. Não responder às demandas não significa que não se possa acolhê-las. É função do analista operar com elas e incluí-las como questão.

A coleção

Como observamos no decorrer do trabalho, há diversas vestimentas com que a família se apresenta, particulares a cada momento histórico. Entretanto, observamos elementos invariantes, marcando a estrutura da família. Há sempre função de pai, mãe, filho. É intrínseco ao ser humano fazer laços, e estes estarão, inevitavelmente, permeados pelo mal-estar. Há uma idealização e desejo de que a família funcione como lugar ideal e harmônico. No entanto, a falta é constituinte da subjetividade, não sendo possível, portanto, que haja perfeição. E a família também é marcada por essa condição e sempre vai haver crises que denunciam a incompletude do homem.

O que a psicanálise propõe, então, introduzindo o conceito de sujeito, é que a família possa ser vista não como uma massa, uma simples soma de individualidades, resultando em uma totalidade, mas, sim, como um conjunto aberto, uma *coleção de singularidades*, em que cada membro possa ser tomado um a um.

Para que esse sujeito sustente essa particularidade no laço familiar, é preciso que a família falhe, ao contrário da sua mistificação como um lugar ideal:

> *[...] a família só funciona enquanto fracassa, na medida em que como pais ou como mães sejamos insuficientes. Nada mais terrorífico que a suficiência absoluta de uma mãe, que seria a completude que impediria o surgimento do filho; nada mais terrorífico que um pai que seja tão pai que funcione como o pai da horda primitiva (Saal, 1995, p. 83, tradução livre).*

É, pois, no espaço gerado pelos distintos modos possíveis de a família falhar que se inscreve a sua possibilidade, já que pais e filhos podem reconhecer suas insuficiências e lidar com elas, criando uma nova posição, um outro modo de funcionamento.

Apesar de todo o avanço atual da ciência, não há um saber constituído sobre o que é ser um bom pai, uma boa mãe, um bom filho. Há sempre um furo no saber, porque, por mais que se esforce, não se sabe o que se transmite.

Assim, do ponto de vista da psicanálise, a família deve ser tomada em sua particularidade. Não existe *A Família* como modelo ideal, mas há famílias com seu modo singular de funcionamento.

A FAMÍLIA: UMA QUESTÃO DE ESTRUTURA?

Yolanda Mourão Meira

> Tantas infâncias tive, tantas,
> Que me perderia em contá-las.
> *(Alexandre Amoux)*

> Os pais primos-irmãos
> avós dando-se as mãos
> os mesmos bisavós
> os mesmos trisavôs
> a mesma voz
> o mesmo instinto, o mesmo
> fero exigente amor
> crucificante
> crucificado
> a mesma insolução
> O mesmo não
> explodindo em trovão
> ou morrendo calado.
> *(Carlos Drummond de Andrade)*

A que se deve a persistência da família? Na família patriarcal ocidental, havia uma definição nítida dos papéis: o pai provia o sustento, era o "cabeça" do casal, e a mãe se encarregava da educação dos filhos e da casa. Embora ainda possamos encontrar famílias que se organizam dessa maneira, esse quadro sofreu reformulações. A mulher foi trabalhar fora, dividindo as tarefas domésticas com outras pessoas e, inclusive, com o próprio marido, que passou a cuidar também das crianças. Em certos casos, há até mesmo uma inversão dos papéis, anteriormente tão bem estabelecidos: o marido toma conta da casa e dos filhos, e a mulher vai trabalhar: "em virtude de modificações sociais e econômicas, o panorama é diferente, desenhando um outro perfil da família com a escrita de outro roteiro que distribui novos papéis e diferentes formas de representação" (Féres & Teixeira, 1999, p. 62).

O familiarismo delirante

Contemporaneamente, apresentam-se novas configurações da família, como a "produção independente", os "casamentos" de homossexuais, os filhos de inseminação artificial. Além disso, em virtude da possibilidade de divórcio e de novas uniões, temos grupos familiares formados por filhos de várias uniões. Embora a família contemporânea tenha pouco a ver com a de séculos e regimes anteriores, há uma tentativa de manter a forma da família a qualquer preço, o que é denominado por Lacan de "familiarismo delirante".

Surgem outras questões: o que podemos falar da família dos meninos de rua? Algo vem ocupar o lugar da família – como a rua, a instituição assistencial ou a lei da selva? Quando um casal de homossexuais cuida de um filho, há um pai e uma mãe? Ou duas mães ou dois pais? Filhos de "produção independente", ou filhos oriundos de inseminação artificial, têm pai?

Lacan nos ensina que no estado atual em que a família se encontra não se pode reduzi-la à dimensão biológica: pai, mãe, filho. A família moderna é extremamente complexa, é uma "holófrase" (Laurent, 1992), na qual um significante remete a um significado, como se não pedisse outro significante. Como nos lembra Nilza Féres (1997, p. 1), "quando alguém diz: 'minha família', normalmente você não pergunta: que família? para compreender o que a pessoa diz, embora saibamos que há diferenças [...] conforme as épocas e os lugares".

Coloca-se, assim, um paradoxo, a noção impensável da família monoparental: ela subsiste, apesar de tudo, mesmo onde não há mais família. É a família de um só, mesmo quando alguém está sozinho, porque o discurso, com a ajuda de uma aparelhagem social e científica sofisticada, permite ultrapassar a biologia através de suas referências e de identificações de significantes que fazem de cada sujeito uma família.

A que se deve a persistência da família? Será que ela permanece porque estrutura o sujeito ou porque é uma decorrência da estrutura do sujeito (diferença: causa ou consequência)? Além das alterações sofridas pela família no decorrer da história – para além das roupagens que a revestem – há uma *estrutura*, em que as diversas funções, necessárias para o seu funcionamento, são desempenhadas por diferentes sujeitos. Podemos fazer analogia a uma peça teatral em que existem personagens representados pelos atores, que, ao assumirem o papel, exercem as funções marcadas por ele. O ator não é o personagem, mas o encarna.

Outro elemento para se levar em conta é o conceito de Lévi-Strauss sobre as estruturas elementares do parentesco, como codificação de alianças, que resultam do intercâmbio de mulheres. Essas são trocadas entre os homens, circulam entre eles, determinando, assim, a sua posição (na estrutura). Lévi-Strauss (1974) resgata, no interior da variedade de formas que a família adquiriu historicamente, três elementos invariáveis e estruturais: as *relações de aliança* (toda família tem origem no matrimônio), *as relações de filiação* (formada pelo marido, pela esposa e pelos filhos nascidos do laço dos dois primeiros) e as *relações de consanguinidade* (os membros da família estão unidos por laços legais, direitos e obrigações econômicas, religiosas, e rede precisa de direitos e proibições sexuais). Assim, em uma família há os lugares ou funções de mãe, de pai, de filho.

Como se articulam as funções paterna e a materna na constituição do sujeito? Mesmo antes de nascer, a criança já tem um lugar destinado a ela, criado a partir do desejo do pai e da mãe. Os pais escolhem seu nome e criam expectativas sobre ela. A partir do contato da criança com o Outro – representado inicialmente pela mãe e também pela linguagem, cultura –, o sujeito vai se constituindo. A função da mãe está ligada a cuidar da criança, alimentá-la e, com isso, ela transmite o amor, abrindo caminho para que o sujeito se constitua. Como a mãe não é completa e plena, o filho é convocado a ocupar o lugar do que falta à mãe. Dessa maneira, ele tenta ser o que a mãe deseja: o bonzinho, o pestinha, o homenzinho da mãe... A criança tenta se localizar como sujeito, dirigindo ao Outro uma pergunta: "O que queres?". Esta pergunta é fundamental para pensarmos na sua posição diante do desejo.

E aí entra o pai. Para Freud, o pai é um artifício, uma criação e a função paterna é destacada como essencial para a constituição do sujeito. A função do pai é de proibir o gozo, para que surja o desejo do sujeito, o que é feito a partir de duas proibições: à criança: não dormirás com a sua mãe, e à mãe: não reintegrarás o seu produto. O pai entra como aquele que vai fazer o corte na relação da criança com a mãe. O corte é fundamental, pois vai possibilitar que a criança saia desse circuito mãe-filho, deixando de se colocar no lugar de objeto do desejo da mãe. O Pai não produz a lei, mas é efeito dessa lei e a representa.

Para dar conta da questão do gozo, Freud criou o Mito da Horda Primitiva, no qual havia um pai Todo-poderoso que gozava com todas as mulheres e castrava os filhos. Os filhos se rebelaram, mataram o pai, identificaram-se com ele e, em decorrência, apareceu a lei. O mais interessante é que o pai morto se tornou mais poderoso do que quando vivo, pois nenhum dos filhos teve coragem de gozar das mulheres que, agora, estavam disponíveis. Sobrou desse pai o nome com o qual os filhos se identificaram. Os filhos fundaram uma organização social, em consequência da interdição do gozo. Agora, há uma lei que proíbe a mulher do pai – a mãe – de ter relações com outros homens e, assim, uma outra mulher poderá ser escolhida para esse desígnio. A proibição não é só com relação a relações sexuais

Quando se fala do Nome-do-Pai, estamos falando de um significante privilegiado porque substitui o desejo da mãe, instaurando a divisão do sujeito e constituindo-o como ser de desejo. Esse pai, a que estamos nos referindo, nem sempre é o genitor, ele é o que representa a lei. Quando se fala de função, isso quer dizer que ela pode ser desempenhada por pessoas diversas. Do mesmo modo que o pai pode desempenhar uma função materna, encarregando-se de cuidar da criança, de desejá-la, o lugar do pai pode ser ocupado pela mãe ou por outras pessoas, desde que se coloquem no lugar da lei, da interdição.

No entanto, é fundamental que essa função seja exercida de alguma forma e de modo satisfatório. Será que não se produz uma diferença quando a função paterna é desempenhada pela mãe? Qual é a consequência disso? Até onde vai a repercussão do simbólico e onde está a importância do real?

Lacan toma emprestado dos estruturalistas o conceito de estrutura, porém o modifica, na medida em que inclui o sujeito que se desenvolve segundo seu tempo interior. A noção do estruturalismo *stricto sensu* é incompatível com a noção do sujeito, pois rejeita a temporalidade e a subjetividade. O traço próprio do estruturalismo de Lacan é incluir o sujeito, que é efeito da ação da estrutura. Sujeito a produzir-se, que deverá fazer sua parte durante o caminho. A estrutura lacaniana é uma reunião de elementos, uma matriz, um conjunto de casas, uma das quais fica sempre vazia, seja qual for a permutação dos elementos que entram na sua composição (Cabas, 1988). Desse modo, representa-se a *falta* inerente à linguagem.

Apesar da importância das funções e dos lugares – contribuição do estruturalismo –, não podemos negligenciar que estes lugares são ocupados por determinados pais e mães. Estas funções não são abstratas, elas são "encarnadas" por pais da realidade, que têm a sua história, estruturaram-se de determinada maneira e estão submetidos a influências culturais distintas.

Ao menos um

Lacan, em *Os complexos familiares na formação do indivíduo*, afirma a existência de um "declínio social da imago paterna" condicionado pelo progresso social e pela concentração da população nas grandes cidades. As modificações incidem sobre a família, tendo repercussão sobre o sujeito: há um crescimento das exigências matrimoniais – intimamente ligados à dialética de funcionamento da família conjugal – que acarreta o protesto da esposa lançado ao marido. Lacan (1987) conta-nos, ainda, que as formas de neuroses dominantes no fim do último século dependiam intimamente das condições familiares, atrelando a neurose contemporânea à "personalidade do pai, sempre carente de alguma forma, ausente, humilhada, dividida ou postiça" (p. 60).

O declínio da paternidade consiste na desvalorização da função do pai na sociedade, que vem ocorrendo há aproximadamente dois séculos. Segundo Alexandre Stevens (1996), o declínio da paternidade não é o da função simbólica, mas, sim, a destituição do homem do lugar de Todo-poderoso. Ao contrário do pai terrível do mito da Horda Primitiva, observa-se que o horizonte moderno da paternidade busca apagar essa dimensão de exceção ou esse "ao menos um" considerado essencial à transmissão da castração no homem. Temos, dessa forma, o pai moderno, que não é mais o que "sabe tudo", no entanto procura explicar direitinho e de acordo com os cânones da ciência... O pai explica demais e, assim, justifica suas interdições. A autoridade é conferida à ciência, que, supostamente, dá resposta a todas as questões.

Ao final de *A relação de objeto*, Lacan (1995) faz considerações sobre a geração que surge na metade da década de 1940, caracterizada por uma "certa revolução nas relações entre os sexos" (p. 456), as quais seriam passivas se assemelhando ao processo de sexuação do pequeno Hans – caso de fobia infantil descrito por Freud (Miller, 1995, p. 176). Apesar de alimentar um vivo interesse pelas meninas, Hans não ocupa uma posição viril. Pode-se, pois, falar do declínio da virilidade se o objeto heterossexual é abordado de forma obediente ou submissa, não traduzindo, portanto, o ideal da virilidade masculina.

A desvalorização da paternidade se apresentou de modo mais intenso após a Segunda Guerra Mundial, sob a forma de diversas contestações efetivas da função do pai e da sua função simbólica. Em alguns países há todo um questionamento a respeito do sobrenome que uma criança vai portar, sugerindo a existência de uma certa perda quanto ao lugar simbólico do pai. Pode-se, também, estabelecer um laço entre a desvalorização da paternidade e o declínio dos ideais, o que faz o que o macho perca uma parte de seus antigos direitos. Por exemplo, nos Estados Unidos, os processos de assédio sexual do homem contra a mulher situam-no como humilhado em relação às mulheres no campo social.

O que percebemos em nossos consultórios seriam efeitos do decantado "declínio da função paterna"? Se antes as crianças eram comportadas, "reprimidas", sem muito direito a voz, submetidas à autoridade e à severidade dos pais, como elas se apresentam hoje? São, muitas vezes, ruidosas, agitadas, querem e demandam sem parar o que é incessantemente oferecido nos meios de comunicação. Frequentemente, têm dificuldade de obedecer a ordens e a leis instituídas ou se submetem a elas com muito sofrimento. Os pais manifestam receio de colocar limites na criança, não a ajudando a lidar com a difícil tarefa de admitir que ela não pode tudo, impedindo-a que se depare com as suas próprias faltas e com as dos pais.

Pater semper incertus est

Podemos estender o questionamento do lugar do pai, quando pensamos na prática da inseminação artificial. Uma vez que existe uma norma de anonimato na doação do esperma, a criança jamais saberá o nome do seu genitor. Quais são os efeitos desse anonimato? Há alguém que se declare filho de um tal espermatozoide? Vemos, nesse caso, a produção de um novo romance familiar. No romance familiar tematizado por Freud, os desejos do pai e da mãe são presentificados e eles não podem ser anônimos para que haja a constituição da subjetividade.

Os genitores podem ser substituídos, como em caso de adoção, e, também, cada pai deve adotar seus próprios filhos. O pai é um doador a quem se deve filiação e genealogia. De acordo com a tradição emanada do direito romano, "existir na sociedade é estar inscrito nela em relação com o nome do pai" (Braunstein, 1995, p. 56, tradução livre). Receber um nome estabelece desde o princípio o dever de portá-lo, o que traz uma dívida simbólica. Os romanos já estabeleciam que havia um duplo nascimento, o físico, da mãe, e um político, do pai.

A paternidade refere-se, assim, ao ato de nomear. Seldes (1992), fazendo referência a Lacan, diz: "esse nome do pai não tem por que padecer da ausência da pessoa e às vezes se padece de uma excessiva presença inclusive impedindo que a mãe se ocupe dos filhos" (p. 134, tradução livre). Aquele que deverá advir como sujeito, ainda que nascido por intermédio da ciência, deverá colocar na estrutura do Outro, o desejo que o gerou. Isso não coincide com o momento do nascimento. A função do pai adquire sua importância na medida em que seu nome é o vetor de uma encarnação da Lei do desejo (Lacan, 1988, p. 57), resultando que esse pai, mesmo sem o saber, constitua um vetor de desejo situado, em algum lugar, por um nome. Se o desejo do pai sai do anonimato, é porque ele pode fazer de uma mulher "causa de seu desejo", implicando o direito de obter para si respeito e admiração.

Um pouco de severidade

Tratando da metáfora paterna, Bleger (1992, p. 47-54, tradução livre) salienta que o importante não é apenas a maneira como a mãe se reporta à pessoa do pai, mas o que faz com sua palavra, com sua autoridade, a maneira como ela preserva o Nome-do-Pai. Em *De uma questão preliminar a todo tratamento possível da psicose*, de forma paradoxal, Lacan (1957-1958/1998) observa que a relação do pai com a lei deve considerar-se em si mesma, pois efeitos devastadores se observam quando o pai tem realmente ou se atribui a função de legislador: quer, efetivamente, o que faz as leis, quer o que se apresenta como pilar de fé, modelo de integridade ou de devoção, quer o que se coloca como virtuoso ou servidor de uma obra de salvação.

O pai legislador é um pai que não representa, mas é a lei. Qual é, afinal, o pai que convém ao sujeito? Lacan diz que "um pouco de severidade" não faz mal. Se a severidade é o rigor na observância de uma lei, podemos dizer que o pai severo é o melhor posicionado para a promoção da lei. Nesse momento, coloca-se o pai em sua vertente simbólica e em sua vertente de realidade.

O pai em sua vertente simbólica é o pai morto, aquele cuja presença não é necessária desde que haja uma mãe que faça operar sua Lei. No entanto, por outro lado, vemos a busca de uma figura do pai, de *uma presença* que melhor encarne a lei. Um pai severo é aquele que cumpre a lei; um pai autoritário é o autor da lei. Quanto mais o pai se coloca na realidade como legislador, ou autor da lei, mais aparece desnudada a sua insuficiência, seu demérito, sua fraude em relação à lei que deve representar.

O pai em sua *vertente de realidade* não é o genitor. É aquele a quem a criança chama de pai. O pai em sua *vertente simbólica* é aquele que representa a lei. Segundo Colette Soler (1991), há um corte, uma "hiância entre a função Nome-do-Pai e os seres que venham a ser pais, que não é possível de ser preenchida. Em outras palavras, não há pai igual à função" (p. 122).

Por outro lado, questiona-se sobre a possibilidade da função paterna ser desempenhada por uma mulher. Lacan define o Nome-do-Pai como um nome dado à alternância da presença e da ausência da mãe, como uma resposta ao porquê do desejo dela. Portanto, podemos introduzir outra coisa que funcione neste lugar. Stevens (1996) reafirma que "a função do pai na realidade não é uma função imaginária e, é *preciso uma presença real de alguém que articule este significante*" (p. 107). Não é suficiente que ele seja trazido pelo discurso da mãe.

Lembremos que há limites no alcance do simbólico, que não recobre o real, e que, portanto, o pai como o representante de uma função simbólica não pode representá-la em toda sua plenitude. Na impossibilidade desse recobrimento pleno do pai em relação à sua função simbólica, encontramos a figura do Pai imaginário (Rosa, 1996).

Lacan (1992), em *O avesso da psicanálise*, relata que

> *[...] a posição do pai real tal como Freud a articula, ou seja, como um impossível, é o que faz que o pai seja imaginado necessariamente como privador, [...] isso vem da própria posição. De modo algum é surpreendente que reencontremos sem cessar o pai imaginário. É uma dependência necessária, estrutural, de algo que justamente nos escapa, o pai real. E o pai real, está estritamente fora de cogitação defini-lo de uma maneira segura que não seja como agente da castração (p. 121).*

Temos aqui a distinção do pai simbólico, como o portador da lei, e *o pai real, como o agente da castração.* É necessário que exista algo ou alguém que efetue esse corte, para que o sujeito possa entrar na dialética da castração. É necessária uma presença e esta não pode ser dada pelo pai simbólico, que se caracteriza por estar ausente. Daí a necessidade da *presença real* de alguém que articule o significante do Nome-do-Pai.

O pai real nada tem a ver, portanto, com o pai terrível ou assustador, que são as características do pai imaginário, e, muito menos, deve-se confundi-lo com o pai da realidade. A função está ligada à efetuação de sua palavra e não à sua existência em carne e osso. O fato de que o pai possa tomar a palavra é necessário para que seja possível operar como um efetivo agente da castração. O pai real é nada menos que um efeito de linguagem (Santiago, 1996). Por outro lado, devemos nos lembrar de que pai simbólico, pai real e pai imaginário são registros interligados que funcionam com uma conexão necessária.

Vamos a um *flash* clínico. Um pai, com um filho de 30 anos, que bebe, droga-se, não trabalha, não estuda, vive na farra e recebe uma mesada dele. O que o pai estaria pagando? Impossibilitado de dizer não, o pai sempre dava um jeito de fazer o que os filhos pediam. Tinha medo de ser autoritário e não podia ser ao menos o "representante" da lei. Na medida em que ele consegue se posicionar nesse lugar, o filho sai do lugar de "filho rebelde", de "quase marginal". O pai lembra-se da sua história, da sua adolescência, de como buscou, na educação dos filhos, seguir um modelo muito em voga na época da escola Summer Hill, em que o lema era "a liberdade quase total" de buscar o próprio caminho. Sustentado nessa crença, ele abdica, de certa forma, de exercer a função paterna, e o resultado é desastroso.

Tal situação é bastante frequente e podemos pensar que ela reflete esse momento histórico, no qual há uma contestação da função do pai. Se antes pai e mãe achavam que "sabiam" o que deviam fazer na educação dos filhos, hoje tudo é colocado em questão: o que é ser pai? O que é ser mãe? A pergunta sobre o "que é um pai" foi mantida por Freud como um enigma até o fim de sua vida. Desde o pai sedutor da histérica, o pai do Complexo de Édipo, até o pai do Mito da Horda Primitiva, o pai de Moisés e o Monoteísmo, Freud mantém o pai em destaque na sua teoria, enfatizando que não há possibilidade de dar uma resposta única à questão.

A estrada principal

Para Lacan, o pai tem tantos nomes que não há um que lhe convenha. O pai em psicanálise é um lugar de um significante que opera como âncora, como ponto de *capitón* que permite deter o movimento errático do efeito do sujeito, como uma estrada principal, já que em torno dele se ordenam os múltiplos caminhos por onde circula a dispersão imaginária e o efeito do real do gozo do sujeito. O pai como Nome se refere a variedades possíveis dos Nomes-do-Pai, ainda quando a "função pai" continue sustentando o fundamental: trazer ao sujeito um significante que sirva de suporte para responder ao desejo do Outro. Os Nomes-do-Pai são modos possíveis de bordejar o objeto "a", de circunscrever "a Coisa". O pai, para a psicanálise, é, pois, artifício, função, lugar, significante que aglutina, metáfora, estrada principal, resposta ao desejo do Outro, contorno ao objeto "a".

A... que não serve para nada?

Recentemente, em um debate, um expositor falava que família não serve para nada, apenas para reprimir. Interrogava o público: você já viu alguém feliz com a família? Família traz felicidade? Como se fosse possível existir algum dispositivo que pudesse trazer a tão sonhada felicidade. Aliás, quando perguntado sobre o que ele propunha no lugar da família, não respondeu.

Qual é, então, o lugar da família? Talvez seja mesmo a tarefa da constituição do sujeito e a de ajudá-lo a lidar com esse mal-estar permanente, que faz parte da própria estrutura do sujeito. Frida Saal (1995), em um interessante artigo, considera que, ao contrário da sua mistificação como um lugar ideal, a *família* tem de faltar, pois é assim que possibilita a abertura para o desejo: "a família só funciona enquanto fracassa, na medida em que como pais e como mães sejamos insuficientes" (p. 83).

Assim, a suficiência absoluta da mãe seria a completude que impediria o surgimento do sujeito, e aquele pai onipotente, que funciona como o pai da horda primitiva, traz um "Schreber" como consequência. Porque há falta, existe família, uma resposta possível ao mal-estar. Entretanto, é falhando que a família possibilita ao sujeito dar distintas respostas a esse mal-estar – respostas mais ou menos bem-sucedidas –, pois a falta é constitutiva e necessária para lançar na via do desejo: "é o vazio central que possibilita que haja uma família" (Saal, 1995, p. 88).

Voltamos à questão inicial e afirmamos: a *família é uma estrutura*. E, apesar de todas as variações que ela tem sofrido nas distintas culturas e momentos históricos, consideramos que ela possui elementos invariantes, possibilitando, assim, a sua permanência através dos séculos.

O PONTO DE SACRIFÍCIO

Rosely Gazire Melgaço

Teus meus amuletos: as palavras.
(Henri Bosco)

Digo minha mãe. E é em ti que penso, ó casa!
Casa dos belos estios obscuros de minha infância.
(Milosz)

O suplício que não é fingido

1921: Luigi Pirandello, dramaturgo italiano, escreve *Seis personagens à procura de um autor* (1977), na qual retrata cenas do ensaio de uma peça, quando, surpreendentemente, uma família entra no teatro, desejando que sua história seja representada. Revela-se, então, um conflito atores/personagens, um teatro dentro de um teatro.

Recorremos aqui à literatura de alguns fragmentos dessa peça, para iniciar a reflexão que passamos a desenvolver: o sintoma, ponto de sacrifício. Em uma passagem, a mãe dirige-se ao diretor do ensaio, referindo-se aos dois filhos apresentados como crianças em silêncio, e diz:

A mãe

> *[...] O meu suplício não é fingido, senhor! Sou viva e presente, sempre, em cada momento do meu suplício que se renova, vivo e presente, sempre. Mas aqueles dois pequenos, ali – o senhor os ouviu falar? Não podem mais falar! Ainda estão agarrados a mim para manter vivo e presente o meu suplício: mas eles, para si mesmos, não existem, não existem mais! E esta (indica a Enteada) fugiu, escapou-se do meu lado e perdeu-se [...] perdeu-se [...] Se agora a vejo aqui, é ainda por isso, só por isso, sempre, sempre para renovar sempre, vivo e presente, o suplício que tenho sofrido também por ela! (Pirandello, 1977, p. 115).*

O conteúdo dessa fala não difere do que verificamos na nossa clínica ou em uma leitura psicanalítica da vida cotidiana em tempos atuais: um sintoma de uma criança ou de um adolescente que se entrelaça aos nós da estrutura familiar. Crianças que "não podem mais falar", ou se expressar, ou aprender, ou sorrir, ou chorar, ou brincar ou correr, porque estão comprometidas, agarradas a um "suplício que não é fingido", no entanto, desconhecem, impedindo-as de "existir para si mesmas". Como nos diz Lacan (1985), "o sintoma é, de começo, o mutismo do sujeito suposto falante" (p. 18).

O sujeito é efeito

Mesmo antes de sua concepção, há um lugar preparado para a criança. As circunstâncias que antecedem o encontro de seus pais e suas histórias já impõem uma particularidade. A espera, o momento de sua chegada, seu nome, sobrenome, tudo isso, certamente, fará parte da sua história. A criança, em sua condição estrutural de desamparo, relaciona-se com o Outro representado pela mãe, recebendo suas mensagens por meio dos contatos e de indispensáveis cuidados.

Assim, há uma anterioridade do Outro sobre o Sujeito: "a frase começou antes que ele nascesse", aponta Lacan. E ele vai ocupar um lugar no desejo de seus pais. A tudo isso, ele responderá com uma posição singular na vida, inclusive, sintomaticamente.

O sujeito é *efeito* da família, do Desejo da Mãe, do Nome do Pai, efeito da interdição, que impede que entre mãe e filho haja uma união. O pai funciona como princípio de separação no que se refere ao desejo da mãe, ou desejo do Outro. Como nos lembra Lacan, o melhor que um pai tem a fazer é se ocupar do desejo da mãe, e colocar uma mulher em posição de ser aquela que está em relação com seu desejo vai reenviar a criança a seu lugar.

A lei cultural de proibição do incesto não é mais que a condição para que subsista a palavra: lei do desejo, lei que submete o homem, tornando-o ser de linguagem, distanciado de sua origem animal. Por vezes, a criança, com seu sintoma, faz aparecer – no real de seu corpo, inclusive – a falha nessa organização. É uma resposta ao que há de sintomático na estrutura familiar, uma resposta de um sujeito que se impede de existir, por não conseguir se separar.

Sub-ornamento

Relembremos o recorte da peça de Pirandello: "não falar mais, não existir, não existir para si mesmo". A única possibilidade de pôr em jogo algo da ordem do sujeito, de ele se colocar como desejante, é que haja movimento no sentido da separação, um novo lugar *para* o Outro, lugar este, fundamental e estruturante. Como sabemos, para que uma criança não fique presa na fantasia da mãe, deve haver uma mediação, da qual normalmente se ocupa a função do pai.

Assim, a criança, de modo particular, estará exposta a um maior ou menor "suborno no fantasma", como indica Lacan (1988, p. 56, tradução livre). Nessa mesma vertente, "suborno é sub-ornar. O suborno fala de um ornamento mediador ausente, falido ou velado na estrutura [...]. Na criança, quanto maior o sub-ornamento (o suborno), maior será seu sacrifício" (Eidelberg & Feldstein, 1993, p. 91, tradução livre).

Como discorre Lalande (1993) acerca desse vocábulo,

> *[...] no seu sentido etimológico e no seu sentido literal, o termo sacrifício implica a ideia de um bem sensível oferecido ou destruído em honra de um ser superior, a fim de atestar a sua soberania e, subsidiariamente, para obter proteção, perdão ou graça [...] sacrifica-se aquilo que é de um grau menor a um fim mais importante ou mais amplo [...] o objeto sacrificado torna-se mais amado e como que penetrado por um sentido sagrado [...] (p. 973).*

O sacrifício de um filho já nos é apresentado desde a Antiguidade por meio do Gênesis (ou Livro das Origens) do Antigo Testamento, quando Deus, pondo Abraão à prova, exige que leve seu filho, Isaque, à terra de Moriá, para oferecê-lo em holocausto. Enquanto os dois iam caminhando juntos, Isaque disse: "*Meu pai! Temos aqui o fogo e a lenha, mas onde está a ovelha para o holocausto?*". Lá chegando, uma mudança acontece, e o pai toma um cordeiro e oferece-o em lugar de seu filho. Podemos, entre outras, tecer algumas marcações a partir desse episódio.

Foi possível para o pai, em vez de sacrificar o próprio filho, dirigir-se a outro objeto na realização de seu desejo. Um novo pacto foi estabelecido na torção do acontecimento, permitindo um sacrifício simbólico. O filho pôde movimentar-se e questionar o lugar que ele ocupava no desejo do pai. Ele lançou uma questão ao pai formulando: "*O que ele quer de mim?*".

Quando a criança pergunta o que o Outro quer dela, é o momento da separação, porque se o Outro deseja é porque a ele também falta. Isaque se coloca nessa pergunta como objeto de desejo do Outro, e, jogando com a falta, com a morte, desde a incompletude do Outro, advém-lhe a evidência de sua própria castração. Surgem as questões da perda: "*Pode ele me perder?*", "*Podemos nos separar?*", "*Eu posso viver como sujeito desejante autônomo ou terei que morrer para satisfazer seu desejo?*".

A genealogia do desejo

A partir dessas considerações, podemos retomar a fundamental importância da separação na constituição do Sujeito. Em uma analogia à oferta de Abraão, a mãe deve perder, encontrar algo que representa sua oferta para não sacrificar o filho. Caso contrário, é a criança na condição de sujeito desejante que se dá convertida em oferenda a um deus obsceno e gozador, o deus que inquieta Kierkegaard.

Sacrifício, lembremos, é uma oferenda em honra a um ser superior para atestar sua soberania.

Kierkegaard, com preciosa sensibilidade, revela toda essa questão na sua obra *Temor e tremor* (1984), quando escreve quatro versões sobre o episódio bíblico referente a Abraão e Isaque.

Na primeira delas, Kierkegaard ressalta o pedido de piedade de Isaque, e o olhar até então doce de Abraão torna-se feroz, a feição, aterradora. Dessa descrição, o autor apresenta a seguinte conclusão: "quando chega o tempo de desmame, a mãe enegrece o seio, porque manter o seu atrativo será prejudicial ao filho que o deve abandonar. Assim ele acredita que a mãe mudou, embora o coração dela continue firme e o olhar conserve a mesma ternura e amor. Feliz aquele que não tenha de recorrer a meios ainda mais terríveis para desmamar o seu filho!" (Kierkegaard, 1984, p. 114).

Kierkegaard poeticamente aponta-nos a separação, transmitindo, ainda, que, para se fazer sujeito, deve haver perda, renúncia ao objeto de desejo. Se a mãe não o faz, o filho é levado ao sacrifício.

Retomando o fragmento da peça de Pirandello (1977), é possível ressaltar a importância da singularidade do sujeito, mesmo fazendo parte de um grupo familiar.

O pai:

> *[...] Quando os personagens são vivos, realmente vivos, diante de seu autor, este não faz outra coisa senão segui-los, nas palavras, nos gestos que, precisamente, eles lhe propõem. E é preciso que ele os queira como eles querem ser; e ai dele se não fizer isso! Quando uma personagem nasce, adquire logo tal independência, mesmo em relação ao seu autor, que pode ser imaginado por todos, em outras várias situações, nas quais o autor nem pensou em colocá-lo, e adquirir também, às vezes, um significado que o autor nunca sonhou dar-lhe! (p. 127).*

E, noutra passagem.

A enteada:

> *[...] mas eu quero representar o meu drama! O meu! (p. 112).*

O diretor:

> *Oh, enfim, o seu! Não é somente o seu, desculpe! É também dos outros! Não é possível que uma personagem venha, assim, demasiado à frente, e se sobreponha às demais, invadindo a cena. É preciso mantê-las todas num quadro harmonioso e representar o que é representável! Eu também sei que cada qual tem toda uma vida dentro de si, e que gostaria de exteriorizá-la. Mas o difícil é exatamente isto: exteriorizar só aquilo que é necessário em relação aos demais; e, apenas com esse pouco, fazer compreender toda a outra vida que permanece no íntimo, sem vir à tona! (p. 112).*

Como os personagens da peça, os sujeitos, com seus sintomas, lutam, esperneiam, às vezes até mesmo por meio do silêncio para serem reconhecidos, para encontrar um lugar próprio na genealogia do desejo, que lhes permita ser um sujeito desejante. Assim, expressa uma análise fazendo seu balanço na economia do desejo: "— *Na minha família, a gente fazia o que era bom para os outros. Eu não podia nem pensar no que eu queria. É como se só tivesse valor a pessoa jurídica. A pessoa física não existia*".

O fracasso

O movimento histórico da humanidade revela uma mistificação da família, incentivada a funcionar como lugar ideal para tamponar as faltas e tropeços no Real. Entretanto, verifica-se que na família deve haver espaço para a falta, e, assim, possibilitar o movimento do desejo. A estrutura familiar não é uma relação causa-efeito, mas, sim, uma invenção. E lembremos que

> *"[...] a família só funciona enquanto fracassa, na medida em que como pais, ou como mães, sejamos insuficientes. Nada mais terrível que a suficiência absoluta de uma mãe, que seria a completude que impediria o surgimento do filho; nada mais terrível que um pai que seja tão pai que funcione como o pai da horda primitiva. Nessa linha, no espaço gerado pelos distintos modos possíveis de falhar a instituição família, é donde se inscreve sua única possibilidade (Saal, 1995, p. 83, tradução livre).*

Assim, a família, incluindo a falta constituinte e necessária, permite introduzir o sujeito na circulação social e desejante, e, nesse viés, o sujeito pode tomar a palavra e se situar no discurso, implicando-se. É reconhecendo a história como sua que o sujeito encontra um lugar dentro do discurso e da ordem das gerações na estrutura familiar.

Para concluir, retomando o percurso do texto, algumas considerações se destacam. Da Natureza à Cultura, há uma perda – a incompletude, a falta, um sacrifício estrutural, mas, ao mesmo tempo, abre-se-lhe a possibilidade da condição de Sujeito desejante.

Essa condição desejante, ele, o Sujeito, a defende com os recursos de que dispõe, levando, se necessário, às últimas consequências esse

compromisso. O sintoma é uma destas, pois o Sujeito se utiliza dele, sacrificando algo do seu ser, para não imolar seu ser de desejo. É a busca de uma separação, que não consegue por outra via.

Ao se desembaraçar de seu sintoma, tem a chance de encontrar saídas criativas, dispor de sua liberdade de escolha "forçada" e não se submeter à "procura de um autor" outro, que não ele próprio. Tomar distância dos impasses da estrutura familiar, separar-se – desafio que o sujeito enfrenta para se ater às próprias questões.

DO AMOR AO DESEJO: UMA VIA DE CRIAÇÃO

Carmen Moreira Caram
Iziná Helena Travaglia
Rosely Gazire Melgaço
Yolanda Mourão Meira

> Porque recorri novamente à escritura?
> Não é preciso, querida, fazer pergunta tão evidente,
> Porque, na verdade, nada tenho para te dizer,
> Entretanto tuas mãos queridas receberão este papel.
> *(Goethe)*

> Só o outro poderia escrever meu romance.
> *(Roland Barthes)*

O irretratável do amor

Neste texto,[12] pretende-se levantar algumas considerações teóricas e reflexões acerca dos efeitos e vicissitudes do discurso analítico, incidindo na parceria amorosa. Inicialmente, surge a questão: qual é o ponto de junção fundamental para que alguém considere um outro seu par amoroso, determinando, em última instância, o vínculo conjugal?

O trabalho com casal apresenta temas de difícil formalização, trazendo frequentemente desafios que nos instigam a constantes indagações. Qualquer trabalho analítico põe em xeque a posição do analista e sua função. Apresenta-se, portanto, essa renovada interrogação do que pode um analista.

Quando um analista é procurado por um casal, pode-se reconhecer, por vezes, uma demanda de solução do mal-estar existente *entre*

12 Este trabalho é um recorte do texto "Do amor ao desejo: uma via de criação", elaborado pelas autoras desta obra e por Maria Cláudia Barros Arantes, publicado em novembro de 1995, em *Estudos de psicanálise*: Círculo brasileiro de psicanálise, *18*:(43-7).

eles. São aqueles casos em que um deles ou ambos querem "ficar bem", "voltar à harmonia que existia" ou, como dizem, "salvar o casamento".

Essa temática da escolha amorosa remete-nos a Freud (1901-1905/1972), nos "Três ensaios", quando diz que "o encontro de um objeto é, na realidade, um reencontro dele" (p. 229), enfatizando que o protótipo de toda relação de amor é a experiência de uma criança que suga o seio da mãe. Entretanto, já no "Projeto", Freud aponta para a primeira experiência de satisfação de encontro de um objeto como algo mítico, da ordem do impossível. Então, pode-se pensar que a eleição de um parceiro como o objeto que vai completar o outro se revela um engodo na medida em que esse objeto já é perdido por estrutura. Assim, o ser humano, submetido à linguagem e à cultura, defronta-se sempre com a impossibilidade de uma satisfação completa da pulsão sexual.

Freud (1912/1972) salienta:

> *[...] assim, talvez tenhamos de ser forçados a nos reconciliar com a ideia de que é absolutamente impossível harmonizar os clamores de nossa pulsão sexual com as exigências da civilização; [...] a não satisfação inerente à civilização é consequência necessária de certas peculiaridades, que a pulsão sexual adotou, sob a pressão da cultura. A própria incapacidade da pulsão sexual de produzir satisfação completa, tão logo se submete às primeiras exigências da civilização, torna-se a fonte, no entanto, das mais nobres realizações culturais que são determinadas pela sublimação cada vez maior de suas pulsões parciais (p. 172).*

Torna-se claro, então, que o ser falante se depara com o constante impasse da inadequação e da desarmonia, no desencontro do sujeito com o objeto, na disjunção entre o prazer e a satisfação e na impossibilidade da relação sexual. A teoria freudiana do amor, além de denunciar essa discordância estrutural, destaca, com ênfase, seu aspecto de repetição, visto que, para Freud, todo objeto de amor é uma substituição de algum objeto primordial prévio à barreira do incesto.

Nos textos em que aborda a Psicologia da vida amorosa, Freud (1912/1972) menciona a existência de duas correntes do comportamento amoroso: a afetiva e a sensual, que, não se unindo, resultam em uma clivagem do objeto de amor, superestimado ou degradado. No circuito de conjunção e disjunção dessas correntes, o que está implícito, fundamentalmente, é a separação entre amor e desejo: "quando amam, não desejam e, quando desejam, não podem amar" (p. 166).

Dois que não fazem um

Seguindo o percurso apontado por Freud, Lacan, no *Seminário VIII – A transferência* (1960-1961), utiliza-se do texto de Platão, *O banquete*, no qual alguns pensadores da época discursam em torno do amor. Enquanto alguns privilegiam o amor sob o enfoque da beleza, outros o abordam sob o ponto de vista do valor, outros da harmonia, ou ainda da busca da completude. Entre eles, o discurso de Aristófanes versa sobre a totalidade esférica: os seres anteriormente esféricos, uma vez divididos pelo castigo de Zeus, vão pelo mundo afora, em um tempo que não é preciso, em um tempo mítico, morrer em um abraço inútil ao tentarem novamente se reunir: "unir-se e confundir-se com o amado e de dois ficarem um só. O motivo disso é que nossa antiga natureza era assim e nós éramos um todo: é portanto ao desejo e procura do todo que se dá o nome de amor" (Platão, 1983, p. 25).

Já Sócrates, após o pronunciamento de Agatão, que faz grandes elogios à beleza e às virtudes do amor, inicia um longo questionamento, apontando para a ruptura, para a divisão de onde surgirá a verdade de nada saber, a verdade da falta. Só se pode desejar o que não se tem. Aponta, pois, para a falta como condição básica do desejo.

Ao final do discurso de Sócrates, a entrada de Alcebíades vem desarticular a organização dos anteriores, pondo em cena a questão do desejo. O discurso dele não é dirigido a Eros, mas, sim, a Sócrates: "afirmo eu, então, que ele é muito semelhante a esses silenos colocados nas oficinas dos estatuários [...] os quais, abertos ao meio, vê-se que têm em seu interior estatuetas de deuses" (Platão, 1983, p. 46).

Sócrates é comparado por Alcebíades ao sileno, feio no exterior, no entanto, contendo em si algo divino, valoroso como um agalma.

A partir do conceito de agalma, como o que causa o desejo no outro, lugar atribuído a Sócrates, Lacan trabalha a face ilusória, imaginária do amor. Agalma é o que se imagina encontrar no outro. Trata-se de um objeto imaginarizado que vem ocupar o lugar do vazio, da falta. Supor que alguém tenha algo precioso que possa preencher o que lhe falta leva o amante em direção ao amado. O amante espera do amado a possibilidade de recuperar a totalidade esférica na qual nada falta.

Lacan avança nessas reflexões e faz a derrisão da esfera, chamando a atenção para o que há de enganoso no amor. Ouvimos comumente: "— *Estou atrás da minha cara-metade*!". Parece que estamos diante do mito da esfera platônica, no qual a harmonia do amor narcísico domina. Os seres, ao entrarem em contato com a incompletude, a falta, saem em busca da outra parte que possa completá-los, sem, no entanto, obter sucesso, porque o objeto, uma vez perdido, para sempre estará.

Abordando a relação de casal sob essa vertente, impõe-se a consideração sobre a passagem e o deslocamento da busca do *amor* que sutura a falta, ao *desejo* que a inclui. Se o amor supõe uma universalização, na proposição de *fazer de dois, um,* o desejo, ancorado na castração, visa à singularidade *de cada um*, que supõe o enfrentamento com o impossível da reciprocidade e o resgate da ordem do que é irredutível e particular a cada sujeito.

O muro

Em *O saber do psicanalista*, Lacan (1971) tece considerações sobre os versos de Antoine Tudal:

Entre o homem e a mulher
Existe o amor
Entre o homem e o amor
Existe um mundo
Entre o homem e o mundo
Existe um muro
(lição 6 de janeiro de 1972)

Trabalhando a homofonia das palavras amor [*amour*] e muro [*mur*], Lacan, ao abordar a relação *entre* o homem e a mulher, nos diz: o que aí se interpõe é a castração. Também assinala do texto poético que *entre* quer dizer interposição, e *muro*, o lugar da castração. Entre o homem e a mulher existe um mundo, existe um muro, quer dizer, "não conseguirão nunca", apontando, então, para o impossível da complementaridade sexual.

Referindo-se a seu conhecido aforismo "não há relação sexual", Lacan (1972 p.454) diz que, se não há relação, é que *dos dois, cada um fica um*. E esclarece:

> *[...] quando os gametas se conjugam, o resultado não é a fusão dos dois. Antes dessa realização, há uma considerável evacuação: dão-lhe o nome de meiose. E o novo um se faz com o que podemos justamente chamar [...] não direi com os cacos de cada um deles, mas de qualquer um deles que soltou umas sobras (1972, lição 4 de maio)*

A inexistência da relação sexual revela, em sua essência, uma discordância radical da injunção de *fazer um*, mostrando que, apesar de poder haver um ato sexual, não existe uma condição adequada e suficiente que faça com que os sexos sejam complementares. Miller (1981) lembra-nos de que o homem e a mulher não são como a chave e a fechadura, mas que, quando o macho e a fêmea copulam, são passíveis de se reproduzir. Entretanto, não há nada que corresponda a essa relação no inconsciente, visto que não existe um significante que represente a mulher. O sujeito posiciona-se em relação ao falo, seu único parceiro.

O parceiro e a fantasia

Retornando ao nosso objeto de estudo – o casal – surgem novas interrogações: como seria o trânsito do amor *entre* os parceiros, sem que nesse percurso, nesse espaço de exercício da individualidade e da singularidade de cada um, deixe de emergir o desejo? É viável uma posição de amor entre parceiros sem que isso suponha a ignorância do desejo? Por essa via, como abordar as questões do casal no discurso analítico? Poderíamos pensar que o ponto de junção em uma relação amorosa dar-se-ia pelo viés do fantasma? Podemos falar de um fantasma compartilhado?

Consideramos importante articular o conceito de "fantasma", desenvolvido por Lacan, a partir do conceito de "fantasia fundamental", de Freud. O fantasma é algo escondido e particular do sujeito. É a sua propriedade mais íntima, o seu tesouro mais precioso, podendo recobrir toda a sua vida e ser, ao mesmo tempo, o elemento mais oculto. Freud nos diz que as fantasias subsistem separadas do resto do conteúdo de uma neurose e não encontram um lugar apropriado na sua estrutura.

O fantasma vincula-se a um ponto de falta no Outro como lugar do significante, ao mesmo tempo que é resposta ao desejo do Outro. No que se refere à falta, o fantasma funciona como elemento tamponador, como uma forma de suturá-la. O fantasma concerne a uma relação do sujeito com o objeto *($ ◊ a)*, em que se articulam dois elementos heterogêneos: o sujeito e o objeto "a", objeto causa de desejo.

Assim, em uma relação de casal, intervém de maneira decisiva o interjogo fantasmático, no qual um parceiro causa algo no outro, tocando, de alguma forma, no fantasma do outro. Um parceiro corporifica o fantasma do outro, na medida em que se apresenta como o objeto que causa seu desejo. O que caracteriza esse interjogo é o modo como um parceiro fisga o fantasma do outro e é fisgado, estabelecendo-se uma conjunção e uma disjunção da relação do sujeito com o objeto.

O amor necessita que esse objeto seja encarnado em uma pessoa, enquanto o que está em questão no desejo não é uma pessoa, mas, sim, o objeto. Em *Mais, ainda*, Lacan (1985) menciona: "só lhe é dado atingir seu parceiro sexual [...] por intermédio disto, dele ser a causa de seu desejo" (p. 108).

Um novo amor

Se, em Freud, o amor é repetição, Lacan, ao contrário, considera que o amor é invenção, propondo a possibilidade de novos amores. Miller (1991) considera que: "o amor é um modo de dirigir-se ao *a* a partir do

Outro do significante. Este é, na teoria do amor, o papel das palavras de amor, das cartas de amor. Amor é esforço por dar um nome próprio ao *a* [...] e construir ao redor uma obra de linguagem" (p. 17).

Reafirmamos que o amor pode ser uma invenção, o endereçamento de uma carta, a maneira como o sujeito se dirige ao Outro, em um esforço de construção, a partir da castração. É por esta última, na abstinência de uma resposta asseguradora, que a carta de amor marca o lugar da interrogação, da busca, já que o Outro do amor é demandado não apenas em relação àquilo *que tem*, mas, fundamentalmente, em relação àquilo que não tem. Isso implica, como enfatiza Lacan (1960-1961/1992), que "o amor é dar o que não se tem" (p. 218), apontando necessariamente para o Outro barrado, privado daquilo que não pode dar.

Assegurado o lugar do desejo, por essa via, o amor poderia passar, então, do estatuto de engodo para o de elaboração de um novo estatuto da criação. Criação não de uma relação de "mesmidade" – que aponta para uma harmonia imaginária de parceria sexual – mas, sim, criação na direção de uma repetição diferenciada.

Assim, o discurso analítico talvez possa ser uma provocação buscando promover uma mudança de posição diante do amor, o que implica torção do desejo de reconhecimento ao reconhecimento do desejo, para além da consistência narcísica com que o amor costuma se apresentar.

Seria instaurado um novo pacto, no qual, sob a égide da singularidade de cada parceiro, cada um pudesse fazer a prova de se colocar mais criativamente em função dos significantes que o determina, promovendo a relação amorosa como elemento agenciador e não obturador do processo de emergência da verdade de cada sujeito.

Em um percurso de aposta, de risco, de falta de certezas e garantias, não cedendo de seu desejo, os parceiros poderiam, assim, assumir uma outra posição, dar um novo sentido à existência. Fazer do amor uma criação.

A INCIDÊNCIA DO REAL: UM PERCURSO A PARTIR DE DUAS NOTAS SOBRE A CRIANÇA

UMA LEITURA POSSÍVEL

Alicia Hartmann

É muito pouco o que Lacan disse diretamente sobre as crianças. Refiro-me, quando falo de "dizer", ao que se encontra nos seminários. Entretanto, diante de *Duas notas sobre a criança*, temos o privilégio de nos encontrarmos com um texto escrito, e, como tal, sabemos que nos convida a um trabalho de decifração.

A primeira nota é a que tem sido mais trabalhada e a que mais teve repercussão, às vezes, em extravio, em uma leitura apressada por pensar a criança como sintoma do par conjugal. Melhor dizendo, não se leu ao pé da letra: "a criança está em *posição de responder* ao que há de sintomático na estrutura familiar". Isso quer dizer que o lugar do sintoma afeta a criança como resposta, assentando seu lugar no grafo do desejo, a problemática compete ao Outro, neste caso, a estrutura.

A segunda nota poderia ser considerada de anterioridade lógica em relação à primeira, posto que se refere diretamente à estrutura e não às estruturas clínicas. Lacan aqui ratifica ou reformula a validade da metáfora, mas não esqueçamos a simultaneidade desse escrito com o que está exposto no *Seminário XVII*, que é um referencial.

Em *O avesso da psicanálise*, Lacan não se priva de situar novamente as vicissitudes da relação entre a criança e a mãe, não quanto à relação dual, mas, sim, em sua articulação estrutural. A mãe no lugar do gozo do Outro que captura a criança, amável produto na lógica do fantasma, porém, esmagado, devorado pela garganta do crocodilo materno.

É aqui que se define a chave do gozo do objeto supremo, identificado à mãe, e aponta, assim, o incesto, articulado, como se enfatiza, não à morte do pai, mas ao assassinato. A passagem do pai edípico ao pai de "Totem e Tabu" impõe-se em seu valor fundante, de exceção, da mesma maneira em que logo se localizará nas fórmulas da sexuação; é um lugar de identificação que compartilha em tais fórmulas, com a mulher sem barra, essa mulher schreberiana. Em "Totem e Tabu" não aparece a mãe, mas, sim, este pai real que goza de todas as mulheres; o gozo de Jocasta fica situado aqui, e isso é o que outorga outra lógica à modalidade imaginária da relação dual já estudada.

Nessa relação predomina a mulher como mãe, mãe a quem se apela, mãe que ordena, e assim constitui a dependência da criança. A passagem do Outro caprichoso da demanda pode-se ler agora como a demanda articulada ao gozo, onde se faz necessária a recusa desta: "eu te peço que recuses o que te ofereço, porque não é isso". O lugar da mãe no *Seminário XVII* antecipa o desenvolvimento do *Seminário XIX* (*...ou pior*). Entretanto, a mulher repleta de apetrechos em sua mascarada fálica sustenta a repetição. A partição mãe-mulher avança para o não todo. Desde o lugar de mãe, ela ensina seu filhinho a se pavonear. Sustenta o "a mais" porque ela, como a flor (Lacan alude aqui ao esquema ótico), submerge suas raízes no mesmo gozo. Tal gozo poderia ser cotado (no marco edípico) ou se distinguir (de acordo com uma economia política), na medida em que se tenha renunciado ao gozo fechado e estranho à mãe. Mas nesse "a mais", "o amável produto" estará exposto a um suborno no fantasma.

De que fantasma se trata? Sem dúvida, a criança ocupa, por estrutura, um lugar no fantasma do Outro (isso não é patrimônio da psicose, como aparece em certas interpretações da carta). No *Seminário VI*, coloca-se com clareza: desejo-te, incluo-te em meu fantasma fundamental. Todo sujeito em posição de objeto é parte do fantasma do Outro. O *Seminário X* desenvolve exaustivamente esse problema.

Detenhamo-nos na palavra suborno. Segundo o dicionário da Real Academia Espanhola, subornar é: 1) dádiva com que se suborna. 2) qualquer coisa que impede ou excita o ânimo para incliná-lo a agradar a outrem.

O suborno sustenta o engodo; a criança suborna ao lado do engodo. Por sua vez, a dialética *i a – i'a* permite, com este matema, escrever os fantasmas imaginários que são produtos da constituição do *i a* – (imagem do corpo). A criança suborna fantasmaticamente o Outro, ocupando um lugar no fantasma como *agalma*: $a - \varphi$. *Agalma,* em grego, é joia, o ornamento identificado a este lugar deslumbra com seu brilho, e por momentos adquire valor fetichista: $a + \varphi$, positivando a castração materna. O pequeno Hans oscila entre essas duas posições.

As denominadas "utopias comunitárias" fracassaram em um exemplo: o *kibutz* israelense. As crianças, vivendo em espaços separados de seus pais, padeceram de patologias graves. É importante nessas experiências a incidência de retraimentos significativos ou certas condutas autísticas em crianças que sofreram separações precoces.

No que diz respeito à família conjugal, Lacan alude à marca que provém de cada cônjuge. Não é a mesma coisa procriar, ser o genitor, e ocupar o lugar do pai, ter "o desejo de filho", conforme aparece no *Seminário III*. Aqui se evidencia "o irredutível" de uma transmissão.

Desde Freud, esse resíduo pode tomar um viés particular, a saber, o conceito de "herança arcaica", que se define em *Moisés e a religião monoteísta*: na vida psíquica do indivíduo podem ter efeito não somente os conteúdos vivenciados por ele, mas *os que lhe foram trazidos por Outros*. Isso Freud define sob o rótulo da predisposição ou do constitucional nas séries complementares.

Freud situa essa herança vinculada ao simbolismo da linguagem: "podemos herdar uma predisposição cognitiva, ainda assim como uma predisposição pulsional". E acrescenta: "já há muito tempo nos confrontamos como se a herança de marcas mnêmicas do vivenciado por nossos antepassados, independente da comunicação direta ou da influência da educação pelo exemplo, estivesse fora de questão".

Essa ideia freudiana é perfeitamente congruente com o que Lacan define em *Função e campo da palavra e da linguagem em psicanálise*, a respeito de seu conceito de inconsciente. Aqui, o inconsciente é parte do discurso concreto transindividual que aparece nos monumentos, documentos, evolução semântica, transmissão e rastros. Rastros que são marcas: o irredutível de uma transmissão.

Diferenciar o conceito de transmissão não é tarefa fácil. Impõe-se um contraponto com o lugar que tem o conceito de identificação na constituição subjetiva, ou seja, como causalidade psíquica.

O que a identificação torna consistente – ainda que em sua repetição na diferença – a transmissão, como ato, faz corte, sustenta uma descontinuidade na geração seguinte, enquanto esta se apropria das marcas. É a transmissão que outorga o peso de que fazem falta tais gerações para pensar a constituição de um sujeito. A "herança arcaica" seria uma parte dessa transmissão.

Uma transmissão veiculada no desejo, um desejo que não seja anônimo, que nomeie, faz-se necessário. O hospitalismo é para Lacan o maior exemplo do anonimato. Nos primeiros textos e especialmente na *Observação sobre o relatório de Daniel Lagache*, é desde o Ideal que se nomeia, é por intermédio das insígnias, nas quais se situa o "nominativo". Novamente, Lacan recorre à metáfora utilizando o termo função, mas agora com valor operatório matemático na produção de um existente. É uma junção particular, a do marco edípico com a estrutura.

Entretanto, não exime a mãe do valor de seus cuidados.

O circuito da demanda idealizante tem de estar instalado, mas assinala o termo "interesse particularizado". É um particular, não um singular o que a ocupa: há a criança e há o homem. Assim se sustenta sua própria carência.

A função do pai antecipa o conceito de Nome-do-Pai que aparece em *R.S.I.*: "aquele que deu seu nome às coisas deve ser interrogado no nível do real". É fundamental recorrer ao texto fazendo uma diferença entre o objeto *a*, que funciona como causa, e quando o faz como "mais de gozar".

A criança como resíduo não somente é causa, mas também funciona como "a mais" a essa altura da obra de Lacan. É preciso lembrar que possibilita, desde esse lugar, a exclusão do gozo pulsional, ao mesmo tempo em que sustenta a repetição da marca que o constitui. Assegura assim, para a Mãe, a renúncia a esse gozo fechado.

PSICANÁLISE COM CRIANÇAS E O LUGAR DOS PAIS

Carmen Moreira Caram

> Que vai ser quando crescer?
> Vivem perguntando em redor. Que é ser?
> É ter um corpo, um jeito, um nome?
> Tenho os três. E sou?
> Tenho de mudar quando crescer? Usar outro nome, corpo e jeito?
> Ou a gente só principia a ser quando cresce?
> É terrível, ser? Dói? É bom? É triste?
> Ser; pronunciado tão depressa, e cabe tantas coisas?
> Repito: Ser, Ser, Ser. Er. R.
> Que vou ser quando crescer?
> Sou obrigado a? Posso escolher?
> Não dá para entender. Não vou ser.
> Vou crescer assim mesmo.
> Sem ser Esquecer.
> *(Carlos Drummond de Andrade)*

> Criança desconhecida e suja brincando à minha porta,
> Não te pergunto se me trazes um recado dos símbolos.
> Acho-te graça por nunca te ter visto antes,
> E naturalmente se pudesses estar limpa eras outra criança,
> Nem aqui vinhas.
> Brinca na poeira, brinca!
> Aprecio a tua presença só com os olhos.
> Vale mais a pena ver uma cousa sempre pela primeira vez que conhecê-la,
> Porque conhecer é como nunca ter visto pela primeira vez,
> E nunca ter visto pela primeira vez é só ter ouvido contar.
> *(Fernando Pessoa)*

Tramas

O trabalho psicanalítico com crianças apresenta certas especificidades, tais como a abertura do espaço para a escuta dos pais durante as entrevistas preliminares e o trabalho com estes, quando necessário, no decorrer do tratamento da criança.

Conforme escreve Lacan à sua colega Jenny Aubry, em *Duas notas sobre a criança* (1969/1998), a criança responde com seu sintoma como representante da verdade do par familiar, ou ainda que o sintoma diga respeito à subjetividade da mãe. A partir daí coloca-se para os analistas uma questão: os pais vêm junto com a criança. Juntos, não simplesmente porque são responsáveis pelo que se refere aos aspectos de ordem objetiva, levando em consideração a dependência a que está sujeita a criança, mas, fundamentalmente, pelas implicações do que é transmitido pelos pais, quer da ordem do imaginário (os mitos), quer do simbólico (o nome, a linguagem), e ainda algo da ordem do real dos pais: o resíduo, o resto de gozo indizível, no entanto, transmissível.

A presença dos pais, desde a escolha do psicanalista, da busca do atendimento ao filho e no decorrer das entrevistas preliminares, provoca o estabelecimento de um movimento transferencial impossível de ser ignorado. A transferência com o analista possibilita a criação de um campo discursivo que vai, pouco a pouco, se delineando pelo encadeamento dos significantes, produzidos tanto pelo analisante como pelo analista. É o que se observa em qualquer análise.

No caso da criança, há também a participação dos pais nesse encadeamento, na medida em que seus significantes se articulam com outros produzidos pela criança e pelo analista. Assim, o campo discursivo criado, somado aos sensíveis efeitos da análise com a criança sobre a estrutura familiar, causa, com frequência, a demanda de trabalho dos pais ao analista.

Retomaremos alguns pontos das construções teórico-clínicas de Freud e Lacan que abordam a complexidade da constituição do sujeito e das tramas familiares e que se incluem nas formações sintomáticas, com o objetivo de balizar nosso trabalho com crianças e o lugar dos pais na clínica.

Em decorrência da impossibilidade encontrada pelo pequeno humano de, por si só, operar seu próprio engendramento como sujeito, ele necessita do Outro. Seu surgimento como ser falante é precedido pelo desejo e pela nomeação que vem do Outro, somados a uma imagem que lhe é constituinte.

O sujeito não esteve sempre aí. Não há ego de partida. Entre o autoerotismo e o ego, como diz Freud em "Sobre o narcisismo: uma introdução" (1914/1977), tem de existir uma "nova ação psíquica", apontando para a função de um outro "experiente", que se implica com seu ato e que possibilitará a transformação da "libra de carne" em corpo libidinizado.

Esse é um ato de filiação que fará a introdução do sujeito no campo significante. Assim, a entrada no campo do Outro se dá pela via do Outro encarnado na figura daquele que cumpre, nesse primeiro momento, seja a mãe ou um outro qualquer, a função materna. É um ato, portanto, que possibilita ao sujeito "abrir os olhos" diante do espelho-Outro, para se ver, primeiro, nesse Outro e, em seguida, ver mais além, além da alienação no Outro. A vivência especular é marcada pela alienação, na medida em que não há distância, não há vazio entre ela e seu duplo ali no espelho. A alienação no desejo do Outro deixa a criança à mercê do Outro.

Urdiduras

Em *Complexos familiares* (1935/1987), Lacan propõe três tipos de complexos que indicam uma trama de relações: *Complexo desmame*: nesse estágio, a relação acontece entre a mãe e a criança; *Complexo de intrusão*: ocorre entre a mãe, a criança e o rival imaginário; *Complexo de Édipo*: consiste na relação estabelecida entre mãe, criança e imagem paterna.

Nos três complexos, a questão da perda e da falta se inclui. A falta é estrutural, é o que Lacan transmite nesse texto. No desmame, a ausência do seio materno possibilita que se inaugure a representação alucinatória do seio. O objeto representado está na dependência direta de seu desaparecimento. No complexo de intrusão, a rivalidade e a inveja são o que mais se evidenciam, e, no complexo de Édipo, momento da entrada na linguagem, segundo Lacan, é o Nome-do-Pai que promove a separação entre a mãe e o filho, trazendo consequências para a subjetividade da criança.

Há que se perder, há que se quebrar a ilusão de completude do Outro para que se instaure o funcionamento do psiquismo, o surgimento do sujeito e a fundação do inconsciente.

No seminário *A Relação de Objeto* (1956-1957/1995), Lacan aponta os desvios que ocorreram com psicanalistas pós-freudianos ao considerarem a relação dual mãe-criança harmoniosa e satisfatória, supondo-se um outro materno absolutamente capaz de elevar a relação com sua criança a patamares ideais de perfeição e adaptabilidade.

Nesse texto, Lacan trata, sobretudo, da questão da mulher com a falta de objeto. O falo, faltante na mulher, leva ao apelo por algo que venha preencher esse lugar, e a criança, facilmente, entra na relação com o desejo materno, ocupando a posição do falo que falta à mulher. A criança inscreve-se na relação com a falta da mãe. Falta exatamente porque a mãe, como mulher, não possui qualquer palavra que possa lhe dar uma significação do feminino. O vazio da mãe está aí, e é esse o lugar que ela oferece ao filho, buscando nele sua solução fálica. Entretanto, na relação da criança com a mãe há uma discordância, tendo em vista que o filho não preenche tudo.

Considerar a criança como substituto imaginário do falo, se, de um lado, satura, de outro, aponta para algo real, irredutível do lado materno que permanece, tornando a relação mãe-criança marcada pela desarmonia. São ligações, enlaçamentos, separações e perdas que se sucedem e marcam com a falta o destino do ser falante.

Com a trama edípica, instaura-se outro momento crucial na estruturação da subjetividade, quando a castração dá à função paterna um estatuto especial, na medida em que é o pai o transmissor do interdito. O pai é um significante, um nome, uma função, o Nome-do-Pai. Sua função concerne à castração. No centro do mito de Édipo opera a metáfora paterna, responsável por transmitir a castração. É um operador do corte ao gozo que permitirá ao sujeito o ingresso na ordem simbólica.

Lacan, em "De uma questão preliminar a todo tratamento da psicose" (1955-1956/1998), retoma o caso clássico de psicose em Freud e, em *Do lado de Schreber* (p. 563), demonstra que, havendo uma carência do significante paterno no inconsciente, ocorrerá um furo correspondente no lugar da significação fálica, resultando na foraclusão (*Verwerfung*) do Nome-do-Pai: "É em torno desse buraco em que falta ao sujeito o suporte da cadeia significante [...] que se trava toda a luta em que o sujeito se reconstrói" (p. 570). Assim, para Schreber, constata-se que "na impossibilidade de ser o falo que falta à mãe, resta-lhe a solução de ser a mulher que falta aos homens" (p. 572).

Em se tratando da perversão, Lacan diz: "a criança, em sua relação com a mãe, [...] não por sua dependência vital, mas pela dependência de seu amor, isto é, pelo desejo de seu desejo, identifica-se com o objeto imaginário desse desejo, na medida em que a própria mãe o simboliza no falo" (p. 561).

E, no que se refere à neurose, Lacan propõe: "Aqui, seja qual for a identificação pela qual o sujeito assumiu o desejo da mãe, ela desencadeia, por ser abalada, a dissolução do tripé imaginário" (p. 572).

Ainda nesse texto, Lacan vai insistir: não é apenas a maneira como a mãe se arranja com o pai que deve nos ocupar, mas, sim, a "importância que ela dá à palavra dele – digamos com clareza, a sua autoridade –, ou, em outras palavras, do lugar que ela reserva ao Nome-do-Pai na promoção da lei" (p. 585).

Eric Laurent (1994), em *Hay un fin de analisis para los niños*, retoma esse ponto e percorre alguns textos em que Lacan conclui que a metáfora paterna não basta para responder a questão da criança. Lacan, entre 1967 e 1969, faz uma reavaliação da metáfora paterna, da posição fálica da criança acerca do Édipo e introduz novas perspectivas sobre a questão preliminar.

A partir desse momento, na clínica psicanalítica, a sexualidade feminina passa a ocupar um lugar privilegiado, tornando-se, assim, a questão preliminar a toda psicanálise com criança.

O que não está lá

A questão da criança articula-se com o feminino. Conforme Lacan apresenta desde o seminário *A Relação de Objeto* (1956-1957/1995): a posição da criança na falta da mãe, a criança em posição de falo.

Na carta a J. Aubry (1969), a criança, com seu sintoma, vem responder ao que há de sintomático no casal familiar, ou, ainda, a criança realiza a presença como o objeto "a" no fantasma. Observa-se que a posição da criança que era a de falo passa a ser a de objeto "a".

No seminário *O Avesso da Psicanálise* (1969-1970/1992), Lacan revê a questão do Édipo, indo além do mito em direção à estrutura. Em *Mais, ainda* (1972-1973/1985), a questão da mulher e da sexuação é muito trabalhada. Aqui Lacan propõe, com as fórmulas da sexuação, a localização do homem e da mulher no sexo.

A mulher é não toda, não toda fálica, Ⱥ mulher, desse lado, não há um significante que possa representá-la, porém, em sua divisão, como mãe, ela encontra a possibilidade de inscrever-se na ordem fálica.

Éric Laurent (1994) nos conta as considerações feitas por Lacan sobre a questão da sexualidade feminina nos textos citados e diz que "há uma tensão entre os dois extremos da concepção da mulher que, por um lado, tem uma relação direta com o Ⱥ e, por outro, uma relação direta com o objeto Ⱥ, o qual nos conduz aos enigmas da posição feminina. Ao que quer a mulher? Lacan encontrou um matema: seu objeto "a" (p. 27). Se em uma vertente, a relação mãe-criança é representável, em outra não o é.

Philippe Lacadée (1996), referindo-se à afirmativa de Lacan sobre o sintoma da criança como resposta, diz: "O sintoma vem, como representante, representar o que não está lá, ele é o representante representativo de uma ausência de representação. Ele deverá se inscrever em face de alguma coisa da estrutura familiar, do casal familiar, que não está lá, ou seja, uma representação que não pode se dizer ou se articular em termos de representação significante" (p. 74-82). Há, portanto, uma ausência de representação significante, um buraco, um vazio, e a criança, ainda que seja ao preço de um sintoma, se oferece como resposta.

O significante do Nome-do-Pai, substituindo o desejo materno, dá uma significação fálica que para todo sujeito remete a algo da verdade do par familiar e permite-lhe interrogar o valor fálico do que ele é e do que vale para o outro. A resposta de cada sujeito resultará no lugar que ele ocupa para a mãe em relação ao enigma do objeto de seu desejo. No caso de a criança produzir um sintoma, ela está se colocando em posição de resposta ao desejo da mãe, articulado ao Nome-do-Pai, e seu sintoma está denunciando a posição sintomática dessa substituição significante.

Dessa maneira, a criança não é o sintoma da mãe, entretanto faz seu sintoma em posição de uma resposta ao que há de sintomático no par familiar, apontando para o sintoma da relação da mãe com seu par.

No que se refere ao sintoma que resulta da subjetividade da mãe, a criança é correlata ao fantasma materno, indicando que a função paterna não foi operante a ponto de permitir a substituição metafórica. Aqui, a criança fica capturada no fantasma materno de tal modo que vem realizar a presença do objeto "a" em seu fantasma. Lacan (1969/1998) ainda diz que "substituindo esse objeto, ela satura o modo de falta em que se especifica o desejo da mãe" (p.5-6). Se há uma posição que permita levantar a hipótese sobre a criança como sintoma, provavelmente é esta. A criança quando realiza a presença do objeto "a" na fantasia materna fica à mercê de seu gozo.

Com relação ao gozo que coloca a mulher em face de uma falta-a-ser, Lacan, em *Mais, ainda* (1972-1973/1985), diz: "Para esse gozo que ela é, não toda, quer dizer, que a faz em algum lugar ausente de si mesma, ausente enquanto sujeito, ela encontrará, como rolha, esse *a* que será seu filho" (p. 49).

A torção

Na medida em que a criança se oferece ou oferta seu sintoma como resposta ao que há de sintomático na estrutura familiar, não há como pensar sobre o sintoma da criança como um mero efeito do discurso dos pais. No sentido estrutural, há que se considerar e fazer a interrogação sobre como a própria criança constrói um sintoma em resposta ao Outro. Se a criança se coloca, nessa estrutura fantasmática, como objeto do gozo do Outro, considera-se sua implicação subjetiva forma de responder ao desejo do Outro. Do ponto de vista do sujeito do inconsciente, quer criança ou adulto, sempre se é responsável por seu gozo.

Nessa perspectiva, a análise com a criança cria a possibilidade de que ela – como agente de seu sintoma – possa fazer uma torção no que se refere à sua resposta em relação ao Outro, saindo da posição alienante de objeto e caminhando em direção à própria construção fantasmática.

No entanto, como o sintoma da criança denuncia algo que vai além dela e diz respeito à verdade do "par familiar", não é de se estranhar que uma mudança de posição subjetiva da criança – provocada pelos efeitos da análise – se faça presente na estrutura como um todo, afetando, portanto, os pais e provocando alterações na maneira de responder ao que há de sintomático do lado deles. Algo da verdade do par, que ora estava encoberta pelo sintoma da criança, se revela como próprio deles. Se a família tem seu funcionamento à maneira de uma estrutura, qualquer desarticulação presente em um de seus integrantes afeta os outros.

A demanda de trabalho feita pelos pais impõe não apenas o acolhimento, mas também a aposta na possibilidade criada pelo analista, nessa escuta, de abrir novas vias, nas quais as questões relativas à trama familiar possam ser mais bem elucidadas, o que, inevitavelmente, remete ao insuportável tramado pelo real, ao impossível, aos pontos irredutíveis de cada sujeito, que se atualizam na estrutura familiar e nos duros nós que os sintomas vêm enlaçar ou fazer amarrações.

Na condução do trabalho com os pais, o analista oferece sua posição para que novos enigmas possam se apresentar e se abrir às possíveis intervenções analíticas. Ocupar o lugar de quem opera e dá a direção da análise é estar em posição de causar neles o desejo de trabalho e acompanhá-los nos avatares de seus complexos familiares.

CLÍNICA: UMA CRIANÇA EM ANÁLISE E SEUS EFEITOS NO PAR FAMILIAR

Carmen Moreira Caram

> A criança olha
> Para o céu azul,
> Levanta a mãozinha,
> Quer tocar o céu.
> Não sente a criança
> Que o céu é ilusão:
> Crê que o não alcança,
> Quando o tem na mão.
> *(Manuel Bandeira)*
>
> Minha mãe e todos os sonhos de minha mãe
> numa sexta-feira lilás de março
> e as mãos cheias de violetas.
>
> Meu pai e voltar a infância de meu pai
> Num sábado branco de abril
> Minhas mãos cheias de lírios.
> *(Vinicius de Morais)*

Rui, uma criança de seis anos, primeiro filho de uma família, apresenta sintoma fóbico, demonstrando grande dificuldade para se separar de seus familiares e estar em qualquer lugar onde a companhia deles não é permitida. Apresenta, também, impossibilidade de ficar em locais onde acredita correr o risco de que a porta se feche e ele não possa sair: supermercados, *shoppings*, consultórios.

Essa fobia de aprisionamento o deixa absolutamente em pânico, permanecendo na soleira da porta, chorando, gritando, como se pudesse, assim, prevenir-se do risco iminente. Rui não dorme sozinho, tem enurese noturna e é extremamente agressivo com seu irmãozinho de três anos, a quem se agarra em momentos de angústia, como na hora de dormir ou na entrada da escola.

Para, casa

Há uma diminuição no rendimento escolar de Rui, em decorrência de sérias dificuldades de concentração que ele tem. Em quase tudo que se propõe a fazer, a sua dispersão é notória diante do menor estímulo. Os pais relatam situações nas quais aparecem suas dificuldades em lidar com o filho, não sabendo como conduzi-lo em momentos de pânico e desorientação, quase sempre, cedendo às suas imposições. Ele dorme na cama dos pais, e a hora do dever de casa faz surgir um cenário de choro da criança, gritos e brigas entre os pais. É, literalmente, um momento em que para a casa. "— *No final do Para Casa, estamos todos exaustos, só queremos dormir*", diz a mãe de Rui.

Colocar limites fica, geralmente, por conta da mãe, que é quem decide sobre quase tudo na família; inclusive é ela a responsável pela maior parte dos recursos financeiros familiares. O pai, frequentemente, desorienta-se diante das dificuldades do filho, fazendo-se valer da força física e queixando-se de que só é atendido quando bate ou "berra" com a criança.

Os momentos de lazer da família acabam sempre mal, especialmente pelas brigas iniciadas entre os irmãos, quando é frequente a entrada do pai em defesa do filho menor, batendo em Rui e provocando a agressividade da mãe. É uma reação em cadeia. O programa costuma terminar dessa maneira, e eles voltam para casa insatisfeitos e culpabilizados.

Lacan, ao escrever para J. Aubry, afirma que o sintoma da criança é uma resposta ao que há de sintomático na estrutura familiar. Representando a verdade do par familiar, essa complexa configuração sintomática, segundo Lacan (1969/1998), encontra-se também mais sensível às intervenções psicanalíticas. Entretanto, quando o sintoma da criança remete à subjetividade da mãe, "é diretamente correlativo a um fantasma"(p.5) materno, e a articulação significante se reduz, tornando-se, pois, menos aberta às intervenções.

Rui, com seus sintomas, apresenta-se como resposta e aponta para algo fora do lugar na estrutura familiar. Sobre as posições ocupadas na estrutura edípica na qual a criança está inserida, recorremos ao texto lacaniano. Em *R.S.I.* (1974/1975), Lacan diz: "Um pai só tem direito ao respeito, senão ao amor, se o-dito amor, o-dito respeito, estiver perversamente orientado, isto é, feito de uma mulher, objeto pequeno *a* que causa seu desejo..." (p. 74).

Bernard Nominé, Philippe Lacadée e Marie-Jean Sauret (1997), trabalhando a estrutura da família edípica, propõem o seguinte matema para fazer a leitura da proposição lacaniana:

$$\begin{array}{ccc} \text{homem} & \rightarrow & \text{mulher} \\ \not{S} & & a \end{array}$$

O homem, tendo sob a barra, como verdade, sua divisão como sujeito $\not{S}$, se dirige à mulher em posição de *a*, objeto causa de seu desejo.

Lacan (1995) nos diz ainda: "...mas o que essa mulher em pequeno acolhe, [...], nada tem a ver na questão. Do que ela se ocupa, são outros objetos pequenos a que são as crianças junto a quem o pai então intervém..." (p. 13-14).

$$\begin{array}{ccc} \text{mãe} & \rightarrow & \text{criança} \\ \not{S} & & a \end{array}$$

Como mãe, o que ela deseja não é o homem, mas, sim, o filho, em posição de objeto *a*.

Colocando as duas fórmulas juntas, temos:

$$\begin{array}{ccc} \text{H} \rightarrow \text{mulher} & / & \text{mãe} \rightarrow \text{Cr} \\ \not{S} \qquad a & / & \not{S} \qquad a \end{array}$$

Mas e o pai? Não aparece no matema. O pai é uma função: o pai surge como consequência da orientação do desejo de um homem dirigido a uma mulher.

Lacan (1956-1957/1995), ao retomar o caso do pequeno Hans (Freud, 1906-1909/1969), analisa suas sucessivas fantasias, seus mitos, e esclarece que se trata de compreender a função das transformações sofridas pelas fantasias no curso da estruturação da fobia por cavalos e daquilo que "representa para Hans a solução do problema, o de sua própria posição na existência, na medida em que ela deve se situar com relação a uma certa verdade, a um certo número de referências de verdade, nas quais ele deve tomar seu lugar" (Lacan, 1956-1957/1995, p. 366).

Para além das garras da mãe

A que verdade se refere? À função do pai com relação à mãe ao operar a castração: "...é preciso que o pai real jogue realmente o jogo. É preciso que ele assuma sua função de pai castrador..." (Lacan, 1956-1957/1995, p. 374). O pai retira o filho das garras da mãe, ele o castra na medida em que faz da mãe a causa de seu desejo como homem.

No caso de Hans, em que a mãe escondia e negava sua ausência de pênis, colocando-se de forma obstinada como mãe fálica, foi preciso que essa criança encontrasse uma suplência (no cavalo), já que o pai insistia em não querer exercer sua função, castrando-o.

A função paterna opera causando, ao mesmo tempo, a separação do filho alienado ao desejo materno, salvando-o do aprisionamento na mãe, assegurando também o estabelecimento da divisão mãe/mulher, deixando descoberta a falta, o vazio de onde surge a mulher.

A orientação significante do discurso da família é função do pai. Lacan diz, em *R.S.I.* (1974/1975), que "só os significantes copulam no inconsciente". Diante da não existência da relação sexual, o discurso é o modo encontrado pelo sujeito para dar um contorno a essa impossibilidade. O campo significante permite uma saída ao ser falante. É preciso dizer perante a falta de sentido do sexo.

Assim, a operação paterna possibilita à criança a metaforização. O significante do desejo da mãe, ao ser substituído pela metáfora do Nome-do-Pai, faz uma articulação que, para a criança, se torna viável na medida em que o pai pode operar tal orientação, ao colocar a mãe, como mulher, em posição de causar seu desejo.

Em uma família, quando não é possível ao pai tal orientação, a partir de seu desejo pela mulher, o que se encontra é uma desorientação dos significantes. Desorientado, na escola e na vida, é como Rui se apresenta, e é o que se escuta neste caso, na medida em que a criança denuncia, com seus conflitos e com sua fobia, a inoperância da função paterna e o que há de sintomático nessa articulação.

Versão do pai

Esse pai não pode se fazer valer como orientador dos significantes, exatamente por encontrar-se fora de sua posição, situando-se muito mais como um outro filho. Nessa posição, a mãe o mantém na medida em que é ela quem o dirige e decide tudo nessa família.

Na parte direita da fórmula, a mãe encontra-se na posição similar à do homem. Ou seja, a mãe na posição de desejante, sujeito masculino que busca do lado do Outro o objeto de seu gozo. Identificada ao falo, a mãe é todo-poderosa. O imperativo materno é que o filho ocupe o lugar de objeto que tampona sua falta.

Se nessa família o lugar masculino fica ocupado pela mãe e a posição de homem está destituída, também a mulher não pode se encontrar aí. Assim, o pai, como consequência da orientação do desejo de um homem para uma mulher, inexiste. O que vincula as duas estruturas, nessa fórmula, é a função paterna, especialmente ao fazer a orientação a partir de seu desejo dirigido à mulher. Essa é a *perversion*, versão do pai.

A divisão materna, isto é, a castração da mãe é assegurada pela versão do pai. Os efeitos da análise da criança se fazem presentes, também, do lado dos pais. A mudança de posição subjetiva de Rui provoca uma desarticulação na estrutura familiar, especialmente no que diz respeito ao funcionamento do casal. Rui os interpela com questionamentos pertinentes à autoridade e toca em algo da relação que condensa outras questões complexas, levando-os à demanda de trabalho, quando, então, aparecem novos significantes: "alcoólatra", dito pela mulher, referindo-se ao marido, e "assexuada", que está na fala do marido dirigindo-se à mulher.

A claudicação

Escutar os pais e operar com o que se apresenta no campo significante permite ao analista referendar os matemas de Bernard Nominé. Não há um homem, mas um "alcoólatra". Não há uma mulher na medida em que a mãe é "assexuada" e não causa o desejo do homem. Em ambos, há o apagamento do sujeito tendo em vista que se encontram alienados nesses significantes.

Deparar com a verdade do laço amoroso, inevitavelmente, é deixar aparecer os mal-entendidos do amor e as ilusões que a relação dual, narcísica, contém. A ruptura da vivência de fusão narcísica é insuportável e, para alguns, a impossibilidade de experimentá-la circunscrita, apenas, simbolicamente resulta em vivê-la no campo da realidade. É o que ocorre com esse casal.

A constatação da não complementaridade e da impossibilidade da relação sexual tem como consequência a claudicação do sexo. E na família algo claudica sempre. Se somente os "significantes podem copular", os corpos sexuados podem apenas se encontrar de modo contingente, mas jamais completarem-se ou fazer Um.

Em torno do buraco

Rui diz que não precisa mais vir à análise. Virá apenas uma vez buscar o que construiu e não quer deixar para trás. Sim, Rui construiu algo que ele precisa levar consigo. Levar o que construiu em torno do buraco, do real. Rui cavou o seu lugar de sujeito, saindo da posição de objeto, que, sintomaticamente, denunciava algo da verdade do "par familiar". Além da inoperância da função paterna que lhe deixava aprisionado ao desejo materno, denunciava, também, a verdade da mãe como mulher em sua divisão. J.-A. Miller (1998), em *A criança entre a mulher e a mãe*, atribui à criança a função de poder provocar na mãe sua divisão no que diz respeito a seu lado feminino.

Nesse texto, Miller diz que, se a criança não dividir a mãe, ou ela vai sucumbir como dejeto do par genitor, ou então pode entrar com a mãe em uma relação dual que a alicia. A mãe de Rui inicia sua análise querendo saber sobre a questão da mulher. Mãe e Mulher – é essa a divisão que pode salvar o filho de ser o objeto que satura o desejo materno. É a mulher quem faz o limite na mãe. A mãe não é toda fálica. Do lado da mulher há o enigma, a mulher é não toda. É, assim, mulher.

Concluindo, faremos um retorno a Éric Laurent (1994) quando enfatiza as novas perspectivas à clínica psicanalítica e atribui à sexualidade feminina um lugar privilegiado, tornando-se, desse modo, a questão preliminar a toda psicanálise com criança.

Com a chegada da criança, inicia-se o percurso do processo de análise, para, em seguida, surgirem os conflitos do casal. E, como em uma decantação, reduzir-se à questão sobre a mulher permite-nos situar a clínica psicanalítica em sua articulação com a dinâmica familiar e o feminino.

O feminino está no início da psicanálise, constituindo seu ponto de partida, e é a questão fundamental para qualquer análise.

O OUTRO FAMILIAR

Iziná Helena Travaglia

Será que fomos mesmo essa criança?
Silenciosa e triste infância
Que nunca ri.
(Georges Rodenbach)

MANDAMENTO; beijar a mão do Pai
às 7 da manhã, antes do café
e pedir a bênção
e tornar a pedir
na hora de dormir.
Mandamento: beijar
a mão divino-humana
que empunha a rédea universal
e determina o futuro.
Se não beijar, o dia
não há de ser o dia prometido,
a festa multimaginada,
mas a queda – tibum – no precipício
de jacarés e crimes
que espreita, goela escancarada.
(Carlos Drummond de Andrade)

Freud, na Conferência 34, de 1932, ao se referir à especificidade da análise com crianças propõe:

> *[...] transferência (porquanto os pais reais ainda existem ao lado do sujeito) desempenha um papel diferente. As resistências internas contra as quais lutamos, no caso dos adultos, são na sua maior parte substituídas, nas crianças, pelas dificuldades externas. Se os pais são aqueles que propriamente se constituem em veículos da resistência, o objetivo da análise – e a análise como tal – muitas vezes corre perigo. Daí se deduz que muitas vezes é necessária determinada dose de influência analítica junto aos pais (1981a, p. 3.185).*

Que significação, portanto, pode ser outorgada hoje à proposta freudiana de influência analítica junto aos pais? Qual é, afinal, o lugar do Outro familiar na análise com criança e qual posição ela ocupa, como elo último de uma suposta cadeia de influência?

No discurso social, a criança – como um ser inacabado – provoca ideais de salvação, uma noção ideológica que induz uma política educativa de prevenção da neurose, como se fosse possível uma pedagogia psicanalítica.

Não saber o que diz e o que faz e não conhecer sobre sua sexualidade é a marca que o direito, a sociedade e a ciência propõem para a especificidade da criança.

O saber inacabado

Precisamente onde nesses discursos há uma diferença e discriminação é que a psicanálise retoma o infantil como um fato de estrutura, incluído e legitimado como a própria condição do ser falante. Esse sujeito ignorante da verdade que o causa é o sujeito próprio da psicanálise, quando ela põe em cena esse infantil como retorno do recalcado, como um saber insabido, como desejo indestrutível.

Se a criança, no discurso comum, é o protótipo de um sujeito suposto não saber, que se apresenta pelo viés da ignorância e da inocência, torna-se extremamente tentador o adestramento desse saber, pelas vias da doutrinação, abdicando-se, como propõe a psicanálise, da consideração de que esse *eu não sei* é tão certo quanto real, pois é o *saber no real* que sustenta o estatuto ético da psicanálise. Estatuto esse que, ao propor a renúncia a todo intento a educação e domínio, porquanto advoga a legalidade do sujeito do inconsciente, denuncia a sua incompatibilidade com a ortopedia do desejo e com a disciplina do inconsciente.

Os dois campos

Então, é possível sustentar a pertinência da escuta dos pais na psicanálise com criança, a partir do que propõe a ética da psicanálise, enquanto transgressiva ao ideal normativo, pedagógico?

A escuta analítica dos pais pode sustentar-se, legitimar-se e ser formalizada a partir do fundamento mesmo que norteia a práxis psicanalítica: o sujeito do inconsciente.

Consequência de uma dualidade estrutural, o sujeito é efeito da dialética entre dois campos, propostos por Lacan (1985), Campo do Sujeito e Campo do Outro, que se articulam como o direito e o avesso de uma mesma estrutura já apontados por Freud (1981b), quando, desde o Projeto, propõe o que é da ordem da simbolização e da dimensão do inassimilável, indizível.

Se o Campo do Sujeito aponta para a inconsistência, é a partir do Campo do Outro, dessa alteridade constitutiva, que o sujeito pode advir, causado, assujeitado à linguagem, só podendo, portanto, surgir Outrificado.

Aí se inclui tanto a sua possibilidade de existência como ser falante – como efeito de significante – quanto também o fator letal de sua petrificação, condenado a desaparecer ao ser nomeado. É preciso, então, que se separe de sua determinação significante, quando a queda do sentido aponta para a falta a ser.

A partir das operações de alienação e de separação, instala-se o processo de causação do sujeito, já que ele não é dado de saída, mas, sim, um produto cuja condição de existência é simbólica, como exigência da estrutura significante, embora a sua essência pulsional escape à consistência. Diz Lacan (1985): "O Outro é o lugar em que se situa a cadeia significante que comanda tudo que vai poder presentificar-se do sujeito, é o campo desse vivo onde o sujeito tem que aparecer. E eu disse – é do lado desse vivo, chamado à subjetividade, que se manifesta essencialmente a pulsão" (p. 193-194).

Se o inconsciente é o discurso do Outro e se o sujeito é efeito do significante, constituindo-se no Campo do Outro e a partir dele, o processo de subjetivação efetua-se pela exterioridade, quando o Outro condiciona e imprime aí seu código, marcando as constelações significantes que vão edificar a estória do ser falante. O significante é, então, o responsável pelo aparecimento de um sujeito, onde só havia um vivente, uma promessa de sujeito.

Quem fala em mim, quando falo?

Então, propõe Lacan (1966, p. 531, tradução livre): "quem fala em mim, quando falo?". Esse outro fala em mim mediatizado por um outro atento, ansioso, cruel, sedutor, deixando restos, fragmentos, que irão condicionar o que é da ordem do desejo, do objeto e do gozo para cada um.

Se o sujeito está condenado a surgir Outrificado, determinado em seu inconsciente pelo desejo do Outro, a escuta analítica dos pais, como representantes desse Outro – tesouro da alienação do sujeito –, legitima-se enquanto práxis psicanalítica, como possibilidade de interpelação desse Outro, provocando alterações discursivas que, certamente, produzem efeitos na constituição de um sujeito desejante.

Trata-se de interrogar e suscitar transformações em um dos polos de causação do sujeito. Entretanto, fazer intervenção no Campo do Outro requer uma distinção essencial quanto ao dispositivo ético em jogo, no que concerne, sobretudo, à primazia do discurso utilizado.

A incursão

Pode-se pretender, em nome da *orientação de pais*, que pelo discurso da maestria se promovam experiências corretivas, ortopédicas, embora sejam necessárias. Mas é o discurso psicanalítico que conferirá ao Campo do Outro uma dimensão heterogênea à simetria, à equivalência, já que a circularidade do sujeito na relação com o Outro não implica reciprocidade. Esse campo é, como já frisamos, o outro polo de causação do sujeito, portanto, dialetizando com o que é da dimensão da evanescência, do que escapa à representação, quando o simbólico encontra seu limite no trato com o real pulsional.

Incursionar no Campo do Outro supõe, entre outros temas, levar os pais a se questionarem sobre o lugar a que o filho é evocado a ocupar, como denúncia do que nem a mãe nem o casal são capazes de decifrar de seu inconsciente. É a possibilidade de os pais se defrontarem com a dificuldade de destituição dos imperativos de bem-estar e felicidade endereçados ao filho, prescritos cada vez com mais intensidade pelo discurso social vigente no mundo globalizado.

Escutar os pais é levá-los a se deparar com a intolerância à mudança de posição subjetiva da criança quando ela deve se reconhecer na solidão de ser alguém em desamparo, quando o Outro não é mais garantia de respostas asseguradoras.

É, ainda, possibilitar que reconheçam e suportem a alteridade da criança, que se desprendam da fascinação imaginária aí envolvida e possam reconhecer que o que faz laço entre eles também os separa irremediavelmente, pois é a impossibilidade da relação sexual que funda a diferença e particulariza o discurso, presentificando o encontro faltoso entre a criança e os pais.

Intervir, como prática psicanalítica, no discurso parental consiste na possibilidade de abalar as cristalizações discursivas, propiciando ressignificações, reposicionamentos que, certamente, irão alterar a edificação dos andaimes significantes que sustentam a subjetividade da criança. O discurso analítico vai incidir sobre o que esse Outro parental dispõe e prescreve, considerando que um processo está em curso, em uma temporalidade lógica. Destaca-se que a criança tem um esboço fantasmático que só vai adquirir um estatuto lógico ao final da operação simbólica, articulada aos avatares edípicos.

O que você fez?

Se o discurso dos pais muda, a rede fantasmática em construção se altera, já que nessa dialética entre o campo do ser e do sentido a criança vai tecendo, buscando sua forma de ser, construindo a metáfora paterna. Algo está em curso, sendo engendrado. Ainda não se sedimentaram as marcas particulares da subjetividade.

Então, a inclusão da escuta dos pais na psicanálise com criança, antes de ser uma estratégia ou um recurso auxiliar – anamnésico, psicogênico – é, acima de tudo, uma proposta ética, porquanto a presentificação desse Outro familiar na constituição da subjetividade é um fato de estrutura. Diz um cliente, na sessão seguinte a uma entrevista com os pais, a pedido deles: "— *Vou te propor uma equação: pais legais igual a filho legal. Aí está o xis da questão: o que você fez?*".

Assim, está proposta a questão como mais um desafio na clínica com crianças e adolescentes: o que faz o analista quando escuta os pais, direcionado pelo "xis", este proposto pelo cliente e nomeado agora como desejo do analista, operador fundamental de toda a práxis analítica?

No seminário *O ato psicanalítico*, Lacan (1967) propõe: "o analista, claro, não deixa de ter necessidade, diria mesmo, de se justificar para si mesmo, quanto ao que se faz na análise. Faz-se qualquer coisa, e é bem desta diferença entre o fazer e um ato que se trata" (p. 57-58).

O analista deve saber o que faz, quando na posição de *semblant* de "objeto causa de desejo" dirige o tratamento, provocando o advento do sujeito do inconsciente e a produção de um saber no lugar da verdade. Um saber que é antinômico ao conhecimento, já que este é da ordem da reciprocidade entre alguém que sabe e a coisa sabida, em uma relação de dependência do objeto para que a verdade seja assegurada. O sintoma da criança vem cobrir no discurso familiar o vazio criado por uma verdade que não é dita, tornando-se essencial como proteção contra o saber da verdade em questão.

A atopia

A análise vai produzir um saber que não se sabe, pedaço de real, que se relaciona com a invenção, suprindo uma falta na estrutura, da não proporção sexual.

Então, como *semblant* de "a", a posição de onde o analista opera é atópica, por excelência, o que pode ser um paradoxo. Um lugar fora de lugar, subtraído de ideais, valores, operando com o imprevisível, não quantificável.

No entanto, é somente a partir desse lugar vazio, marcado por um desejo dessubjetivado – o desejo do analista – que ele pode sustentar a escuta dos pais na direção do tratamento. Como propõe Lacan (1992, p. 50), "o que se espera de um psicanalista é que faça funcionar seu saber em termos de verdade. É por isto mesmo que ele se confina em um semidizer".

Nessa vertente, mantém-se a proposta ética da psicanálise de promover uma subversão, agenciando compromisso com a causa do inconsciente, possibilitando que haja a produção de uma verdade particular antinômica a qualquer intento de ortopedização do desejo.

O LUGAR DOS PAIS NA ANÁLISE COM CRIANÇAS

Yolanda Mourão Meira

Mamãe vestida de rendas
Tocava piano no caos.
Uma noite abriu as asas
Cansada de tanto som,
Equilibrou-se no azul.
De tonta não mais olhou,
Para mim, para ninguém!
Caí no álbum de retratos.
(Murilo Mendes)

Como estranhas lembranças de outras vidas,
Que outros viveram, num estranho mundo,
Quantas coisas perdidas e esquecidas
No teu baú de espantos... Bem no fundo,
uma boneca toda estraçalhada!
(isto não são brinquedos de menino...
alguma coisa deve estar errada).
(Mário Quintana)

O atendimento dos pais – quando se faz uma análise com a criança – é fonte de muita controvérsia. Frequentemente é considerado um trabalho não psicanalítico, uma orientação, outras vezes, uma necessária intervenção psicanalítica. O presente capítulo visa enfocar esse atendimento, buscando uma formalização da clínica.

Em virtude de garantir um estatuto de psicanálise para o tratamento das crianças, os pais foram, de certa maneira, excluídos desse atendimento, visando possibilitar uma "assepsia do campo analítico". Não seria essa exclusão um reflexo da antiga disputa entre as posições de Anna Freud e Melanie Klein, quando a primeira, pedagoga por formação, imprimia um caráter pedagógico a seus tratamentos?

O fantasma de um "atendimento pedagógico" rondou o início da práxis com a criança, fazendo necessária uma delimitação do campo: era uma psicanálise e não uma pedagogia! Por outro lado, a busca por um modelo teórico que sustentasse a prática psicanalítica com criança tinha de passar, naquele momento, pelos ensinamentos de Melanie Klein, que exerceu influência decisiva na formalização e na delimitação do campo psicanalítico na clínica com crianças. A análise era realizada com a criança, que já era considerada um sujeito suscetível a desenvolver uma transferência e a fazer uma verdadeira psicanálise. Os pais, frequentemente psicanalistas, eram deixados de fora da análise.

Saia de cima de seu filho!

Tomamos um fragmento clínico, buscando interrogar o estatuto do atendimento aos pais, em uma análise com crianças. A analista atende inicialmente o casal, que interrompe o tratamento após um tempo. Demandam novamente ajuda em função do filho, Leandro, de seis anos que apresenta sintoma de encoprese. A mãe lhe dá comida na boca, faz sua higiene pessoal, manipulando seu corpo, inclusive o pênis, com o pretexto de que ele tem fimose. A erotização mãe-filho é intensa, e a criança ocupa o lugar de substituto do homem, depreciado pela mulher, que se queixa da passividade do marido no âmbito sexual.

Sustentada pela transferência, a analista faz um corte ao dizer para a mãe: "*— saia de cima de seu filho! Afinal, quer ou não que ele cresça?*". A intervenção produz efeitos. A mãe muda o seu relacionamento com Leandro, que se torna mais independente e começa a se cuidar sozinho. Seria essa intervenção da ordem de uma orientação? Ou seria mais da ordem de "um grito", uma interdição à relação incestuosa que se estabelecia entre mãe e filho? Orientação pedagógica ou intervenção psicanalítica?

Para desenvolver essa questão, utilizaremos duas referências: a intervenção psicanalítica tomada a partir da transferência e o ato analítico pelos seus efeitos. O marido, que se colocava de modo passivo em relação à mulher, não se interpunha entre mãe e filho. Parecia existir uma dificuldade com relação à lei "pacificante" que deveria ser introduzida pela função do Pai. A analista, com a sua intervenção, fez um corte, possibilitando algo como a entrada da palavra do Pai, produzindo efeitos. A criança pôde se separar (processo de separação-alienação) e se afastar da custódia da mãe.

No texto *Dos notas sobre el niño* (1988, 55-57, tradução livre), entregue a Jenny Aubry, Lacan tece considerações a respeito do sintoma da criança. No primeiro caso, o sintoma da criança responde ao que há de sintomático na estrutura familiar, podendo representar a verdade do par familiar. No segundo caso, o filho se converte no "objeto" da mãe, e o sintoma da criança aponta para a verdade desse objeto.

Em virtude da relação existente entre o sintoma do filho e o fantasma dos pais, a analista optou por continuar atendendo o casal, que vivia mais uma crise conjugal. Até que um dia, os pais trouxeram uma situação bastante desesperadora: o filho retinha tanto as fezes a ponto de elas acabarem se empedrando no seu intestino. Os médicos tentaram uma lavagem, mas havia a possibilidade de a criança se submeter a uma operação cirúrgica.

A carroça e a carga

A analista resolveu fazer outro tipo de operação, propondo, então, atendimento para a criança. Leandro inicialmente fazia pipas e as soltava ao vento. Uma "verdadeira" obsessão por elas se seguiu durante um certo período. Pipas que se afastavam e se aproximavam e, que, como o "carretel" do neto de Freud, consistiam em uma forma de elaborar o processo de alienação-separação. Posteriormente, Leandro começou a brincar com um cavalo e uma carroça. Uma brincadeira que se repetiu por muitas sessões: o menino, guiando o cavalo, levava bonecos na carroça, que eram, sistematicamente, despejados. Leandro indicava, assim, o tipo de carga que deveria ser jogada longe, especialmente a mãe. Divertia-se muito com a alusão de que a carga estava pesada, de que tinha de jogá-la fora, como fazia com suas fezes. Ao mesmo tempo, ao mantê-la, supria a carência da mãe. Que carga pesada!

Aos poucos, Leandro foi se permitindo jogar fora "essa carga", e os pais relatavam que também já era capaz de evacuar todos os dias, o que atribuíam a um remédio homeopático que ele estava utilizando. Entretanto, a criança, às vezes, se esquecia de tomar o remédio e continuava evacuando. Leandro pôde crescer, inclusive com ganhos no rendimento escolar. A mãe começou a se dedicar a outras atividades, distanciando-se um pouco do filho. O pai, porém, desorganizou-se nas finanças e o atendimento foi interrompido.

O que aconteceu? Se o filho, com o seu sintoma, respondia a algo sintomático da estrutura familiar, a análise permitiu que ele mudasse essa posição e mandasse para fora a difícil carga de suprir emocionalmente o desejo dos pais. O resultado foi que, em vez de responder em seu corpo, a "verdade" do par familiar pôde aparecer, havendo um deslocamento do sintoma. Agora era o pai que, em uma situação de gastos excessivos, manifestava um tipo de "encoprese" e, dessa forma, o corpo de Leandro estava poupado de condensar esse gozo.

Qual seria, pois, a estratégia analítica: responsabilizar os pais pelo sintoma do filho e implicá-los na análise? E qual a participação de Leandro, que, como sujeito, teria a sua responsabilidade?

O que deseja minha mãe?

Retornamos, assim, à questão inicial deste capítulo: qual é, afinal, o lugar dos pais na análise com a criança? Alicia Hartmann e Carlos Tkach (1989) afirmam que a ideia da presença dos pais indica o aparecimento de questões na dimensão do real ao longo da análise: "a criança não pode se curar da presença de seus pais. Poderá somente se colocar de maneira diferente frente à pergunta sobre a castração e desejo do Outro" (p. 58, tradução livre).

A presença dos pais na análise das crianças pode ser entendida como um fato fenomênico ou como um efeito da estrutura. Como *fato fenomênico*, os pedidos, as perguntas, as reclamações dos pais ao analista a respeito da análise do filho delimitam um lugar e marcam um movimento particular na transferência. Essa *presença* deve ser ouvida, levada em consideração e não excluída como um elemento que traz distúrbio ao atendimento da criança. Apesar das dificuldades que muitas vezes trazem, essas interferências podem funcionar como uma indicação da relação do fantasma dos pais com a resposta que a criança vai dando a ele no decorrer da análise.

Como os atos-falhos são um modo de o inconsciente se apresentar e são um "discurso bem-sucedido", devemos, pois, operar com a "presença" dos pais. Trabalhar incluindo a escuta dos pais pode suscitar efeitos significativos. Levar em consideração a presença dos pais traz, muitas vezes, um efeito extraordinário para análise da criança decorrente de intervenções do analista, que provocam mudanças do lugar ocupado pela criança no desejo dos pais.

Como *efeito de estrutura*, a presença dos pais se relaciona com a constituição psíquica do sujeito: como o sujeito depende do desejo do Outro e de seus significantes para se constituir e para construir a frase de seu fantasma. Se a criança pergunta: "— *O que deseja minha mãe?*", a pergunta formulada à mãe é: "— *O que quer a mulher?*" (Laurent, 1994). Não há resposta, falta o significante. O desejo da mulher nos conduz à ausência do significante do Outro, no entanto, há algo que responde: o fantasma.

Uma vez que o fantasma é uma estrutura articulada em uma lógica que opera como resposta à hiância do campo do Outro, produzir, elaborar uma lógica do fantasma é *interrogar de forma permanente, a estrutura do campo do Outro*, do significante, especificamente, a função de corte. Por isso, para Miller (1993)[13], o que é mais importante trabalhar na psicanálise com crianças é a sexualidade feminina. É preciso localizar o desejo da mãe, pois ela é também uma mulher, e o determinante para cada sujeito é a relação da sua mãe-mulher com sua própria falta.

O que quer a mulher? Ela quer seu objeto "a". Se a criança pode vir a encarnar, corporificar o objeto "a" que tampona a falta materna, é necessário que ela se descole do plano de identificação a este objeto, para que encontre o que causa o seu desejo, e que não seja apenas o objeto que tampa um furo, impossível de tamponar – o furo do Outro. Se a criança atravessar a posição que ocupava no fantasma do Outro,

13 Miller, J. A. (1993, setembro). Notas de seminário *Sobre a lógica da cura*, realizado em setembro de 1993, no IV Encontro Brasileiro do Campo Freudiano, em Belo Horizonte.

permitirá à mãe ter acesso à verdade de seu desejo, recuperando sua posição de sujeito desejante.

Pais em carne e osso

Eduardo Vidal considera que, se pensamos que o fantasma é do campo do Outro, deveríamos escutar os efeitos de uma análise também nesse campo, especificamente *na ressituação do desejo do Outro*, que se opera por intervenção analítica. Qual ressituação pode se produzir em uma análise com crianças? Em primeiro lugar, que a mãe recupere a marca de sua falta – marca com a qual essa criança foi gerada. Em segundo lugar, que o Nome-do-Pai se encarne, enquanto lei, no desejo. Para tal, isso implica que "o analista se pergunte, sob transferência, em que lugar este sujeito está situado no fantasma do Outro. Não é a anamnese que vai dar a resposta, mas, às vezes, um esboço de questão se dá numa frase formulada pela mãe na porta do consultório, e que também escutamos. Escutamos esse discurso do Outro que opera transferencialmente" (Vidal, sd, p. 104).

A ideia de *presença* dos pais traz questões do real na clínica quer como fato fenomênico, quer como efeito de estrutura; a presença dos pais é inevitável na análise com crianças. E isso se dá nos dois sentidos, que estão inter-relacionados. Em primeiro lugar, a presença dos pais como efeito de estrutura ocorre em toda análise, pois o desejo dos pais é fundamental para assinalar o lugar que o sujeito ocupa e, portanto, a sua estrutura. E, em segundo lugar, temos algo que é específico da análise com crianças. Os pais estão presentes em "carne e osso". Eles demandam a análise para a criança, eles levam o filho à análise, eles pagam as sessões.

Tratar da questão da mãe na estrutura, por exemplo, da mãe que Leandro traz nas sessões e que "enche a sua carroça", é diferente de trabalhar com a mãe que manipula eroticamente seu corpo. Entretanto, nas duas situações, a perspectiva é tratar analiticamente tendo como referência a estrutura do sujeito. O manejo da transferência é a única resposta analítica à presença dos pais, tanto considerada como fato fenomênico quanto como efeito de estrutura.

Quando o sintoma da criança é uma resposta ao que há de sintomático do par parental, ou resposta ao fantasma da mãe, é difícil levar adiante a análise com a criança se seus pais também não são atendidos, e essa relação entre o sintoma da criança e o desejo dos pais é tratada. Dessa maneira, possibilita-se que a análise da criança possa acontecer, e ela sai desse lugar assinalado pelos pais. Guy Clastres diz que, no caso em que a criança está presa no fantasma materno, "não será suficiente que a criança fale, pois ela só falará nos limites exatos e estreitos que não ponham em questão o lugar de objeto que ocupa para a mãe" (1995, p. 184). Então, a análise depende da possibilidade para a mãe de enunciar a verdade sobre o lugar que a criança ocupa em seu gozo.

"A intervenção analítica visa ao sujeito [...] é implicar um outro sujeito além do sujeito da palavra, [...] é implicar o sujeito sobre o ponto em que ele é causado", como nos diz Stevens (1992, p. 37, tradução livre). Segundo ainda Geert Hoornaert (1992), intervir é agir sobre uma relação a dois que se julga nefasta, exploradora. Um Outro que goza do sujeito é um Outro muito próximo ao qual não se pode subtrair, um Outro que "exala seu sopro quente no pescoço" (p. 53, tradução livre). A intervenção visa ao Outro do sujeito e ajuda a criança a evitar que este Outro se torne parasitário

Voltando à questão inicial: falar para a mãe "sair de cima" de Leandro seria uma intervenção analítica ou uma orientação? Acredito que tenha sido algo da ordem de um ato que possibilitou que a interdição fosse feita e liberou Leandro da custódia da mãe, na medida em que houve uma ressituação do desejo do Outro. Entretanto, isso não foi suficiente, uma vez que só a análise pessoal do menino deu uma saída para a situação...

Assim, se tempos atrás sequer se cogitava estar com os pais para não contaminar o campo da análise da criança, hoje vemos que esse tipo de atendimento depende da escuta que se faz de *um a um*. Em uma análise com criança, a presença dos pais vai sempre surgir. É, portanto, fundamental operar com ela, pois a referência é sempre a da estrutura do sujeito. Devemos, assim, considerar cada caso na sua especificidade e fazer um julgamento ético.

A CADEIA FAMILIAR

Rosely Gazire Melgaço

A porta aberta quem virá bater?
Em uma porta aberta se entra
Uma porta fechada um antro
O mundo bate do outro lado da porta.
(Pierre Albert-Birrot)

Uma casa aonde vou sozinho chamando
Um nome que o silêncio e as paredes me repetem
Uma estranha casa que perdura na minha voz
E que o vento habita.
Eu a invento, minhas mãos desenham uma nuvem
Um barco de céu aberto acima das florestas
Uma bruma que se dissipa e desaparece
Como num jogo de imagens.
(Pierre Seghers)

O lugar dos pais, na análise com criança, pode ser discutido em duas vertentes: a posição estrutural e fantasmática que os pais ocupam no discurso das crianças analisantes, e, ainda, o lugar deles como presença, pessoas encarnadas na realidade que agenciam funções constitutivas, presenças que adentram o consultório do analista com suas legítimas queixas e demandas.

Freud (1933/1976), na Conferência XXXIV, já apontava:

> *[...] as resistências internas contra as quais lutamos, no caso dos adultos são, na sua maior parte, substituídas, nas crianças, pelas dificuldades externas. Se os pais são aqueles*

> *que propriamente se constituem em veículos da resistência, o objetivo da análise e a análise como tal – muitas vezes corre perigo. Daí se deduz que muitas vezes é necessária determinada dose de influência analítica junto aos pais (p. 181).*

A implicação dos pais

Ao ser demandado, o trabalho psicanalítico com a criança, frequentemente, nos encaminha ao trabalho com seus pais, com a direção indicada pela escuta psicanalítica. Assim, não é previamente determinado "quando" e "quantas" entrevistas serão necessárias com os pais, tampouco se será mesmo a criança que entrará em análise. Por vezes, depurada a demanda, é a análise do pai ou da mãe ou até mesmo de ambos que está em questão.

Diante de tal modulação discursiva, o analista não pode recuar e se colocar indiferente. A escuta analítica dos pais, determinada na especificidade particular de cada caso, traz importantes e fundamentais contribuições a respeito da implicação subjetiva deles, promovendo a possibilidade dos pais se interrogarem.

Caso contrário, escutar os pais ficará restrito a ouvir histórias e relatos que eles têm para contar de seu filho, uma escuta limitada e paralisada como no tempo em que se ouvia as histéricas de Charcot, sob hipnose. Para a psicanálise, uma escuta orientada para saber de fatos não se justifica. Com isso, o analista estará impedido de referendar essas subjetividades e, ainda, esquecer o que ouviu e continuar seu trabalho de escuta do inconsciente.

A constituição subjetiva

Além de *necessidades* que dizem respeito à satisfação de funções biológicas, o homem está implicado com *desejos*, e, para além da transmissão da vida, a família tem a função de transmitir uma constituição subjetiva que implica a relação com o desejo. A constituição psíquica de um sujeito aponta para a função da família que sustenta as duas condições estruturais para o sujeito advir: alienação e separação.

Considerando-se que o desejo do sujeito é, estruturalmente, o desejo do Outro, tece-se, assim, o tempo lógico da alienação ao Outro e, de igual valor inscreve-se o rompimento do sujeito com o Outro, marcando o tempo lógico da separação.

Assim, o sujeito constrói sua possibilidade de "encontrar seu lugar no Outro", ao mesmo tempo em que dele se separa. O Outro vem representado primeiro como o Outro materno, e, a partir daí, uma criança vai percorrer os trâmites de suas aventuras e desventuras no Campo do Outro.

Caso haja demanda e esta chegue a um analista, certamente, levada por seus pais, a criança se revelará ali, por um lado, como testemunha das verdades parentais e, por outro, como responsável pelos seus próprios sintomas.

Os pais não são meramente os acompanhantes, mas participam de todas as nuances imaginárias que se impõem no real do sintoma apresentado, reenviados, provavelmente, às suas questões inconscientes.

No seminário *A relação de objeto*, Lacan (1956-1957/1995) apresenta a dimensão imaginária que sustenta uma dinâmica familiar, alertando que se permanecer aí fixada, revela-se o fracasso de uma intervenção simbólica e a impossibilidade de cada um ocupar um novo lugar.

No texto *Romances familiares*, Freud (1908-1909/1976) nos diz que: "os pais constituem para a criança pequena a autoridade única e a fonte de todos os conhecimentos... Contudo, ao desenvolver-se intelectualmente, a criança acaba por descobrir gradualmente a categoria a que seus pais pertencem" (p. 241).

À parte, a discreta objetividade ventilada no enunciado de Freud – "a criança desenvolvendo intelectualmente descobre a categoria a que os pais pertencem" – temos, assim, realçada a fundamental importância dos pais, como lugar e função na relação com a criança, nas duas vertentes: da alienação e da separação.

As fantasias designadas como *Romances familiares* expressam a substituição dos pais da realidade por outros, frequentemente, em uma posição mais elevada, constituindo uma realização de desejo e uma retificação da vida real. Pois bem, Freud vem nos lembrar de que nessas fantasias, a criança, na verdade, não está se descartando do pai, no entanto, enaltecendo-o. Todo o esforço para substituir o pai verdadeiro por um que lhe é superior nada mais é que a expressão da nostalgia dos tempos felizes do passado, em que, para a figura do pai e da mãe, não cabe nenhuma falta. Como sabemos, diante da falta, tenta-se preencher com objetos diversos.

Na rede familiar, o que é tecido serve a intercruzamentos diversos como "do quê" e "de quem" preenchem "quem"; o filho como objeto da mãe, o pai que elege a mulher como mãe e tantos outros criativos arranjos.

A falta que ela me faz

Um fragmento da clínica contribuirá para avançarmos na proposta deste artigo.

Beth tem três filhos e chega naquele dia à sessão de análise deprimida, cheia de lamúrias, após uma semana turbulenta, com as crianças de férias. A partir dessas queixas, faz uma associação com um artigo de jornal que havia lido há um tempo, intitulado "A falta que ela me faz". Beth lembra-se que o texto jornalístico discorria sobre o tema da falta, para só no final revelar aos leitores que a personagem central era a empregada doméstica.

É comum testemunharmos a ausência da empregada doméstica gerando tristezas, depressões, desesperos, solidão, mesmo na atual conjectura, em que sua presença e funções vêm sendo minimizadas. Observa-se, comumente, um deslocamento da função de babá ou de enfermeira, com seu trabalho estendendo-se além do tempo contratado, porque, na verdade, o trabalho dela extrapola os cuidados com o bebê, para exercer uma função materna para outros da casa.

Como no caso de uma mãe que se revela angustiada com a proximidade do término do contrato da enfermeira de sua filha, agora com cinco meses, porque não se imagina sem ela por perto. Disponível e prestativa, a enfermeira era a confidente protetora que "lhe dava colo" diante de suas inseguranças em geral.

Podemos encontrar a definição de empregada em dicionários como: criada de servir. Sob a ótica da psicanálise, podemos indagar: a que ela serve? A quem?

No rascunho *L* (1897), quando escreve a Fliess no tópico "O papel desempenhado pelas empregadas domésticas", Freud já estava atento ao papel da governanta, comum nos costumes da época:

> *[...] uma imensa carga de culpa, acrescida de autorrecriminações (por furto, aborto), é possibilitada pela identificação com essas pessoas de moral baixa, que são tão frequentemente lembradas, em ligação sexual com o pai ou um irmão, como material feminino sem valor. O medo da prostituição (medo de andar sozinha nas ruas), o medo de homens escondidos embaixo da cama, e assim por diante, apontam também na direção das criadas (1897p. 336).*

Bernard Nominé (1997), em seu interessante texto, "Papai, mamãe, a babá e eu", considera que, nesse quarteto, há um ponto de estrutura. A babá, essa personagem que duplica o papel da mãe, tem sempre um lugar importante no romance familiar: "na maioria dos casos, ela duplica a mãe para a criança [...] além disso, a babá duplica a mãe diante do pai. Ela é então aquela com a qual o pai poderia se satisfazer em amores ancilares culpados, o que deu lugar a um certo número de nascimentos e inspirou mais de um romance" (p. 123).

Essa articulação nos dirige ao texto de Freud, "Um tipo especial de escolha de objeto feita pelos homens" (1910/1976), no qual estuda a divisão estabelecida pelo homem, mulher/mãe ao escolher um "objeto sexual rebaixado" e preservar o amor idealizado pela mãe.

Nominé considera que se Freud é sensível a tal fato, é porque essa divisão responde a uma exigência de estrutura: a do Édipo. O quarteto homem, mulher/mãe, criança é um ponto de estrutura no qual acontece a necessária divisão da personagem materna, que o papel da babá (da empregada, da enfermeira) imaginariza com perfeição.

Considerando o lugar da empregada como deslizamento do lugar dos pais, essa situação vai também se apresentar na análise com a criança. E o analista diante disso? Trata-se de uma importante questão, embora não muito formalizada, que lançamos a debate.

É preciso escutar, diretamente, essa *representante*, ou vamos escutar *os pais* como aqueles que delegam a um outro o próprio lugar? Também nesse campo não se estabelecem regras, ficando na particularidade de cada caso a direção a ser tomada. Mas não nos esqueçamos de que, ao conduzir o filho para tratamento, os pais podem estar trazendo, precisamente, uma demanda de tratamento das questões acerca da posição que ocupam na família.

O psicanalista não está interessado na supressão de um sintoma, mas, sim, em transformá-lo de sintoma-resposta em sintoma-pergunta. A escuta na clínica tem nos indicado um aspecto, que podemos ousar dizer, central: a problemática do casal nas suas apresentações Mulher/Homem encobertas nas apresentações Mãe/Pai.

Avatares do cotidiano

Philippe Julien (1997) considera uma articulação essencial da psicanálise a de que não há o pai e a mãe, se não há encontro de desejo de um homem e de uma mulher. Ele chama nossa atenção para um sintoma frequente nos tempos atuais: a parentalidade se sobrepondo à conjugalidade. Pensamos que, na verdade, são desdobramentos observados por autores diversos, pois, a partir do século XIX, a Família já sofreu efeitos à medida que a feminilidade deixava de ser recoberta pela maternidade.

Assim, Georges Brassens (Julien, 2000, p. 17-18) canta em seu célebre "Não pedido de casamento":

Tenho a honra de
não te pedir a mão,
não gravemos
nossos nomes embaixo
de um pergaminho.

Deixemos o campo livre ao pássaro
seremos os dois prisioneiros
sob palavra.

Ao diabo as mestres-cucas
que amarram seus corações
nos cabos das panelas!

De empregada não preciso
e da arrumação e de seus cuidados
te dispenso...
Que, como eterna noiva,
na dama de seus pensamentos
eu pense sempre.

O poema citado faz apelo: o desejo não deve se submeter aos avatares do cotidiano, às demandas sociais, não deve, ainda, se colocar em cadeia cativa.

Lacan vai utilizar o vocábulo *cadeia* ao enfatizar no campo psíquico as ligações dos significantes, as conexões entre palavras, nas quais, categoricamente, revela-se a ausência de fixidez e de relações biunívocas de significados.

Aqui o termo cadeia, vem, então, expressar as ligações e as associações livres – livres e abertas mesmo considerando os auspícios do domínio inconsciente – marcando, assim, uma corrente, uma cadeia *ex-posta*, fora do cativeiro e do aprisionamento.

Dirigindo-nos à formalização do trabalho de psicanálise com a família, resgatar o termo cadeia nos projeta diretamente à questão do desafio que essa clínica nos impõe: possibilitar a abertura do inconsciente de modo que uma rígida cadeia familiar na qual os sujeitos se apresentam, possa quebrar-se e, ao sair do cativeiro, os sujeitos da família possam constituir uma cadeia aberta ao deslizamento dos significantes.

ESTRANHOS NOMES DO REAL

O ESTRANHO FAMILIAR E O FAMILIAR ESTRANHO

Rosely Gazire Melgaço

> Quem não tem no fundo do coração
> Um sombrio castelo de Elseneur
> Como as pessoas do passado
> Construímos em nós mesmos pedra
> Por pedra um grande castelo assombrado?
> *(Vincent Monteiro)*

> Eu posso dizer que a repugnância e o horror
> são o princípio do meu desejo.
> *(Georges Bataille)*

O belo e o estranho

Embora a ideia já estivesse sendo articulada desde 1913, é no ano de 1919 que Freud publica o texto *Das Unheimliche*, traduzido por "O estranho" (Freud, 1919/1976). Aí, com arrojada fundamentação, Freud desvela esse tema, o qual recebia o desinteresse da literatura especializada pela Estética, fato contrário ao grande interesse dirigido ao belo, ao atraente e ao sublime.

Interessante esse resgate de Freud. Tal negligência não poderia ser compactuada pela psicanálise, pois, posteriormente, tal conceituação será formalizada como um ponto de articulação fundamental na teoria psicanalítica.

"O Estranho", também nomeado "O Estranho Familiar", toma essa versão como nos sinaliza Freud: "o estranho é aquela categoria do assustador, que remete ao que é conhecido, de velho, e há muito familiar" (Freud, 1919/1976, p. 277).

Nesse texto, Freud vai trabalhar a questão por ele aberta: como é possível e em quais circunstâncias o familiar pode tornar-se estranho e assustador?

A palavra alemã *heimlich* significa pertencente à casa, não estranho, familiar, doméstico, íntimo, amistoso (Freud, 1919/1976, p. 279). *Unheimlich* é, obviamente, o oposto de *heimlich*, ou seja, do que é familiar, e "somos tentados a concluir que aquilo que é 'estranho' é assustador precisamente porque *não* é conhecido e familiar. Naturalmente, contudo, nem tudo o que é novo e não familiar é assustador; a relação não pode ser invertida... Algo tem de ser acrescentado ao que é novo e não familiar, para torná-lo estranho" (Freud, 1919/1976, p. 277).

Entretanto, aqui se apresenta uma curiosa ambivalência. Freud percebe que "entre os seus diferentes matizes de significado a palavra *heimlich* exibe um que é idêntico ao seu oposto '*unheimlich*'. Assim, o que é *heimlich* vem a ser *unheimlich*" (Freud, 1919/1976, p. 282). E, nessa direção, vem significar: escondido, secreto, o que está oculto e se mantém fora da vista, de modo que os outros não consigam saber, sonegado aos outros.

Investigando essa curiosa observação, Freud opera para além da equação estranho = não familiar, e fala de um "estranho", nada novo ou alheio, porém, que é familiar e há muito estabelecido na mente, e que somente se alienou desta por meio do processo do recalque.

O filósofo alemão Schelling auxilia Freud quando diz que "*unheimlich* é o nome de tudo que deveria ter permanecido secreto... e oculto mas veio à luz" (Freud, 1919/1976, p. 281). Ainda neste texto, Freud (1919/1976) pontua que:

> *[...] esse lugar unheimlich, no entanto, é a entrada para o antigo Heim (lar) de todos os seres humanos, para o lugar onde cada um de nós viveu certa vez, no princípio. Há um gracejo que diz "O amor é a saudade de casa"; e sempre que um homem sonha com um lugar ou um país e*

> *diz para si mesmo, enquanto ainda está sonhando: "este lugar é-me familiar, estive aqui antes" [...] Nesse caso, também, o unheimlich é o que uma vez foi heimlisch, familiar; o prefixo "um" (in-) é o sinal de recalque (p. 305).*

E diz também que "uma experiência estranha ocorre quando os complexos infantis que haviam sido recalcados revivem uma vez mais por meio de alguma impressão, ou quando as crenças primitivas que foram superadas parecem outra vez confirmar-se" (Freud, 1919/1976, p. 310).

Seguindo essa indicação, Roudinesco e Plon (1998) afirmam que:

> *[...] essa impressão de estranheza surge na vida cotidiana e na criação estética quando certos complexos infantis recalcados são abruptamente despertados. Manifesta-se então em diversos temas angustiantes: o medo da castração, a figura do duplo, o movimento do autômato. Essas três modalidades do estranho têm como traço comum a reativação das forças primitivas que a civilização parecia ter esquecido e que o indivíduo supunha haver superado (p. 383).*

Os autores relembram que Lacan, apoiando-se no *unheimlich*, "mostrou que a angústia surge quando o sujeito é confrontado com a 'falta da falta', ou seja, com uma alteridade onipotente (pesadelo, duplo alienante, estranheza inquietante) que o invade a ponto de destruir nele qualquer faculdade de desejar" (Roudinesco & Plon, 1998, p. 383). Encontramos, ainda, o efeito de estranheza diante de diversas figuras fantásticas que personificam o destino ou a morte, tais como a imagem do espelho, o duplo, que podem se tornar prenúncios do aniquilamento:

> *[...] é também o que surge quando a magia, a onipotência do pensamento ou diversas superstições parecem se confirmar. Isso se produz, finalmente, quando o sujeito é tratado como um objeto, ou quando o corpo é entregue ao espedaçamento e a castração é representada, ou ainda com a evocação do retorno ao corpo da mãe, e mesmo quando da confrontação com o Outro sexo (Kauffman, 1996, p. 174).*

O museu de horrores

Temos, então, delineado o campo do Estranho, e as manifestações desse fenômeno nos surpreendem, especialmente, quando apresentadas por meio da arte. O escultor Brennand descreve, em entrevista[14], a reação de uma velha senhora ao entrar na sala de exposição de suas peças, antes de fugir de tal forma horrorizada: "Isso é um museu de horrores... Isso é uma carnificina", ela conta.

Brennand diz não ter encontrado uma pessoa que tenha definido tão bem o que viu do que estava representado nas peças. Lembrando-se do pintor irlandês Francis Bacon, ele enfatiza: "você pode ver o mundo sob a forma apolínea e pode ver o mundo sob a forma dionisíaca... O horror faz parte, tanto quanto o paraíso, e a mãe terra, às vezes, não é tão mãe assim. Às vezes é também madrasta... O ato da criação, o ato da reprodução, em si, é um ato de violência. O mundo se faz também com violência".

Ele conclui: "há carne e sangue. Todo elemento sexual que está ligado à reprodução está ligado à carne e sangue e não deixa de ser também uma violência. Essa é a história da sexualidade humana e da sexualidade animal".

O próprio Francis Bacon, considerado um artista maldito durante muito tempo, revelou a um entrevistador: "nós vivemos quase todo o tempo cobertos por véus... É uma existência velada. E às vezes penso, quando as pessoas dizem que meus quadros parecem violentos, que eu consigo de vez em quando levantar algum véu ou afastar algum biombo" (Sylvester como citado em Siqueira, 2000, p. 148-150, tradução livre).

Beatriz Siqueira ao trabalhar a obra de Bacon, sob a ótica da psicanálise, apresenta-o como um artista que não dissimula o real do corpo despedaçado, as fantasias ao redor da imagem fragmentada do corpo, que podem ser de castração, devoração, mutilação: "ele expõe o *Unheimlich* em suas telas, esse estranho familiar e a indefinição de seus

---

14 Entrevista em vídeo com o escultor Francisco Brennand, realizada por Feliciano Henrique Machado Coelho.

corpos ressaltam o que Freud postula a respeito do duplo..." (2000, p. 146, tradução livre).

O i-mundo

Noutra vertente, Juranville (1987) contribui ao acentuar a radicalidade da concepção freudiana do inconsciente – fenômenos para sempre externos a qualquer mundo, e, portanto, i-mundos: "assim, se precisarmos o que se passa com o inconsciente, deveremos dizer que ele é real enquanto irredutível, irreconciliável com qualquer mundo. Aquilo que Freud um dia chamou de *das Unheimliche*: o que não é de nosso mundo, não é familiar" (p. 39).

Cosentino (2001) descreve "O Estranho" como "os instantes em que irrompe o que não se deixa capturar pela significação" (p. 7) e lembra-se de que há uma dimensão do horror na própria raiz da divisão do sujeito (p. 13).

Essas posições apontam, de forma clara e determinada, toda a questão do horror que Freud conceituou como "O Estranho", e que Lacan teorizou como um anúncio do Real, um dos pilares fundamentais do psiquismo. O tema do qual estamos tratando se relaciona com a própria estrutura da psicanálise.

Podemos, agora, fazer uma articulação com o que verificamos no que diz respeito à família. A partir do desenvolvimento desse conceito teórico de Freud – "O Estranho" –, é surpreendente suas revelações não apenas na clínica, mas em diversas situações do dia a dia.

Nas comunicações sociais da vida cotidiana, sempre encontramos referências à família: o relato de um escritor, uma notícia no jornal, um filme, fotos amareladas ou recentes, um enorme *outdoor*. Quando esses acontecimentos ocorrem, ou quando a literatura, o cinema e o teatro colocam em foco o tema da família, é comum provocar nas pessoas algo de inquietude, estranheza e, por vezes, horror.

É interessante ver retratada uma problemática familiar qualquer ou projetada uma tentativa de grande harmonia, como no filme *Beleza Americana*, nas quais esses antagonismos se misturam, em que essas questões provocam nas pessoas uma estranheza que inquieta, no entanto não se define. Assim, o então familiar... torna-se estranho.

O açude seco

O tema da família, assim como o de "O Estranho", também é, curiosamente, difícil de ser tratado e debatido. A ambivalência que encontramos no "Estranho", no *heimlich/unheimlich*, nos remete àquela verificada na estrutura familiar. A família é um lugar de múltiplas experiências, que revela e denuncia o Estranho = lugar de encobrimento e de desvelamento. Um relato de Freud muito nos esclarece sobre essa articulação. Trata-se de um extrato da obra de Gutzkow, que contém o seguinte fragmento, na forma de diálogo:

> — *Os Zecks (nome de família) são todos "heimlich".*
> — *Heimlich? O que você entende por heimlich?*
> — *Bem, [...] são como uma fonte enterrada ou um açude seco. Não se pode passar por ali sem ter sempre a sensação de que a água vai brotar de novo.*
> — *Oh, nós chamamos a isso "unheimlich", vocês chamam "heimlich". Bem, o que faz você pensar que há algo secreto e suspeitoso acerca dessa família? (Gutzkow como citado em Freud, 1919/1976, p. 280).*

Podemos pensar na procura de um atendimento familiar como um recurso do qual dispõe a família, em um determinado momento, para lidar com o Real, com o horror com que se depara, que a captura, impedindo-a de encontrar uma saída.

Assim estaria situada a demanda de uma família: quando o familiar se torna insuportavelmente estranho, quando falham os arranjos até então estabelecidos para a organização familiar, e os sintomas fracassam como tentativa de recobrimento do Real.

Um discurso bem-sucedido

A falha da família é um discurso bem-sucedido, porque as crises trazem à tona o equívoco, revelando um momento privilegiado de possibilidade de criação. Muitas vezes, esta não acontece. Quando esse recurso é insuficiente, o sujeito não consegue criar uma novela que traga sustentação, tal como uma criança cria uma teoria sexual infantil ou quando o sujeito constrói um romance familiar. São ficções que podem ser criadas, ao se deparar com a inconsistência do pai e com a insuficiência do par parental. O sujeito aí cria uma origem e uma genealogia que suprem essa falta encontrada no Outro. O saber não está aí, ele falta e é preciso inventá-lo a partir de pedaços de Real.

Certas situações familiares denunciam uma invasão do Real, quando todos esses recursos dramaticamente falham. Assim, a clínica psicanalítica com família traz a possibilidade de atravessar esse horror diante do qual o sujeito recua e se paralisa, na insuficiência da utilização de seu sintoma, de sua inibição ou de sua angústia. Ele traz a denúncia de que, naquele momento, a questão do grupo está capturando e impedindo o exercício da singularidade. Vir em bloco, em família, ao analista, é apresentar esse sintoma para tratamento.

A práxis psicanalítica possibilita o reconhecimento do inconsciente e abre condições para que o sujeito se depare com o estranho em si mesmo e, a partir daí, possa criar uma separação radical, uma perda, reorganizadora da realidade psíquica do sujeito, um exílio, como diz Nasio.

Talvez possamos dizer que, diante do testemunho de um analista, o trabalho com a família pode permitir ao sujeito um encontro assistido com o Real, em que possa construir um jeito de se posicionar diferentemente diante dele. O efeito desse trabalho, frequentemente, é a demanda por análise individual.

Contrapondo-se aos fenômenos comuns do grupo, que tamponam o Real, o trabalho com família pode desarticular os efeitos do Imaginário, abrindo dimensão ao singular e operando para criar efeitos de sujeito.

Interessante nesse ponto, a título de articulação, recorrer aos princípios do trabalho em cartel, operador proposto por Lacan que articula uma nova lógica, um modo inédito de organização coletiva, contrapondo-se à lógica do grupo. Pretende um tratamento do coletivo e dos efeitos de grupo ao desarticular os efeitos do imaginário que ali ocorrem, esvaziando as identificações de modo a permitir um projeto pessoal, um produto de cada um do grupo, abrindo dimensão ao singular. Um trabalho sob a regência das indicações de uma estrutura de cartel permite tocar no real, que entra no jogo da experiência.

A elaboração do saber de cada um incide no coletivo, apontando para o furo. É uma barra à suficiência do Outro, intervindo diretamente na unidade buscada pelo sujeito e contribuindo para a elaboração de que o objeto é perdido e de que a relação sexual não existe.

Assim, poderíamos situar a psicanálise com a família. Sob essa ética, é possível fazer uma passagem de um familiar que estranha ao confronto com o Estranho Familiar.

A̸ FAMÍLIA

Carmen Moreira Caram

> Acordei meu bem pra lhe contar meu sonho:
> sem apoio de mesa ou jarro eram
> as buganvílias brancas destacadas de um escuro.
> Não fosforesciam, nem cheiravam, nem eram alvas.
> Eram brancas no ramo, brancas de leite grosso.
> No quarto escuro, a única visível coisa, o próprio ato de ver.
> Como se sente o gosto da comida, eu senti o que falavam:
> "A ressurreição já está sendo urdida, os tubérculos
> da alegria estão inchando úmidos, vão brotar sinos".
> Doía como um prazer
> Vendo que eu não mentia, ele falou:
> as mulheres são complicadas. Homem é tão singelo.
> Eu sou singelo. Fica singela também.
> Respondi que queria ser singela e na mesma hora,
> singela, singela, comecei a repetir singela.
> A palavra destacou-se novíssima
> como as buganvílias do sonho. Me atropelou.
> — O que que foi? — ele disse.
> — As buganvílias...
> Como nenhum de nós podia ir mais além,
> solucei alto e fui chorando, chorando,
> até ficar singela e dormir de novo.
> *(Adélia Prado)*

Se para Lacan (1972-1973/1985) a mulher não existe, "não há A mulher" (p. 98), se não há no inconsciente um significante que possa dizer toda a mulher, é possível articular este ponto com a "instituição família", indagando como pode estar aí inserida a questão sobre A̸ mulher (p. 86)?

Afinal, há um significante que possa dizer a família como um todo? Existe A família (sem barra)? Ou é possível abordar a família em uma articulação com a questão do feminino, instituindo-se com A̸ família?

Diante de tais indagações, o recurso da lógica é essencial. Enquanto a lógica da castração diz respeito à constituição do sujeito – dentro da estrutura edípica – e acena para a possibilidade de instituir a família, a lógica do não todo, do feminino, aponta para o impossível, o real. Então, como articulá-las a fim de que a formalização acerca da clínica com família possa se sustentar?

As formalizações sobre A̸ família nos impõem a necessidade e a importância de precisar onde se ancoram, na teoria de Freud e de Lacan, os conceitos que se articulam com as questões propostas nesta obra, São esses referenciais que têm balizado nossos estudos recentes sobre a família.

Além do sintoma, no real do corpo

A clínica psicanalítica teve seu início a partir dos questionamentos sobre a mulher apresentados pelo discurso das histéricas, instigando Freud a perceber algo enigmático muito além do sintoma, no real do corpo, que dizia respeito ao feminino.

Embora possa parecer "a muitos" que Freud não deu conta da teoria sobre a feminilidade, é interessante acompanhar a direção traçada por ele em suas investigações sobre o tema.

Durante todo seu percurso, Freud persegue a resposta sobre o que quer a mulher[15]; no entanto, pouco a pouco, ele depara com algo insondável, impossível de se desvelar, enigmático: "[...] a vida sexual das mulheres é um continente negro" (Freud, 1926/1976, p. 242).

Certamente foi essa a direção que Lacan deu às suas formalizações. O enigmático e misterioso terreno feminino causou o interesse de Lacan, resultando na teoria sobre a lógica do não todo, acerca de A̸ mulher.

Percorrendo o texto freudiano, vê-se que o tema sobre a sexualidade ocupa Freud desde os primórdios de suas teorizações. A partir da "Carta 75" (1897/1976, p. 364), ele faz observações sobre as diferenças no desenvolvimento sexual das meninas e dos meninos; entretanto, é em "A organização genital infantil: uma interpolação na teoria da sexualidade" (1923/1976) que ele formula a teoria do primado do falo: "a característica principal dessa 'organização genital infantil' é sua *diferença* da organização genital final no adulto. Ela consiste ao fato de, para ambos os sexos, entrar em consideração apenas um órgão genital,

15 Ver o caso clássico de Dora e de outras histéricas.

ou seja, o masculino. O que está presente, portanto, não é uma primazia dos órgãos genitais, mas uma primazia do falo" (1923/1976, p. 180).

A reformulação da teoria da primazia dos genitais para o primado do falo, como elemento simbólico, marca uma importante virada em suas teorizações e permite um avanço em direção ao complexo de castração, que passa a ocupar o lugar central na teoria da sexualidade.

Em "A Dissolução do Complexo de Édipo" (1924/1976), Freud menciona a diferença existente entre meninas e meninos. Primeiro, estes creem que aquelas possuem um pênis que ainda irá crescer. Em um segundo momento, pensam que algo havia ali, mas foi retirado, cortado, desparafusado, e esta suposição deixa aparecer uma forte ameaça, podendo o mesmo ocorrer com eles.

A ameaça de castração no menino – a partir da ausência do pênis na mulher – o faz abandonar o complexo de Édipo.

Em 1924, Freud elaborou a teoria sobre a menina. A constatação da diferença entre o pênis e o clitóris implica, para a menina, em um forte sentimento de inferioridade, e ela não abandona a crença de um dia ter possuído um órgão, e, sim, crê que o perdeu.

A ausência de pênis na mãe é vivida como uma grande desilusão e provoca na menina o desvio do olhar, até então dirigido à mãe, para o pai, na medida em que é ele o portador do pênis. Assim, é a castração da mãe que leva a menina em direção ao complexo de Édipo. Ela passa a demandar ao pai o objeto de sua inveja: o pênis. A experiência edípica da menina com o pai apresenta um movimento que a faz substituir a inveja do pênis (*Penisneid*) pelo desejo de um filho (*penis wunsch*). Então, o pênis é substituído pelo filho. "Com esse fim em vista, toma o pai como objeto de amor. A mãe se torna objeto de ciúme. A menina transformou-se em pequena mulher" (Freud, 1925/1976, p. 318).

Freud (1925/1976), acreditando haver alcançado certa compreensão da pré-história do complexo de Édipo nas meninas, diz que, nestas, tal complexo é uma formação secundária, uma vez que as operações do complexo de castração o precedem e o preparam. Enquanto nos meninos o complexo de Édipo é destruído pelo temor da castração, nas meninas, ao contrário, o complexo de castração abre o caminho para a vivência edípica.

A diferença entre uma castração supostamente executada na menina e outra que foi apenas ameaçada no menino traz consequências que podem ser observadas na solução do Édipo em ambos: "nos meninos o complexo não é simplesmente reprimido; é literalmente feito em pedaços pelo choque da castração ameaçada" (Freud, 1925/1976, p. 319). Suas catexias libidinais são, então, dessexualizadas, abandonadas, e, em parte, sublimadas: "[...] em casos ideais, o complexo de Édipo não existe mais, nem mesmo no inconsciente; o superego se tornou seu herdeiro" (Freud, 1925/1976, p. 319).

Da via materna ao "vago" feminino

Já nas meninas, falta o motivo para a demolição do complexo de Édipo. Nelas, as implicações da castração incidem desde o início, e os efeitos sobre a solução edípica se dão mais lentamente e de modo menos drástico, e, ainda, "podem persistir com bastante ênfase na vida mental normal das mulheres" (Freud, 1925/1976, p. 319).

Assim, é pela via da maternidade que Freud aponta a saída possível à menina como o caminho para a forma feminina do complexo de Édipo. Os outros caminhos apontados por Freud à mulher diante da castração seriam: a cessação de toda a vida sexual, com o abandono não apenas da atividade feminina, mas também de sua sexualidade como um todo, e a outra saída dar-se-ia com a autoafirmação de sua masculinidade. O complexo de masculinidade apresenta-se carregado de fantasias de ser homem.

Ao final desse texto (1924), Freud fala de algo "insatisfatório", "incompleto", "vago" na compreensão dos processos sobre o feminino, deixando transparecer que sua proposta acerca da saída pela via da maternidade não o satisfaz. Estaria Freud, sem o saber, apontando para o que seria característico à mulher no que se refere ao vazio, ao não completo, ao "não todo" feminino?

Em *Sexualidade feminina* (1931/1976), Freud retoma as elaborações de textos anteriores sobre o complexo de Édipo. A saída apontada à mulher pela via da maternidade continua sendo afirmada, e Freud acrescenta que "a mãe somente obtém satisfação sem limites na sua relação com seu filho menino..." (Freud, 1932-1936/1976, p. 163). Prosseguindo, sugere: "Um casamento não se torna seguro enquanto a esposa não conseguir tornar seu marido também seu filho, e agir com relação a ele como mãe" (Freud, 1932-1936/1976, p. 164).

Ainda nesse texto, Freud acredita que o complexo de Édipo não é, de maneira alguma, superado pela mulher: "Através da história, as pessoas têm quebrado a cabeça com o enigma da natureza da feminilidade" (1932/1976, p. 140). Ele é claro ao afirmar que "a psicanálise não tenta descrever o que é a mulher, [...] mas se empenha em indagar como é que a mulher se forma" (1932-1936/1976, p. 144).

Freud examina a vinculação original da menina com a mãe na fase pré-edípica e ressalta que essa intensa e profunda ligação é marcada pela ambivalência, com fortes manifestações hostis por parte da menina. As vivências de amor e ódio prolongam-se em momentos dessa fase e podem ser transferidas para ligações futuras da fase adulta, tornando-se, assim, o parceiro, o herdeiro das relações com a mãe.

No que se refere às raízes da hostilidade da menina em relação à mãe, Freud conclui que essa hostilidade se origina dos fortes sentimentos da menina em relação à castração da mãe. A decepção gerada pela ausência de pênis, a inveja decorrente daí e a frustração gerada pela impossibilidade de alcançá-lo desencadeiam o ódio que acompanha a relação, deixando marcas profundas na menina.

A mulher, até onde Freud conseguiu teorizar a seu respeito, situa-se na mediação ao falo. Castrada, não tendo o falo, vai incessantemente ao caminho do tornar-se mulher, na busca de tê-lo. Ao que falta é preciso completar, buscando no filho, ou no marido, o falo que almeja. Embora possa parecer que, para Freud, a mulher se define como mãe, ele não se satisfaz com suas descobertas no que concerne ao enigmático "continente negro", e, então, sugere que se busque a decifração dos enigmas femininos junto aos poetas.

O não todo feminino

Com retorno constante a Freud, Lacan ancora suas investigações iniciais a respeito da estruturação subjetiva na lógica da castração, onde se situa o que se refere ao estatuto do falo, à ordem significante e ao campo da linguagem.

Na medida em que Lacan recupera na teoria freudiana as questões sobre o enigmático campo do feminino, a referência ao falo não é abandonada, entretanto novas formalizações lhe permitem propor a lógica do não todo fálico.

O enigma da feminilidade também instigou Lacan a retomar os pontos de impasse, o "vago", na teoria do feminino. No percurso de suas formalizações, vê-se a incansável investigação sobre o gozo da mulher, a divisão do sujeito diante da sexualidade e da proposição de uma escritura que possa ordenar a sexuação para todos os sujeitos, sejam homens ou mulheres.

Na tentativa de elucidar a questão, resgata o conceito de falo, no texto "A significação do falo" (1958/1998). Lacan afirma ser este um significante do desejo do Outro. O pênis, na medida em que é, imaginariamente, revestido de um valor, recebe um investimento e encontra no inconsciente uma representação: o significante fálico. Entretanto, no que se refere ao sexo feminino, não há algo que o represente, não há um significante que o diga. Não há como colocar a vagina como um significante feminino em oposição ao pênis, com todo o revestimento fálico que ele recebe. Na partilha dos sexos, a diferenciação homem e mulher não se funda na anatomia.

O furado

À "ignorância da vagina" pelas crianças, Lacan propõe a ideia de um "falo furado". E é esse "furado" que importa do lado feminino. Se para Freud há um "vago", para Lacan há um "furado". Apontando que, para além do falo há um furado, além da falta-a-ter há a falta-a-ser (Lacan, 1972-1973/1976, p. 98). Enquanto em Freud o ter *versus* não ter funda a diferenciação sexual, Lacan coloca a castração não como algo que obstrui, um impedimento, um rochedo intransponível, mas, sim, como um obstáculo que suscita um movimento de ir mais além. Além da castração e além do falo, é nesse espaço que Lacan articula a sexualidade feminina, por onde transita a mulher.

Da mãe à mulher

Se Freud supõe à menina, na sua conquista da feminilidade, a saída pela via materna, para Lacan, a feminilidade não se esgota na mãe. Há a mãe, entretanto, existe a mulher. Mãe e mulher dividem o ser feminino.

A relação entre os sexos se dá pela via do falo, como um significante. Ter o falo e ser o falo é a aparência com que as relações humanas vão tomando: "[...] é pela intervenção de um parecer que substitui o ter, para, de um lado, protegê-lo e, de outro, mascarar sua falta no outro [...]" (Lacan, 1958/1998b, p. 701). Se o homem se coloca ao lado do parecer-ter, já a mulher se apresenta parecer-ser o falo. São estes os valores fálicos com os quais são investidos o pênis e a mulher. As vestimentas de ter e ser no imaginário têm a função de proteger o que se supõe ter no homem e esconder na mulher o não ter.

A mascarada

Para Joan Rivière (Maia, 1999), a feminilidade não passa de uma máscara. Não havendo para a mulher um significante que a identifique com o feminino, ela parte em busca de construir uma imagem de mulher que ela consegue apenas se mascarando de feminino.

Lacan aponta: "[...] é para ser o falo, isto é, o significante do desejo do Outro, que a mulher vai rejeitar uma parcela essencial da feminilidade, nomeadamente todos os seus atributos na mascarada. É pelo que ela não é que ela pretende ser desejada, ao mesmo tempo que amada" (1958/1998b, p. 701). Assim, a mulher se oferece como o falo, mascarando-se dele para causar o desejo do Outro. Ela encontra no corpo daquele a quem endereça sua demanda de amor o significante de seu desejo, e esse órgão, uma vez revestido dessa função significante, passa a ter valor de fetiche. Assim, o pênis é fetichizado pela mulher.

Lacan conduz sua teoria acerca do gozo feminino situando-o para além do falo, embora não abandone a referência a ele: ter, referindo-se ao homem, e ser, à mulher. A partir do conceito freudiano de pulsão – *Trieb* –, Lacan ancora sua teoria sobre o gozo situando-o além do princípio do prazer, denominado por Freud pulsão de morte e, por

Lacan, deriva de gozo. E sobre o enigmático gozo feminino, diz ainda: "o homem serve aqui de conector [*relais*] para que a mulher se torne esse Outro para ela mesma, como o é para ele" (1958/1998a, p. 741).

O gozo feminino apresenta-se, assim, sob a forma de divisão. Por um lado, o homem encarna para a mulher o falo. Por outro, há uma parte do gozo feminino em que falta um significante no campo do Outro que o diga. A mulher, diante dessa falta de significante que possa nomear seu gozo, torna-se para si mesma o Outro absoluto. O que não se pode dizer, o impossível que a coloca fora do campo do Outro, é também o que a move a buscar em si própria ser Outra de si. Vê-se, assim, que a mulher orbita em torno de si mesma. Em "Sobre o Narcisismo: uma introdução", Freud propõe à mulher narcisista: "Sua necessidade não se acha na direção de amar, mas de serem amadas" (1914/1998, p. 10).

Valendo-se do homem como conector, a mulher toma a si mesma como objeto de amor, adorando-se, como um Deus, colocando-se como Outra de si. À medida que a mulher busca o amor do homem, procura ter a certeza de que é amada, fazendo-o de inúmeras maneiras. É uma maneira imaginária, identificatória de confirmar seu amor por si mesma. Como a mulher encontra-se não toda na ordem significante, não lhe é possível, portanto, significar esse gozo, senão por meio do homem.

Esse modo especial de amar da mulher leva Lacan, em "Diretrizes para um congresso sobre sexualidade feminina" (1958/1998b), a falar que a mulher ama "de forma erotomaníaca" (p. 742).

No que se refere ao homem, seu amor se dá "à forma fetichista" (Lacan, 1958/1998b, p. 742). Ele ama na mulher o que ela representa ter: o falo inexistente que um dia o menino buscou encontrar no corpo da mãe. A mulher, à medida que encarna para o homem o falo materno ausente, passa a ser falicizada pelo desejo dele. Assim, ela se torna "à forma fetichista", representante do falo materno que não existe.

Lacan faz referência, também, ao desejo do homem, que se situa para além da mulher, em *Venusberg*: lugar habitado pelas "mulheres-falo" (1958/1998, p. 742).

Segundo Freud (1912/1976, p. 163), o homem faz uma separação quanto ao seu objeto amoroso e de desejo. A mulher, para ser amada, transforma-se em substituta da mãe, vista como santa, casta, mãe de seus filhos, enquanto seu desejo sexual se dirige para outras mulheres, objetos de desejo, porém, degradando-as. Daí Lacan referir-se às "mulheres-falo" que habitam *Venusberg*.

Amar é dar a falta

Se o homem procura na mulher o que ele não tem e supõe que ela o possua – o falo –, a mulher, por sua vez, faz *semblant* de falo, convertendo-se em causa de desejo do homem. Nem um, nem outro o possuem. Daí o tão repetido, amar é dar o que não se tem. Assim, amar é dar a falta. É esta a condição do desejo. Só há desejo se há falta. E é como falta que se causa o desejo do Outro.

Para a mulher, há um ideal de representante de objeto que a atrai à adoração; denominado íncubo ideal (Lacan, 1958/1998c), que, como Cristo, o homem castrado, o homem morto, apresenta-se por trás de um véu que esconde a castração. Para a mulher, na frente do véu há o parceiro dotado de um pênis, a quem seu desejo se dirige. Através dele situa-se o ponto ao qual o amor, a adoração visa. É aí que se encontra o íncubo ideal.

Íncubo significa aquilo "que se deita ou coloca por cima. Que exerce as ações maléficas atribuídas aos demônios íncubos, demônio masculino ou espírito mau a cuja influência se atribuíam os pesadelos e maus sonhos" (Caldas, 1958, p. 2.704).

O íncubo ideal representa simbolicamente o pai real, morto, agente da castração e instaurador da lei. O pai real, apresentado miticamente por Freud como o pai da horda primeva (1912-1914/1976), aquele a quem todo o gozo era franqueado, faz do pai simbólico o seu representante legítimo. Vê-se que, enquanto o menino ameaçado pela castração liquida e recalca sua vivência edípica, a menina investe libidinalmente na figura castradora – o pai. Assim, a figura ideal, a quem se teme, passa a ser o lugar em que o gozo indizível se instala.

Se no homem há uma disjunção entre o objeto de amor dirigido à mulher santa e o objeto de desejo à prostituta, conforme propõe Freud acerca da mulher, Lacan a vê diante de uma divisão: a mulher também tem seu objeto de amor e de desejo, porém convergindo-se para o mesmo objeto dividido por um véu.

O olhar e o desejo da mulher dirigem-se para o parceiro encarnado, o possuidor do pênis, e o seu objeto de amor é Cristo, por trás do véu. No entanto, a tão frequente adoração mística – a Deus, aos santos – feita pelas mulheres, possivelmente, atribui-se ao fato de que elas renunciam ao objeto de desejo, especialmente, quando algo da ordem da castração se impõe: a perda, a doença do parceiro, uma decepção deflagrada por uma traição do companheiro. O que estava por trás do véu, o íncubo ideal, na figura de Deus, toma uma dimensão maior e, como causa de amor da mulher, passa a possuí-la tão fervorosamente em detrimento de seus desejos.

Reescrita

Nos seminários *Mais, ainda* (1972-1973/1985) e *L'Étourdit* (1972/2003) vão surgir as fórmulas da sexuação e os conceitos de "a mais" e "não todo" concernidos à questão da mulher. Em diferentes momentos de sua obra, Lacan recorre à lógica formal de Aristóteles, quer para fazer uma nova escrita da ciência, quer para articulá-la com a psicanálise.

Alain Juranville, em *Lacan e a Filosofia* (1987, p. 276), esclarece que, na lógica formal aristotélica, aquilo que é da ordem do *necessário*, universal, "o que não para de se escrever", opõe-se ao *contingente*, deduzido da particular negativa, "o que para de não se escrever". O *impossível*, chamado universal negativa, "o que não para de não se escrever", opõe-se ao *possível*, particular afirmativa, a saber, "o que para de se escrever".

Lacan, ao trabalhar a estrutura quadripartida da cadeia fundamental do inconsciente, faz uma reescrita da lógica formal: "Se ela é uma escrita, e exatamente o *matema da psicanálise*, é porque ela é estrutura, e estrutura *significante*" (Juranville, 1987, p. 277).

Na perspectiva da psicanálise, sabe-se que ser homem ou ser mulher não são fatos da natureza. Somente é possível abordar o sexo pelo viés da linguagem, em uma referência fálica. A posição subjetiva determina como cada sujeito, independentemente de sua anatomia, inscreve-se na função fálica.

Lacan, reescrevendo a lógica formal de Aristóteles, propõe as "quatro fórmulas proposicionais", as fórmulas da sexuação como maneiras de posicionar-se enquanto falantes em relação ao falo, a fim de que se possa ter uma identidade sexual. As duas partes definem-se como lado masculino e feminino: "quem quer que seja ser falante se inscreve de um lado ou de outro" (1972-1973/1985, p. 105).

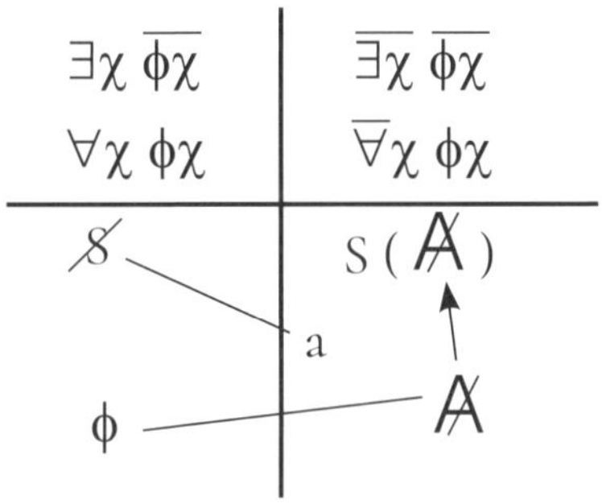

(χ sujeito, $\phi\chi$ funcão fálica, $\exists$ existe, $\overline{\exists}$ não-existe, $\forall$ todo, $\overline{\forall}$não-todo).

O homem alinha-se na parte esquerda do quadro. É pela função fálica que ele, como todo, toma sua inscrição. No entanto, há um que faz exceção. É o pai mítico de "Totem e tabu", e que Lacan denomina função do pai, o pai como agente da castração, "de onde procede pela negação a proposição $\phi\chi$, o que funda o exercício do que supre, pela castração, a relação sexual" (Lacan, 1972-1973/1985, p. 105).

Na inscrição do lado da mulher, lê-se $\overline{\exists}c\ \overline{\phi\chi}$: não existe sujeito que se encontre fora da função fálica. Para todas as mulheres, a função fálica funciona. Mas $\underline{\forall}\ \chi\ \phi\chi$: A mulher é não toda na função fálica.

A̸ mulher

A mulher, como não toda, só se encontra parcialmente no registro fálico da sexuação. Enquanto fálica, tem um pé no registro do falo, estando, como todo ser falante, sujeita à castração. Por outro lado, sendo não toda, possui algo de pulsional que a coloca fora da possibilidade de se escrever. Situando-se além do registro do falo, não há no inconsciente um significante para dizê-la toda.

A mulher completa não é senão um mito. A musa e a deusa são apenas produções imaginárias que nada mais fazem que tentar escamotear a castração: "a mulher, isto só se pode escrever barrando-se o A. Não há A mulher, artigo definido para designar o universal" (Lacan, 1972-1973/1985, p. 98). Assim, ela é A̸ mulher. Não há entre as mulheres uma que tenha sido fundadora de um conjunto de mulheres como há no caso do homem, conforme o mito da horda primeva apresentado em "Totem e tabu", o fundador da série, do universo dos homens. A exclusão feminina do universal impõe à mulher a condição de apenas poder ser tomada uma a uma, em sua particularidade, que se evidencia em uma maneira especial de gozo – o gozo feminino.

Assim, Lacan propõe uma diferenciação entre "gozo sexual" ou "gozo fálico" e gozo do Outro, ou "gozo-a-mais", "suplementar". O "a-mais" de gozo situa-se além do gozo fálico. É o gozo que excede. O que se circunscreve no campo da linguagem e é possível de ser "significantizável" inclui-se no gozo fálico. Portanto, na medida em que a mulher, como qualquer outro ser falante, está referida ao falo, ela tem o gozo fálico.

Ela não está lá, de todo

No entanto, nem tudo é dominado por esse campo da significação fálica. Há algo que vai além, há o "a-mais" que escapa ao campo significante e para o qual não há palavra que possa dizê-lo. Dele não se fala, justamente, porque está fora da linguagem. Aqui se situa o gozo-a-mais, gozo propriamente feminino: "Não é porque ela é não toda na função fálica que ela deixe de estar nela de todo. Ela não está lá não de todo. Ela está lá à toda. Mas há algo a mais [...] Há um gozo [...] para além do falo [...] Há um gozo dela" (Lacan, 1972-1973/1985, p. 100).

Esse gozo que as mulheres experimentam, mas de que não conseguem falar, Lacan compara com o gozo dos místicos. Lembrando Freud, que sugere perguntar aos poetas sobre o feminino, Lacan reafirma que são os poetas que também o experimentam. "Por ser não toda, ela tem, em relação ao que designa de gozo a função fálica, um gozo suplementar" (Lacan, 1972-1973/1985, p. 99).

Buscando definir o gozo da mulher, Lacan indaga: "Esse gozo que se experimenta e do qual não se sabe nada, não é ele o que nos coloca na via da ex-sistência? E por que não interpretar uma face do Outro, a face Deus, como suportada pelo gozo feminino?" (Lacan, 1972-1973/1985, p. 103).

No entanto, o gozo feminino indizível não para na "face Deus". Lacan o coloca, também, ao lado da loucura: "Assim, o universal do que elas desejam é loucura: todas as mulheres são loucas, como se diz. É justamente por isso que elas não são todas, isto é, não loucas-de-todo, antes conciliadoras: a tal ponto que não há limites às concessões que cada uma faz para um homem: de seu corpo, de sua alma, de seus bens" (Lacan, 1974/1993, p. 70).

Medeia (Lacan, 1966/1998), levando seu amor a Jasão ao limite, à loucura, ultrapassa o gozo fálico que a põe em posição de mãe e mata seus filhos. É a "mulher verdadeira", que, como a esposa de Gide, Madeleine, em um ato louco, queima todas as cartas de amor do marido, verdadeira obra literária, ao descobrir a homossexualidade de Gide.

Para o gozo feminino, não é suficiente o limite do simbólico. Por estar mais ao lado do indizível, do real, do impossível, apresenta-se no limite da loucura.

Impossível e contingente

A questão da mulher articula-se com o impossível, pulsional e com o contingente. Como impossível não lhe é permitido inscrever-se toda no campo da palavra. É a esse vazio de palavra que se impõe sempre o "não para de não se escrever". "O Falo – tal como a análise o aborda como ponto chave, o ponto extremo do que se anuncia como causa de desejo – a experiência analítica para de não escrevê-lo. É nesse, para de não se escrever, que reside a ponta do que chamei de contingência" (Lacan, 1972-1973/1985, p. 126).

Voltando ao gráfico da fórmula da sexuação, $\not{A}$ mulher busca, por um lado, atingir o falo ϕ, do lado masculino, justamente por não possuí-lo; ela tenta encontrá-lo no corpo do homem, fetichizando o pênis. Por outro lado, busca atingir o S ($\not{A}$) que se situa do seu lado na referida fórmula. Na medida em que, para a mulher, é possível uma certa relação com o Outro, o gozo suplementar se apresenta. O homem busca a mulher como objeto "a". Aquilo que nela falta é que a torna objeto "a", causa de desejo para o Outro, conforme aponta a seta $\not{S} \rightarrow$ a

Para Lacan, em *R.S.I.* (1974/1975), a mulher é como sintoma para o homem. Uma vez que o sintoma é aquilo que encobre a falta estrutural, a mulher é sintoma para o homem, quando ele acredita que ela possa completá-lo e a coloca no lugar de objeto que obtura sua falta. Ser um sintoma para um homem é ser uma substituição à relação sexual inexistente. A referência ao feminino e à relação sexual coincide a tal ponto no ensino de Lacan que o aforismo "A mulher toda não existe" quer dizer o mesmo que "não existe relação sexual". Não existindo A mulher – toda –, não há como haver relação sexual.

$\not{A}$ família

Por não existir a mulher toda e a palavra não dizer tudo é que se busca a relação homem-mulher, mãe-filho e outras maneiras de se fazer par na tentativa de buscar o Um; enfim, é a completude impossível que se deseja alcançar. É esse o ponto em que se funda a questão inicial deste texto sobre o feminino e $\not{A}$ família.

A família, assim como a mulher, encontra-se, por um lado, submetida ao que é da ordem do falo, portanto sujeita à castração e, por outro, está submetida ao não todo fálico. Articulada ao que é do campo significante, ao que é da ordem da castração, a família institui-se conforme a estrutura do complexo de Édipo, tendo em sua origem leis, códigos, normas e princípios que a ordenem, justamente, no que diz respeito ao que é da ordem do gozo, do pulsional, inarticulável e que exige algo que a barre e faça-lhe borda.

A castração impõe uma perda de gozo, e a linguagem vem fazer suplência à impossibilidade do gozo pleno. Os mitos familiares, os discursos que circulam na família, as ficções que o romance familiar propicia são maneiras de suportar e bordejar o ponto de vazio da estrutura, o insuportável que não se articula.

Como a castração não é suficiente e o gozo não se esgota por completo nesta operação, há um excedente de gozo que não é assimilável pelo simbólico. Aquilo que escapa, o resto inassimilável de gozo e que está além do alcance da palavra, continua circulando e gerando efeitos em cada sujeito.

No ponto de vazio em que a castração não domina e a linguagem não esgota, Lacan coloca o real, o impossível, o feminino, o não todo. O fazer laço, realizar par e instituir família são tentativas de eliminar a falta básica de todo ser falante, maneiras de fazer suplência à inexistência da relação sexual.

As modulações de gozo a que a família está sujeita são tentativas de tornar possível a "relação sexual". Os encontros possíveis são contingentes, entretanto não são ininterruptos e permanentes. O impossível presentifica-se a cada desencontro, porque o encontro com o real desconecta, desarticula, quebra e, na medida em que o real de cada sujeito se apresenta, causa no Outro algo que é da ordem do horror.

Freud já dizia que a natureza humana não é harmônica. A pretensa harmonia buscada jamais poderá ser plenamente alcançada.

O ponto de vazio

A questão do feminino está incluída na família. Tal como a mulher, a família é uma estrutura ancorada na lógica do não todo fálico, incluindo em sua estrutura um ponto de vazio, um espaço do nada, no qual, novamente, não há palavra que possa dizê-la toda.

A família estrutura-se a partir desse ponto de vazio e tem em sua base a falta. "A falta é estrutural", Lacan deixa claro em *Os complexos familiares na formação do indivíduo* (1935/1997). Assim, a família está submetida ao que é da ordem do desejo, da falta, da incompletude, portanto, situando-se na dimensão do real não existe A família. A família pensada dentro de um ideal de perfeição inexiste. A família constitui-se para dar conta do impossível, mas, na medida em que não há como curar esse mal-estar que habita cada sujeito, resta-lhe, senão, a possibilidade de fazer encontros faltosos, contingentes. E como instituição do impossível, ela prossegue fazendo a transmissão do real.

É importante, aqui, retomar Lacan (1969/1998) quando este fala sobre a função do resto, do resíduo na família:

> *[...] a função de resíduo que sustenta (e ao mesmo tempo mantém) a família conjugal, na evolução das sociedades, valoriza o irredutível de uma transmissão que pertence a uma outra ordem, distinta daquela da vida segundo as satisfações das necessidades que têm uma constituição subjetiva, implicando a relação com o desejo que não seja anônimo" (p. 5-6).*

Portanto, o que se transmite na família vai além da castração, além do que é representável. Os resíduos, os restos, o não todo também são parte fundamental no que se transmite, na sustentação e na manutenção da família.

Para finalizar, será retomada a indagação inicial que motiva este trabalho e o conduz na direção de considerar a família uma estrutura que se articula com o feminino. As considerações referentes à lógica permitem-nos concluir: quer na mulher, quer na família, há, conforme a lógica da castração, aquilo que pode ser simbolizado. A estrutura edípica na qual a família está inserida a leva a construir seus mitos, códigos e leis. Instituindo-se dentro do campo significante, a família está, portanto, situada em uma referência ao falo.

Por outro lado, referida à lógica do não todo e estando próxima do real, institui-se como impossível, como A̸ família. Então, não há como prescindir das duas lógicas nas formalizações, tanto sobre A̸ mulher, quanto em A̸ família.

Na práxis psicanalítica, o trabalho com A̸ família tem seu lugar. A família não toda que a psicanálise revela traz em seu discurso o que lhe é possível construir, a partir de seu ponto de impossibilidade e do qual ela não quer saber, exatamente porque é aí que habita a dura verdade de cada ser falante. A verdade, para Lacan, articula-se na lógica do não todo com a não existência da relação sexual, com o que não cessa de não se escrever.

Assim, na direção do tratamento com família, pretende-se oferecer possibilidades para bordejar o real que incide – o não todo d'A̸ família.

A FAMÍLIA AO AVESSO: A ESTRUTURA DO CRISTAL

Ana Maria Portugal

> Entre os que perecem, aqui no reino de declínio,
> sê um cristal que tine, e que o som já quebra.
> *(Rainer Maria Rilke)*
>
> Antes, todos os caminhos iam.
> Agora todos os caminhos vêm.
> A casa é acolhedora, os livros poucos.
> E eu mesmo preparo o chá para os fantasmas.
> *(Mário Quintana)*

Buscando formalizar o trabalho de psicanálise com a família, logo percebemos que o caminho se faz em uma dupla via. Por um lado, como em qualquer psicanálise, define-se e questiona-se o trabalho da transferência e da direção do tratamento visando um final. Por outro, ao considerarmos a família uma estrutura da lógica do coletivo, e não um grupo, e na sustentação de que a psicanálise se justifica pela incidência do real, as questões que concernem à causa do desejo, tais como a repetição e o fantasma, precisam ser colocadas com todo rigor, mas dentro de estreitos limites.

Sem o rigor desses limites, corre-se o risco de deslizarmos para um enfoque subjetivo – o que não seria mais que fazer do atendimento de família uma preliminar para uma análise individual posterior – ou de sairmos do campo da psicanálise, com premissas como "inconsciente coletivo" e outras carregadas de ideologia.

A lógica do coletivo, proposta por Lacan (1945/1998, p. 197) em sua construção sobre o tempo lógico, a partir do apólogo dos prisioneiros, aborda a experiência no enfoque dos sujeitos tomados um a um, e, cada um em relação ao outro, dentro do tempo para compreender, que não é um tempo individual, mas que se decide no momento de concluir: o mesmo para todos. Há um real em jogo que atinge a cada um. A diferença em relação ao grupo é que este, de acordo com o modelo freudiano (Freud, 1921/1976, p. 89), se organiza em torno do Um, do líder, tomado como ideal para cada um dos membros, situação sustentada pela articulação do imaginário e do simbólico, onde fica mantido, sob certo controle, o lugar do real.

Optar pelo coletivo, e não pela estrutura de grupo, representa uma posição tomada a partir de uma precisa distinção que Célio Garcia (1993) aponta ao refletir sobre o cartel. Enquanto o grupo recupera o elemento externo, o líder, incorporando-o e anulando-o em sua alteridade ou extimidade, o conjunto de Lacan – o cartel –, de acordo com a Lógica do Coletivo, funciona graças ao elemento que lhe é exterior: o mais-um. Assim, o Um que falta, ao desarticular os efeitos imaginários de grupo, não incorporado, faz trabalhar.

Ao propor aqui "A família ao avesso: a estrutura do cristal", estamos pensando exatamente na incidência do real e é importante não perdê-lo de vista no emaranhado de uma situação de grupo. Ao mesmo tempo, como no trabalho de psicanálise com a família não se trata de uma situação individual, tentaremos rastrear algumas articulações lacanianas que podem nos ajudar a manter, dentro de certo limite, o que consideramos mais próximo ao real: o que advém do fantasma e da repetição.

A escuta analítica voltada ao atendimento da família detecta, com certa facilidade, o entrecruzamento dos fantasmas ou fantasias de seus componentes, sem que, no entanto, seja proveitoso trabalhar no coletivo sua retificação, construção ou desmontagem. Sem dúvida, aí, como em qualquer agrupamento humano, as fantasias comandam a cena, mas com a diferença de que aqui essa encenação se dá sob a égide de diretores alternativos, que frequentemente cumprem a função mais de objeto que propriamente de agente. O fantasma presta-se, portanto, para indicar a função de algo residual dentro da família.

A expressão "função de resíduo" é destacada por Lacan em *Dos notas sobre el niño*[16]. Neste breve e denso texto, ele propõe que a família conjugal sustenta – e ao mesmo tempo mantém – uma função de resíduo na evolução das sociedades, o que "coloca em valor o irredutível de uma transmissão" (Lacan, 1969/1988, p. 56, tradução livre). A partir das próprias formulações lacanianas, interessa-nos aqui situar o que vem a ser este resíduo. Ele diz: "a função de resíduo que sustenta (e ao mesmo tempo mantém) a família conjugal na evolução das sociedades, ressalta o irredutível de uma transmissão – pertencente a uma ordem distinta à da vida adequada à satisfação das necessidades – que é a de uma constituição subjetiva, que implica na relação de um desejo que não seja anônimo" (Lacan, 1969/1988, p. 56, tradução livre).

Na linguagem cotidiana, resíduo é o resto, o que resta de uma operação por agentes externos. Daí surge um outro sentido, indicando resíduo como o fundo, o âmago, a raiz. Desta "função de resíduo", apontando o valor do que é "irredutível de uma transmissão", que não é transmissão da vida, Lacan esclarece que é uma transmissão de uma constituição subjetiva, implicando a relação a um desejo que não seja anônimo" (Lacan, 1988, p.56).

"Quem conta um conto, aumenta um ponto" é o dito popular sobre a transmissão. Aqui, nesta transmissão, no ponto que cada constituição subjetiva aumenta, passa algo desse desejo não anônimo. Algo que, ao mesmo tempo, é subjetivo e também é uma oferta de cada sujeito ao valor dessa transmissão que não se reduz. Entendemos que, da função da mãe nesse desejo, está aí algo sobre sua falta, algo sobre o gozo do Outro. Da função do pai, leva-nos ao real do nome.

"Desejo não anônimo" quer dizer desejo não sem nome, mas nem por isso pode ser dado um nome a esse desejo, como seria, por exem-

16 Este texto foi uma referência importante sobre a incidência do real no trabalho com a família.

plo, o Nome do Pai. Além disso, sabemos que na lógica lacaniana, lógica modificada para dar conta dos efeitos do discurso analítico, a presença de duas negativas não se torna algo afirmativo, mas, sim, indica o impossível, marcando um lugar do que *não cessa de não se escrever* (Lacan, 1972-1973/1988, p. 81). Portanto, encontramos aí, nesse "não anônimo" do desejo, o real. E, como é essa a função de transmissão da família, conclui-se: a transmissão da constituição subjetiva nesse desejo não anônimo implica o real.

Por outro lado, a relação a um "desejo que não seja anônimo" pode resultar na função do fantasma na lógica subjetiva, lugar onde se marca a função da mãe e a do pai, pois o fantasma, em sua escrita *$ ◊a*, encena o sujeito na sua divisão: *$*, Nome do Pai e *a*, resto irredutível de A, o Outro materno, na medida em que a divisão é provocada pelo objeto *a*. Como já dissemos, a detecção das relações fantasmáticas não é assunto de Família, pertencendo ao particular de cada um.

A irredutibilidade

Voltemos à expressão "avesso", expressão que Lacan utiliza ao propor com sua lógica a escrita dos quatro discursos por exigência do discurso analítico. O avesso (*envers)* refere-se a um outro lado da coisa que, geralmente, não é visto, e é inseparável dela. Assim, a psicanálise com a regra fundamental da associação livre faz advir o sujeito, representado na cadeia significante, $S^1 \rightarrow S^2$, o que supõe um resto irredutível: *a*. Temos, então, quatro letras: S^1, S^2, *$*, *a*. De cada uma delas em função de agente, surge um novo laço, um novo discurso, e essas quatro possibilidades sustentam a tarefa da psicanálise. Dos quatro discursos, o do analista é que encabeça pela letra *a*, causa de desejo que incide sobre *$*. Diz Lacan: "é como idêntico ao objeto *a*, isto é, ao que se apresenta para o sujeito como a causa do desejo, que o psicanalista se oferece como ponto de mira para esta operação insensata, uma psicanálise, enquanto ela se engaja sobre a pista do desejo de saber" (1969-1970/1991, p. 122, tradução livre).

Com as duas letras encadeadas pelo discurso do analista, *a→$*, temos a presença do fantasma. O discurso do mestre exclui o fantasma, tornando-o cego em seu fundamento. Mas como o discurso do analista mostra que o que se pode saber é tomado como fazendo função de verdade (S^2 no lugar da verdade, lugar embaixo da barra, à esquerda), ele mesmo denuncia que a relação do saber com a verdade é a de um "meio-dizer". Ou seja, que tudo o que se diz nesse campo como saber implica uma outra parte totalmente irredutível, completamente obscura.

Os estudos da Antropologia estrutural nos ensinam que, frente a esse irredutível, a essa lacuna na compreensão do mundo, a humanidade sempre fez seus constructos: "o que vem aí tem um nome: é o mito", – diz Lacan (1969-1970/1991, p. 126, tradução livre)

Das conclusões de Lévi-Strauss (1958) sobre a estrutura dos mitos aprendemos que, se é verdade que o objetivo do mito é fornecer um modelo lógico para resolver um impasse, no processo de repetição e por meio dele, transparece na superfície sua estrutura: o mito se desenvolverá como em espiral, até que seja esgotado o impulso intelectivo que lhe deu origem. De acordo com o autor, se nos permitimos uma imagem arriscada, o mito é um ser verbal, que ocupa, no domínio da palavra, um lugar comparável ao que nos vem do cristal no mundo da matéria física: um agregado intermediário formado pela organização de ligações de cargas opostas, no qual há o mínimo de entropia.

Segundo Lévi-Strauss, com tal estrutura, o mito oferece uma originalidade em relação a outros fatos linguísticos: poder-se-ia defini-lo como o modo de discurso no qual o valor da fórmula *traduttore, traditore* tende praticamente a zero. Ao contrário da poesia, o valor do mito como tal persiste a despeito das piores traduções. Qualquer que seja nossa ignorância da língua e da cultura na qual está expresso, ele é percebido como mito por todo leitor, no mundo inteiro.

Assim, Lévi-Strauss estuda o mito como composto do conjunto de suas variantes, não havendo uma que seja mais "autêntica", e propõe acerca do mito de Édipo que a leitura de Freud deva ser anexada com outras versões. A diferença é que esta não acentua a questão da autoctonia *versus* reprodução bissexuada, bem como a de se nascer do mesmo ou do outro (como se depreende de outras versões desse mito), mas, sim, busca compreender como *um* pode nascer de *dois*, como se pode ter uma mãe e, além disso, um pai.

A epopeia familiar

Na pista da assertiva de Lévi-Strauss de que o mito é uma maneira de compreender o mundo, Lacan (1974/2001, p. 509) enuncia que o mito é a tentativa de dar forma épica ao que se opera por estrutura. Em uma família cada um faz, com seu *epos*[17], seu discurso, contando sua versão da história. Conta com seus signos: seu fantasma, seu sintoma, o que se traduz no mito individual do neurótico. Em 1955, Lacan escreveu:

> *[...] o cenário fantasmático apresenta-se como um pequeno drama, uma gesta, que é precisamente o que chamo a manifestação do mito individual do neurótico. [...] Tudo se passa como se os impasses próprios da situação original se deslocassem para um outro ponto da organização mítica, como se o que num sítio não está resolvido se reproduzisse sempre noutro. (p. 61-62).*

Estamos diante de uma situação de *quatuor*, que se renova sem cessar em um duplo desdobramento: o sujeito e a divisão interior que faz do outro a testemunha alienada dos atos de seu próprio eu, e o objeto sexual, desdobrado, para que o sujeito se mantenha unívoco. Se o sujeito consegue encontrar a unidade de sua intenção, de seu desejo, vê aparecer a seu lado um personagem com o qual mantém a relação narcísica enquanto relação mortal.

O quarto elemento é a morte, a morte imaginada. É a este quarto termo que o sujeito delega o fardo de representá-lo no mundo e de viver no seu lugar. Não é ele verdadeiramente – sente-se excluído, fora de seu próprio vivido, não pode assumir as particularidades e as contingências, sente-se desacordado de sua existência, e o impasse é reproduzido (Lacan, 1955/1980, p. 66).

Então, a partir da passagem da estrutura do mito coletivo para o mito individual se esclarece a estrutura de quatro, o que trará para Lacan a escrita do Esquema L: S, *a*, *a'*, A, matriz fundamental para mui-

17 *Epos*: palavra, discurso; palavra dada, promessa; conselho, aviso; provérbio, sentença; oráculo; notícia; poesia épica; verso, linha (Pereira, 1976, p. 226).

tas articulações posteriores. Um exemplo é a fantasia ou o fantasma. No Esquema L, seu estatuto é imaginário, a saber, *a→a'*, progredindo na proposta do Esquema R – uma ampliação do Esquema L – para sustentar, em escrita moebiana, "um pouco de realidade" diante do real, com a escrita em 4 termos: *i→M→I→m* (Lacan, 1958/1998)[18].

"*O fantasma de Canterville* (1986, p. 375), de Oscar Wilde, nos traz algo sobre o fantasma na família. Diz o conto que há um fantasma no castelo para o qual muda-se a família do "Sr. Ministro dos EUA". Esta, nos bons moldes do *American way of life*, ridiculariza o pobre fantasma: ele, por mais que tente assustá-los, sempre fracassa, constituindo, assim, a própria queda do imaginário fantasmático.

A família é composta pelo Sr. Ministro, a esposa, o filho Washington, dois gêmeos "Estrelas e Listras" (menção à bandeira americana) e a moça Virgínia, a única que não se indispõe em relação ao fantasma. Todos se comportam como se o fantasma existisse e devesse ser tratado como qualquer vivente, sendo suas ações de terror anuladas com os "bons produtos americanos": o "Tira-Manchas Campeão" e o "Detergente Sem Rival" limpam a insistente mancha de sangue no solo; o "Lubrificante Sol Nascente" amacia o ruído das correntes que o fantasma arrasta à noite; a "Tintura do Dr. Dobell" o curará dos efeitos da indigestão e de gargalhadas ressonantes, entre outros.

Assim, na família, há um desmentido sobre o fantasma: "não há fantasma", mas se há significantes que se contrapõem a ele, conclui-se, mesmo assim, "há fantasma". Se por um lado "todos" acreditam no fantasma, desmentindo-o, por outro, ele se mostra no existencial, pois existe um fantasma só para Virgínia. É dela que o fantasma rouba as tintas para retocar a mancha de sangue, e é para Virgínia que ele mostra o oráculo, podendo, logo após, morrer, deixando-lhe um presente. Mas essa cena permanece em segredo: ninguém sabe o que ocorreu. Virgínia apenas se ruboriza ao mencioná-la.

18 As letras indicam: i, eu ideal; M, mãe primordial; I, ideal do eu, e m, ego.

O arauto da morte

Voltando à questão da família, em vez de um trabalho em torno do fantasma, ou de supor um "fantasma ou mito familiar", é mais condizente com a lógica do coletivo ter em mente a estrutura do mito, pensada no Esquema L com seus quatro elementos de cristal, em que as relações contraditórias se agregam, pois cada uma é contraditória consigo mesma. A identificação ao semelhante torna-se a presença da morte, o Outro (*A*), fundamento da constituição subjetiva (*S*), é também o anúncio de sua destruição. Freud já havia aventado essa hipótese, quando postulou no texto "O Estranho" (1917-1919/1976, p. 293) que o duplo, em algumas de suas formas, é o anunciador da morte. A morte, carregando aí esta contradição, é um dos nomes do real na família.

Não se pode curar o sujeito do real, assim como, na psicanálise com crianças, não se pode curar a criança da presença dos pais, cuja transferência é condição necessária para que se proceda à análise. Estamos implicados com sua presença real e sua transferência imaginária, devendo ser trabalhada em uma estrutura simbólica. Na presença dos pais, a estrutura aponta o duplo recobrimento da falta, no qual é possível desprender um saber sobre a dialética dos objetos de desejo e sobre o desejo do Outro como incógnita. O manejo torna-se mais claro à medida que o analista se dá conta desses efeitos de estrutura, definindo sua direção para um saber incompleto, que mantenha a virulência do sintoma sem preencher seu sentido e, com isso, desvie de idealizações, impedindo que a presença dos pais na psicanálise com crianças seja trabalhada como presença real.

Dissemos anteriormente que a morte é um dos nomes do real na família, é uma presença real. Presença tamponada, às vezes, com o ideal do amor. A hipótese freudiana da pulsão de morte é postulada em contraposição à de vida, ao amor. *Eros invicto combatente!* Este é o canto do coro da *Antígona*, de Sófocles, no momento em que se decide sua sentença: morta entre os vivos, viva entre os mortos. No entanto, nesse ponto do destino trágico, o amor é insuficiente para deter o sujeito.

O ponto de resistência

Assim acontece na psicanálise, na qual o amor perpassa todo o trabalho, desde o amor ao saber na transferência ao amor de transferência propriamente dito (*Übertragungsliebe*). Este amor, embora genuíno, deve ser manejado no seu ponto de resistência, ponto no qual o desejo do analista comparece para manter a tensão de não satisfação ao saber. "Se o amor na psicanálise é um instrumento – a neurose se aferra a ele de forma tão tenaz – que seja como provocador e combatente. Combatente invencível, mas nunca vencedor" (Saliba, 2000).

Poderíamos dizer que o fantasma se inclina para o amor, pois sua causa, o objeto *a* na sua relação pulsional, é um equivalente ou representante da libido, na medida em que algo se perde na reprodução sexuada. A libido, enquanto puro instinto de vida indestrutível, passa por essa perda que se repete no decorrer da vida. Dessa perda o objeto *a* faz a figura e passa a ser o representante (Lacan, 1964/1973, p. 180, tradução livre). Embora o objeto *a* marque a perda, ele, com isso, opõe-se à morte.

No trabalho com a família, a vantagem da estrutura do mito sobre o fantasma é que o mito reinstala o discurso do mestre: $S^1 \rightarrow S^2$, a cadeia significante, suportando a contradição, como forma épica de compreender o mundo. O mito, com seu "meio-dizer", aponta a discrição da cadeia, apresentando a hiância da relação. Portanto, não se trata de compreender, construir ou desconstruir um "mito familiar". Quando muito, há "códigos de família", ditos especiais que somente os que pertencem à família entendem.

A psicanálise recusa a hipótese da metalinguagem, encobrimento do real. O mito não encobre o real, mas, sim, justapõe-se a ele. O mito fala do avesso em uma justa medida: um avesso que mantém a tensão entre o real e o entendimento do mundo. Ou, como diz Lévi-Strauss, como o cristal, um agregado que organiza ligações opostas.

Fiquemos com o cristal, deixando o segredo do fantasma para ser denunciado apenas no rubor de cada um.

FAMÍLIA: UM DOS NOMES DO MAL-ESTAR

Iziná Helena Travaglia

Uma cidade toda paredão
Paredão em volta das casas.
Em volta, paredão, das almas.
O paredão dos precipícios.
O paredão familiar.
(Carlos Drummond de Andrade)

No mal-estar em que vivo,
No mal pensar em que sinto,
Sou de mim mesmo cativo,
A mim mesmo minto.
(Fernando Pessoa)

"Não é bom que o homem esteja só". Ao imperativo bíblico que prescreve e reforça os laços, cabe à psicanálise, como contraponto, propor o que é bom, no sentido de bem-dizer e, como consequência, provocar a interrogação sobre a pertinência e o alcance do discurso psicanalítico incidindo nesses laços, pois está em questão a disjunção estrutural entre o coletivo e o singular e o mal-estar daí advindo.

O trabalho com família implica formulação de questões que apontam para a irredutibilidade da ética da psicanálise a respeito de qualquer atendimento que não seja o do sujeito. E esse é o grande desafio, pois o grupo é o lugar da colagem imaginária, das dinâmicas identificatórias, da alienação subjetiva.

Para interrogar o laço familiar, deve-se retomar a formulação freudiana de grupo, quando Freud (1981a) destaca que aí está uma maneira particular de elipse do sujeito, sob uma insígnia universal, como a Igreja e o Exército sustentam de modo exemplar. São instituições que implicam hierarquia e segregação subjetiva, a partir da identificação à potência ideal do líder, a um único e mesmo objeto situado no lugar de ideal do eu.

O impossível

Prevalece aí a alienação sob a forma de ligações recíprocas, de cunho especular, hipnótico, em que a diferença subjetiva é abolida, em função da identificação comum verticalizante ao outro como ideal. No grupo, predominam as capturas de mestria, de poder e de crença de que o Outro tem o saber para responder à demanda do sujeito.

O que sustenta a constituição e os efeitos de grupo é, então, uma estrutura de ficção, na qual se implicam a forças de significações, de sentidos e de modalidades de poder. Ficção porque visa ordenar-se pela lógica do *um* sob a insígnia do *para-todos*, todos iguais, índice de alienação do sujeito.

Entretanto, essa pretensa organização de massa escamoteia o fracasso do encontro com o semelhante. E é em torno do impossível desse encontro que a busca do laço se sustenta, instaurando-se o paradoxo da busca de fusão dos gozos e de sua interdição.

Quando Freud (1981b) propõe que o mal-estar é efeito do sofrimento, do desencontro e das impossibilidades estruturais do ser falante de se haver com o desamparo e a insatisfação, é do impossível que se trata, como essência desse mal-estar. E suportá-lo é da ordem do necessário.

Lacan (1969-1970/1992) propõe que o impossível é da dimensão do real: "É no plano do impossível, como sabem, que defino o real. Se é real que haja o analista, isto se dá justamente porque é impossível" (p. 154).

Um real que está ligado não apenas à impossibilidade de dizer, mas de se escrever no inconsciente e que Lacan tenta cernir e formalizar utilizando recursos da lógica – como a arte de produzir a necessidade de um discurso – da escritura do nó borromeano, dos matemas, para demonstrar que o impossível está na certeza de não se conseguir nunca. Sempre irão faltar significantes para dizer o real, o sem sentido, para demonstrar esse incognoscível completamente estranho ao conhecimento.

Assim, o desencontro e o desamparo presentificam que a relação entre os semelhantes é igualitária, recíproca somente no plano imaginário, pois o nó estrutural de onde advém o sujeito comporta esse impossível não assimilável, em cada um, fazendo obstáculo ao imperativo da homogeneidade dos laços.

Este ponto indomesticável que escapa à ordem da linguagem e se insere na dimensão do gozo, da economia libidinal, faz que haja tropeços, que algo não funcione, claudique. O sujeito está, então, fadado a repetir um circuito pulsional, circundando o pretenso objeto de completude, sem obter o sucesso do (re)encontro. Diz Lacan: "de onde o meu enunciado: que de real não há senão o impossível, e é bem aí que eu tropeço" (1976-1977, p. 132).

O laço denuncia, então, esse tropeço, demonstrando que algo não vai bem no real. Entretanto, é a insistência do real, do que não cessa de não se escrever, que faz o sujeito pulsar e continuar buscando. Esse vazio da representação, inassimilável ao significante, impossível de suportar e calcular, funda todo o movimento pulsional como um poder estranho ao sujeito que resiste ao sentido, como ponto de parada, mas que insiste e impulsiona e faz despertar, como enfatiza Lacan: "o despertar é o real sob seu aspecto do impossível, que não se escreve senão à força ou por força" (1976-1977, p. 127).

O laço é, em última instância, um obstáculo ao despertar, um refúgio diante do mal-estar, uma certa tapeação em relação ao desamparo, já que o semelhante, no grupo, serve para atenuar a falta de gozo.

Como uma satisfação substitutiva, o vínculo com o outro presentifica uma possibilidade de escapar à dor de existir, denunciada por Freud (1981b): "tal como nos tem sido imposta, a vida nos resulta demasiado pesada, nos apresenta excessivos sofrimentos, decepções, empreendimentos impossíveis. Para suportá-la, não podemos passar sem lenitivos" (p. 3.024, tradução livre).

Freud propõe, então, que esses arranjos, tais como buscar um líder e homogeneizar os encontros, indicam, na verdade, o engodo da completude, pondo a descoberto a disjunção estrutural entre o coletivo e o singular.

A travessia

Assim, a família funciona como um dispositivo, um arranjo para que o sujeito possa dar conta dessa impossibilidade, fazendo suplência à falta de gozo, suturando a divisão do sujeito. Como tal, é uma ficção, é a instituição do impossível, porque sustenta o que não há: a falta.

O grupo familiar organiza-se, também, em torno das identificações e demanda ajuda no momento em que alguém está em desacerto com elas. A lógica da uniformidade é quebrada e algo falha na tentativa de tamponamento dessa ruptura, visto que a identificação se sustenta no modelo teórico da concepção do sujeito ao Outro. Não há interior e exterior, e o Outro não é senão um desdobramento do próprio sujeito com vias ao reconhecimento.

Paradoxalmente, é na condição do fracasso da família que pode advir o sujeito, quando as falhas e a queda dos ideais são condições para o surgimento da particularidade. Entretanto, se o sujeito não pode ser causa de si mesmo e recebe do Outro sua mensagem de maneira invertida, ele tenta encontrar seu gozo perdido nessas imagens identificatórias, capturadas ao Outro familiar. No entanto, é o esvaziamento desses invólucros – a travessia dos campos das identificações – uma das condições essenciais para o advento da singularidade.

A partir disso, algumas questões se impõem: se a psicanálise questiona a intersubjetividade é porque não há relação de sujeito a sujeito. A única unção possível é do sujeito com o objeto pela via do fantasma – proposta ética que ressalta a não coincidência, a heterogeneidade, em uma "identidade que se funda na não reciprocidade absoluta" – como propõe Lacan, ao definir a dissimetria da fantasia.

Se o sujeito advém de uma matriz pulsional e se a pulsão, representando a sexualidade no inconsciente, não é senão parcial, o encontro com o Outro – encarnado no semelhante – é sempre faltoso. O acesso ao Outro não se faz por uma via unitiva, global, inexistente na dimensão pulsional. Como diz Miller (1995-1996): "Isso quer dizer que a pulsão não permite chegar ao Outro como tal, que ela não o alcança senão fazendo dele objeto de uma pulsão parcial".

Só, só...

Portanto, o verdadeiro parceiro do sujeito, habitando sua solidão, é seu objeto causa de desejo, objeto mais de gozar, em uma relação mediada pelo fantasma, dando a esse objeto um estatuto particular, índice da singularidade do sujeito, fixando-o em um lugar peculiar. Geneviève Morel (1997) propõe: "Quanto ao Outro, ele se reduz a não ser para o sujeito senão o ser sexuado do objeto 'a' de seu fantasma: não há dois possível" (p. 51).

Mesmo na solidão do sujeito com seu objeto, aí também se presentifica uma dissimetria, já que no fantasma se articulam dois elementos heterogêneos, de estruturas diferentes: por um lado, um efeito da dimensão simbólica – o sujeito –, e, por outro, o objeto enquanto índice do real, não atingido pelo significante.

A família não é um sujeito para a psicanálise, assim como o casal também não o é. E se o sujeito é efeito do trabalho analítico, portanto, um produto do inconsciente, advindo como resposta do real, não pode, enquanto categoria lógica, ter nenhum parentesco, porquanto é destituído de atributos e de predicado.

Então, psicanálise *de família* não existe. Pode-se falar de psicanálise *com família*. No entanto, fica a questão: qual a possível incidência do discurso analítico nessa formação coletiva? Quais seus limites?

Efeitos de sujeito

Quer como provocação, quer como intervenção, a psicanálise produz seus efeitos no laço familiar. Esvaziando identificações, o discurso analítico pode produzir efeitos de sujeito no grupo, ao provocar a divisão, a destituição subjetiva, produzindo a emergência da particularidade.

Minimizam-se os efeitos imaginários, retificam-se as posições, os lugares. Abrem-se possibilidades de novas reinscrições do sujeito no campo do Outro, podendo haver o reconhecimento, pelo sujeito, por meio do Outro familiar, de sua própria verdade recalcada.

Entretanto, a política, a tática e a estratégia na direção do trabalho encontram aí seus grandes desafios. Lacan (1996) propõe que a política diz respeito à meta aonde se quer chegar, tendo como fim último a travessia da fantasia quando o sujeito é levado a se reconhecer determinado pelo desejo inconsciente. A tática diz respeito à interpretação, que mantém aberta a questão acerca do desejo do Outro, apontando para o gozo. A estratégia corresponde ao manejo da transferência.

Assim, entre os desafios, destaca-se: como operar a partir do desejo do analista, mantendo aberto no lugar do ideal o buraco particular do objeto "a", sem cair nos desvios de tentativas de consertar a família, resvalando para o discurso pedagógico? A associação também nem sempre é livre, já que o analista tem de intervir, às vezes, diretamente.

Como fazer o recorte do significante da transferência de cada um no grupo e como se processa, afinal, o investimento particular do sujeito suposto saber para cada um? Se os engates fantasmáticos aparecem e podem até ser denunciados, não é em grupo que a questão do desejo e do objeto pode ser trabalhada, já que o gozo no fantasma é da ordem do particular, portanto, não se coletivizando o real que está em jogo para cada sujeito.

O sujeito do inconsciente não é entificado. Da ordem da hiância, da inconsistência, dele só temos um sinal pelo traço unário, objeto "a", nome próprio. É possível, em um atendimento de grupo, captar esses sinais, operando eticamente, para o seu advento? Como operar, então, com essa inconsistência, já que o grupo tende a imaginarizá-la, materializando-a?

São pontos de limite que devem ser sinalizados para que se possa, de algum modo, demarcar o lugar do analista e as possibilidades de incidência do discurso analítico nesse atendimento, porque se não existe significante da mulher, significante do gozo, se inexiste a relação sexual, se algo sempre escapa à linguagem e ao equilíbrio homeostático ditado pelo princípio do prazer, a família está imersa no mal-estar e pode ser, assim, um dos seus nomes.

Se a ética da psicanálise se orienta visando apontar o mal-estar e não curá-lo, o trabalho com família, ao incluir o mal-estar, põe em destaque o que é da ordem da desconstrução, da dissolução e, portanto, da impossibilidade.

Assim, abre-se outra questão: se a família vai bem, há uma falsa completude. A família, muitas vezes, precisa ir mal, até para descompletar o todo, a fim de que o sujeito tenha uma chance de advir dessa brecha, dessa ruptura.

DE UM TRATAMENTO POSSÍVEL

O ESPAÇO DO JOGO FAMILIAR

Carmen Moreira Caram
Iziná Helena Travaglia
Rosely Gazire Melgaço
Yolanda Mourão Meira

> Ficaram traços da família
> perdidos no jeito dos corpos.
> Bastante para sugerir
> Que um corpo é cheio de surpresas.
> *(Carlos Drummond de Andrade)*

> Eu vivi sem saber que vivia a minha fábula.
> *(Jean Rousselot)*

Carta de apresentação

Este trabalho[19] foi o primeiro do grupo, apresentado na Jornada do Instituto de Estudos Psicanalíticos (Iepsi), em 1992. Como se tratava de um tema controvertido – o de buscar a formalização da clínica com a família dentro do rigor da psicanálise –, as autoras iniciam o texto justificando "tamanha ousadia".

---

19 Este capítulo teve como ponto de partida o texto "A família, o casal e o psicanalista", apresentado na Jornada do Iepsi, em 1992, pelas autoras desta obra, e, ainda, por Laurita Machado Valle e Vera Silviano Brandão Correa Lima.

Pretendemos fazer uma apresentação preliminar com base em nossos estudos acerca da família e em observações decorrentes de nossa clínica. Esperamos que a nossa proposta possa acarretar uma interlocução que nos possibilite continuar pensando e trabalhando, e que, posteriormente, possamos prosseguir neste trabalho ao mesmo tempo tão polêmico, tão empolgante e que nos exige arriscar e alçar voo a regiões inusitadas.

Percebe-se, atualmente, uma dificuldade de falar da família e do casal a partir de uma perspectiva psicanalítica. Os profissionais evitam falar dessa clínica, reduzem os atendimentos nessa área, como se fosse tarefa incompatível com a psicanálise, como se não pudesse haver um psicanalista no trabalho com a família e com o casal.

Afinal, tal suposição procede? A função do psicanalista é determinada por uma prática *standard*, por um padrão, ou está ligada a um lugar que ele ocupa? Pode-se, assim, falar de psicanálise com casal e família?

Nasio (1991) diz, muito apropriadamente, que

> *[...] se é verdade que há um* savoir faire *em psicanálise, ele consistiria em um "saber-se interrogar". Toda a dificuldade do analista está em formular essa questão, o que poderia transformar uma impotência face a alguma coisa em um impossível de dizer. A impotência é não saber o que responder, enquanto que o impossível de dizer comporta o reconhecimento do limite de um saber (p. 26).*

Formular questões para transformar uma impotência num impossível de dizer é a tarefa da clínica psicanalítica. A partir de questões originadas do atendimento com a família e o casal, define-se o objeto deste trabalho, a saber: a família e o casal que procuram o analista porque estão sofrendo. Afinal, qual o motivo da demanda de tratamento? A procura da família e do casal pode ocorrer de vários modos. Frequentemente, um dos membros fala: "Viemos aqui porque nosso filho precisa ser atendido", "Dr. Fulano nos encaminhou para terapia de casal porque nosso filho está com problemas", "A escola de nosso filho pede" ou "Viemos aqui porque estamos tendo problemas e não conseguimos resolvê-los sozinhos".

Visando restabelecer o "equilíbrio" perdido, buscando atendimento também como possibilidade de encontrar respostas para seus conflitos, essa família se apresenta ao psicanalista com uma ficção, na qual os laços imaginários que unem seus integrantes apontam para uma construção mítica particular. Nesse mito, fica inserido o sintoma familiar: "Somos uma família desarticulada e temos um filho pouco falante". Este é o texto de sua carta de apresentação.

Romance familiar

A família quer um aval do psicanalista diante de tal ficção: "Quem é o culpado de tudo?", "Por favor, confirme a nossa história". Convocado, inicialmente, a testemunhar o desenrolar do drama familiar, em que cada sujeito está perdido nos cenários tecidos na sua vida quotidiana, em que cena entra o analista? Como fazer tais pedidos se transformarem em demanda de análise? Como acolher a demanda da família sem transformar esse atendimento em orientação, em ortopedia?

Cabe ao analista trabalhar a demanda como estratégia para a entrada em análise. As entrevistas preliminares são um tempo propício para que as pessoas possam se implicar no pedido e descobrir que fazem parte da queixa trazida, permitindo o aparecimento da demanda de análise, possibilitando o engajamento no trabalho analítico. Essa mudança de posição – a retificação subjetiva – possibilita a entrada em análise, pois "a demanda vem vestida de qualquer roupa" (Féres, 1999, p. 25), e é necessário que o analista a acolha, abrindo possibilidade para a entrada em análise.

Como operar com a transferência? Quem é o sujeito da análise? O dispositivo analítico permite que a transferência se ponha em movimento. Trata-se de uma situação particular: não há um sujeito, mas vários, que formam a família ou o casal. Sabe-se, por um lado, que não há coincidência entre a pessoa e o sujeito do inconsciente. Ao escutar uma família, o analista se posiciona diante de um sujeito-família ou diante de vários sujeitos, marcados por uma singularidade? Nesse momento, surge a questão: articular o individual e o coletivo.

O sujeito da enunciação é individual e o cálculo coletivo: "o cálculo coletivo quer dizer que uma pessoa só pode saber sobre si a partir do outro e ele possibilita o conhecimento da lógica dessa situação, supondo o *um por um*" (Forbes, 1992). O psicanalista não faz interpretação grupal do tipo "Vocês estão sentindo vontade de agredir o pai", o que poderia provocar saídas identificatórias. Lacan nos diz: "le collectif n'est rien que le sujet de l'individuel" (Lacan, 1966, p. 213). Então, se o coletivo está ligado ao sujeito, o cálculo faz o sujeito se localizar em relação ao Outro.

Na verdade, a busca de um dispositivo analítico para atender a família e o casal requer delimitação do campo de trabalho, não dirigido ao grupo, no caso, a família, mas aos distintos sujeitos (sujeitos do inconsciente). Esta é a aposta deste trabalho desde o início, diferenciando-a de atendimentos existentes até esse momento: a família tratada como um sistema, ou as interpretações dirigidas a uma entidade denominada "inconsciente familiar".

O texto de Freud, "Psicologia das massas e análise do eu", é uma referência importante, pois ele aponta para o surgimento do processo de identificação que ocorre quando as pessoas colocam um líder no lugar do ideal do eu. Se a abordagem às questões familiares se prende a interpretações de caráter grupal, e se essa intervenção é privilegiada como a única possível, corre-se o risco de um final de tratamento com saída identificatória, impossibilitando a singularização dos membros. Os processos de identificação são inerentes à vivência familiar. As ficções apontam para uma necessidade que o grupo tem de situar-se, utilizando atributos comuns que os identifique. Cabe ao analista operar com as marcas identificatórias. Entretanto, o imperativo ético o impede de ficar aí. Ele tem de ir além da vertente imaginária, que leva a uma uniformidade dos membros, perpetuando uma ilusão de completude.

Para pensar a questão do individual e do coletivo, será utilizada uma imagem emprestada do jogo de cartas. Embora se saiba que a situação criada no cenário analítico seja extremamente complexa, serve como uma alegoria, buscando articular alguns pontos que possam auxiliar a formalização da experiência clínica. Todas as cartas pertencem ao mesmo baralho, porém cada qual carrega uma marca que lhe é particular e tem sua singularidade. Olhando o baralho de um lado, todas as cartas são iguais, mas, de outro, cada carta é única. Não há cartas que sejam absolutamente iguais em um baralho.

Na família há um jogo estabelecido, em que cada um dos membros tem sua singularidade, e as estratégias utilizadas determinarão o que se chama história, a ficção da família. Como a análise entra no espaço do jogo familiar, como o analista é introduzido aí, e, afinal qual carta lhe é endereçada?

O coringa

A dinâmica transferencial convida o psicanalista a ocupar diferentes lugares, em momentos distintos, pelos sujeitos presentes. Ele é chamado a ocupar ora o lugar do pai, ora o da mãe, do amante, do juiz, de Deus, do diabo. Ele deve receber as cartas, mas como recebê-las sem responder do lugar que a família lhe determina? Na direção da cura, o analista pode estar no lugar do morto, do lixo, do resíduo e também como coringa. O jogo, envolvendo vários parceiros, embora com um único baralho e um único analista, permite que cada sujeito dê uma configuração particular às jogadas. Ao analista, fazendo parte do jogo enquanto destinatário de transferência, cabe fazer *semblant* da carta faltosa, necessária a cada um. Ele se encaixa ou é descartado, segundo as vicissitudes dos momentos transferenciais de cada sujeito.

Visto que o alvo é o sujeito do inconsciente, como pensar o inconsciente – um dos conceitos fundamentais da psicanálise – numa sessão de família? Como promover *a abertura do inconsciente* na sessão familiar ou de casal? Se o inconsciente pode ser concebido, a partir de Freud, como um sistema, um adjetivo, uma sintaxe, ele, entretanto, não se define como uma substância, um lugar, um depósito. O inconsciente, segundo Lacan, é estruturado como uma linguagem, em que uma rede de significantes se articula a partir de um ponto de origem, que se chama S1. Um significante sempre pede outro significante. O S1 vai se dirigir a um S2, que pode ser denominado "saber". Um significante remete a outros significantes produzindo efeitos de significação.

Nasio, em *Olhos de Laura* (1991), perguntando-se o que é o inconsciente, propõe que o sujeito enuncia um dito sem saber o que fala. O sujeito diz mais do que quer e não reconhece tudo que diz. O dito vem sem que se saiba e desaparece sem ser, enfim, apreendido. Então, do Inconsciente pode-se dizer que ele pulsa, abre e fecha: "é como se o ser falante não fosse, no momento do acontecimento, senão o lugar de passagem, atravessado por um dito do qual ele não é nem o autor nem o destinatário" (Nasio, 1991, p. 19).

Nasio faz uma afirmação contundente sobre o inconsciente, que é importante para a discussão sobre o analista operando com a família. Para ele, a partir dos acontecimentos reconhecidos na narrativa do analisante, nem o acontecimento (S1) nem a rede significante (S2) são do sujeito. Por outro lado, o lapso que o psicanalista acaba de ouvir não é obra de ninguém; o analisante é, nesse momento, apenas o veículo, o porta-voz de um dito do qual não é o autor. Daí a proposição de Nasio: não há um inconsciente do analisante e depois um outro, próprio do analista, há apenas um único inconsciente em jogo na relação analítica, aquele que se abre durante o acontecimento.

Assim, pouco importa quem profere o dito, um põe em ação o inconsciente do outro, "como se o par significante S1-S2 circulasse, se deslocasse entre analista e analisante, cada um ocupando, por sua vez, o lugar de S1 quando ele diz, e, o de S2, quando se apaga" (Nasio, 1991, p. 31). Se a estrutura do inconsciente se manifesta pela circulação entre S1-S2, fazendo parte de uma rede externa ao indivíduo que se movimenta no espaço entre analista e analisante, seria possível pensar que, na família, há um espaço de circulação S1-S2, não só entre analista e analisante, mas também entre os seus diversos membros?

Por meio de um recorte clínico, fica evidenciado como se verifica essa circulação na família. Numa das entrevistas preliminares de atendimento da família, o pai diz, dirigindo-se ao psicanalista, "Como você vê, sou eu quem fala mais, mas o que eu falo não é levado em consideração. Para eu ser obedecido, tenho que falar 'grosso', mesmo porque não admito não ser obedecido". O filho mais velho, de 10 anos, apresentado como sendo de poucas palavras, sai de seu lugar, mexe na malinha de brinquedos, pega um pequeno revólver, gira-o nos dedos com habilidade, aponta-o para o pai e, depois, encosta-o em sua própria cabeça. O irmão menor ri e faz a mesma coisa. O que houve aí?

A partir da fala do pai, desencadeia-se algo da ordem de uma abertura do inconsciente. A fala do pai remete à questão da agressividade que circula na família, e os filhos mostram-na de uma outra forma: matar ou morrer.

O gozo

Vejamos outro fragmento clínico. A família procura análise porque se encontra muito angustiada com o filho que está usando drogas e se colocando em situações perigosas, como, por exemplo, provocando frequentes trombadas de carro. Ao mesmo tempo, é um rapaz muito sedutor que acaba conseguindo tudo o que quer. Esse filho nunca esteve em uma sessão de família, apesar de o tempo todo estar presente na fala dos pais. A mãe é a toda-poderosa, dirigindo-se ao marido – visto como bonzinho, mas fraco – com palavras ferinas. Agride verbalmente o filho, depreciando-o e qualificando-o como viciado, drogado e irresponsável. Como dejeto, deve ser jogado fora, sendo, ao mesmo tempo, tão querido e próximo que a mãe o compreende sem que ele precise falar. O pai também não está longe disso... Ele e o filho são colocados em lugares semelhantes: afetivos e próximos, no entanto, inúteis. A mãe busca aliança com as filhas que, como cúmplices, buscam sobrepujar os homens, machos e impotentes.

Por muito tempo comparecem às sessões o casal e a filha mais velha. Os sujeitos vão mudando de posição. As brigas e as situações desesperadas se tornam menos frequentes. Anteriormente, quando o filho sofria um acidente e saia ileso, não lhe era atribuída a responsabilidade por seus atos. Paradoxalmente, o carro era, de novo, facilitado pelos pais. O rapaz, então, desaparecia, preocupando a todos que ficavam "esperando" (desejando?) outro acidente. Até esse momento, já teria havido uma briga entre o pai e a mãe, que se atacavam violentamente, chegando quase à agressão física. O homem (filho/pai) era depreciado, visto como descontrolado, fraco e adicto. Havia brigas com relação às saídas do pai que redundavam em ingestão de bebida alcoólica. Apesar do forte controle, algo escapava. E o que escapava, vinha da figura do homem que bebia, provocava acidentes. E a mulher, qual era sua responsabilidade nisso? Havia um grande receio das reações desse rapaz, que, imaginariamente, era dotado de uma agressividade "monstruosa" que poderia se manifestar quando deparava com frustrações. A falta de posicionamento do pai, suas omissões, em decorrência do medo de respostas agressivas e descontroladas do filho, e as palavras da mãe, que o desqualificavam ou o encarceravam num perpétuo agir, empurravam o filho para o lugar de objeto, fazendo-o abdicar de sua posição de sujeito desejante.

Aos poucos, os sujeitos vão percebendo que o filho respondia a algo da ordem do desejo de cada um da família, lembrando que na sua estrutura, o desejo é sempre desejo do Outro. Era preciso que houvesse um que escapasse à lei. Por meio dele podiam manifestar a destrutividade dos demais. O filho se colocava na posição de objeto, de instrumento do gozo dos outros, e não sonhava como fazem os neuróticos, mas, sim, agindo, colocava-se a serviço do gozo do Outro.

Na medida em que o processo analítico foi prosseguindo, os membros da família foram se dando conta da participação de cada um, havendo um movimento de retificação subjetiva e ulterior mudança de posição. O filho pôde retomar os estudos e trabalhar. O pai, que temia exercer a sua autoridade, pôde assumir cargo de chefia no seu emprego e funcionar como referência para o filho, em vez de se aliar a ele contra as "arbitrariedades" de mando da mãe. A filha mais velha, que ficava separando a briga dos pais, pôde sair desse lugar, inclusive, deixando de comparecer às sessões, para se ocupar da própria vida.

No período inicial de formalização da clínica com família, quando se questionava o alcance desse atendimento, privilegiava-se a possibilidade de ser uma saída para a análise individual, um caminho de uma particularização, no qual o trabalho poderia ser semelhante ao de entrevistas preliminares numa entrada em análise. É o que se pode ver no fragmento de discurso de analisante, após um período de atendimento de casal: "Estou me dando conta de que tenho um espinho cravado bem fundo na minha carne, ele sempre esteve aí, e eu tentava me anestesiar, não queria saber dele. Agora, não dá mais, a dor é forte, e tenho que buscar uma saída. Já não é mais alguma coisa que minha mulher possa fazer por mim. Isso é comigo mesmo".

Além dessa possibilidade, havia, na época, uma conjectura de que o trabalho produzisse efeitos distintos que prescindissem da sequência necessária de uma análise individual. Ao final do texto, apresentamos a aposta na qual seria possível trabalhar com a família e o casal conforme os pressupostos da psicanálise.

Se o trabalho com o casal ou a família se apoia nos conceitos fundamentais da psicanálise, inconsciente, transferência, repetição e pulsão, e se o analista mantém a escuta analítica, operando com o desejo de analista, então, ele está efetivamente compromissado com a ética da psicanálise, ainda que lançando mão de uma estratégia diferente da análise individual.

No trabalho psicanalítico com casal e família, o psicanalista, atento ao compromisso ético com a psicanálise, não pretende legislar ou ortopedizar o desejo do outro, mas, sim, possibilitar que o sujeito depare com a sua falta e com ela opere para não cair no engodo denunciado por Lacan: "ao persuadir o outro de que ele tem o que nos pode completar nós nos garantimos de poder continuar a desconhecer precisamente aquilo que nos falta" (Lacan, 1985, p. 128).

A PRODUÇÃO DO SUJEITO DO INCONSCIENTE

Yolanda Mourão Meira

> Eu te invento, ó realidade!
> *(Clarice Lispector)*

> O Pai se escreve sempre com P grande
> Em letras de respeito e de tremor
> Se é pai da gente. E Mãe com M grande.
> O Pai é imenso. A Mãe, pouco menor.
> Com ela, sim, me entendo bem melhor.
> Mãe é muito mais fácil de enganar.
> (Razão, eu sei, de mais aberto amor.)
> *(Carlos Drummond de Andrade)*

O primeiro trabalho realizado pelo grupo, em 1992, buscou formalizar o atendimento de casal e família dentro dos parâmetros da psicanálise. Um dos pontos levantados foi a possibilidade de uma abertura do inconsciente como efeito desse atendimento. Considerando que "o coletivo é o sujeito do individual", a direção proposta para esse tratamento era o advento do sujeito do inconsciente. Decorridos muitos anos, a mesma direção prevalece. Alguns acréscimos se tornam, porém, necessários, especialmente no que diz respeito à articulação Sujeito – Família (Coletivo).

De acordo com Freud, conhecemos o inconsciente apenas por meio de suas formações: o não dito do esquecimento, um dizer que advém dos sonhos, um chiste, um ato falho, um sintoma. Lacan faz contribuições – no que se refere ao conceito do inconsciente – importantes para desenvolvermos nossa questão. A noção freudiana de recalcamento originário constitutivo do inconsciente é ligada à metáfora do Nome-do-Pai, que tem valor de corte fundador do sujeito do inconsciente: o significante do desejo da mãe, proibido para sempre, persiste recalcado no inconsciente, entretanto, insiste em re-presentar repetitivamente. Submetido à lei do desejo do Outro, o sujeito fala sem saber exatamente o que diz, mantendo um discurso que diz mais do que ele supõe. Ao longo da obra de Lacan nota-se uma conjunção entre o simbólico e o inconsciente: o inconsciente é estruturado como linguagem; "o inconsciente é a soma dos efeitos da fala sobre um sujeito, naquele nível em que o sujeito se constitui dos efeitos do significante" (Kaufmann, 1996, p. 267).

Se no inconsciente "isso pensa" de acordo com o ato analítico – sou onde não penso (isso, *Es* em alemão) e penso onde não sou (o Inconsciente) –, é exatamente na medida em que "isso" depende inteiramente da linguagem. Por meio do grafo do desejo, aprendemos com Lacan que o discurso do Outro funciona como o inconsciente do sujeito e que a estruturação do inconsciente se dá uma por duplicação: "o inconsciente consiste em uma demanda que persiste no sujeito numa sucessão articulada sem que uma intenção consciente a sustente. Por isso, o inconsciente deixa subsistir, no sujeito, o discurso do Outro como tal, o que quer dizer que é um discurso cuja estruturação não é distintiva da do sujeito – e que é uma duplicação" (Lacan, 1979, p. 134, tradução nossa). O Outro é o lugar onde se constitui o sujeito do inconsciente e o discurso que o Outro mantém é o do próprio sujeito: nele encontra-se sob forma invertida a sua própria mensagem esquecida.

Uma vez discurso do Outro, o inconsciente reproduz o modo de inscrição ou os traços deixados pelos significantes-mestres constitutivos da verdade do sujeito. O que a psicanálise visa com o trabalho do inconsciente é "a subjetivação", o advir do sujeito como dividido, barrado em sua verdade de sujeito faltoso e desejante. Ali onde isso era, o sujeito deve advir (*Wo Es war, soll Ich werden*) (Kaufmann, 1996, p. 268).

O termo sujeito, introduzido por Lacan na psicanálise, torna possível operar com a hipótese do inconsciente sem aniquilar sua dimensão fundamental de não sabido: "qual é então esse outro a quem estou mais ligado que a mim, pois, no âmago mais assentido de minha identidade comigo mesmo, é ele que me agita?" (Kaufmann, 1996, p. 502), pergunta Lacan. Esse outro é o sujeito do inconsciente. O sujeito não é substância, mas, sim, o momento de apagamento, uma pulsação, uma fenda por onde algo de não sabido – de inconsciente – se abre e se fecha assim que é apreendido pela consciência.

Dizemos *sujeito do inconsciente*, e não *eu do inconsciente*. Para o eu que fala, o sujeito do inconsciente é um "ele", e não um "eu". O sujeito é a própria divisão entre o eu e o ele, como podemos ver na leitura que Lacan faz do desejo de Sócrates. Este se apresenta como nada sabendo, a não ser as coisas do amor, e, quando é sua vez de falar no *Banquete*, cita as palavras de um outro, Diotima, manifestando assim sua divisão de sujeito. Ele não pode falar do que sabe, a menos que permaneça na zona do "ele não sabia". Não pode dizer nada de si como desejante, ali onde é desejado, pois pode se abolir como desejante (Kaufmann, 1996, p. 504).

O sujeito do inconsciente é um sujeito representado por um significante para outro significante. A definição do significante como representante do sujeito é acompanhada de um último remanejamento: o Outro não é um sujeito, mas um lugar para o qual tentamos transferir o saber do sujeito. Apoiando-se no *Banquete* e na figura de Sócrates, Lacan toma um caminho que o conduz a duas afirmações: a transferência se faz para o sujeito suposto saber, e o sujeito sobre o qual operamos em psicanálise é o da ciência, dividido entre o saber e a verdade (Kaufmann, 1996, p. 504). Entretanto, mesmo sendo um correlato do sujeito da ciência, ao tratar do sujeito do inconsciente, o psicanalista não deve deixar de fora do campo do saber a verdade que retorna com o sintoma. Afinal, pode a psicanálise com família produzir o sujeito do inconsciente?

A trama

Segundo Joseph Sanahuja (1994, p. 71, tradução livre), quando o analisante fala da sua família sob o dispositivo da associação livre, emerge, como Outra cena, o inconsciente. Daí que, para a psicanálise, a família é coisa do inconsciente, indicando que ao sujeito escapa aquilo do qual ele mesmo é a trama.

De acordo com Miller, em "Cosas de familia en el Inconsciente" (1993), a psicanálise só recorta a família como objeto de estudo na medida em que a considera coisa do inconsciente, pois a língua falada por cada sujeito (língua materna) é coisa de família. Falar em uma língua – que o Outro falava antes de nós – já é testemunhar um vínculo de família. Espaço em que há uma a proibição do incesto, a família encarna o lugar do Outro da linguagem e da lei.

O ser humano, por se encontrar inacabado no momento de nascer, necessita do cuidado de um outro para que suas necessidades sejam satisfeitas. O que é específico do homem é chamar o Outro e transformar os gritos em chamadas. Segundo Miller, a família se instala no inconsciente porque é o lugar onde o sujeito experimentou o perigo e onde seu pedido se transformou em demanda, pois teve de ser interpretado pelo Outro.

É no espaço da família que o sujeito faz a experiência do pedido, do poder do *sim* e do *não* e da primeira experiência quanto ao reconhecimento de sua palavra. É ainda nesse espaço que o sujeito começa a decifrar o desejo que é a pergunta sobre o desejo do Outro. O pedido transformado em demanda deixa um resto, algo que não se pode dizer. Por isso, a família é um lugar de interpretação, inesgotável, pois cada família tem um ponto de "isso não se fala": há sempre temas proibidos e "as coisas de Família têm sempre seu acento em coisas proibidas". A família está essencialmente unida por um segredo, por um não dito, acrescenta Miller. Como tratar essa questão na clínica?

Vestida de qualquer roupa

O cliente – indivíduo, casal, família – chega com um sofrimento e pede ajuda ao analista, que se dispõe a ocupar o lugar do saber suposto, utilizando-se, portanto, desse *semblant* como estratégia do acesso estruturalmente impossível ao inconsciente. Diante dessa impossibilidade, usa-se o saber do Outro, que no analista é suposto, para que, dessa forma, o sujeito possa ter um contato indireto com o inconsciente.

Como consideramos anteriormente, na medida em que o analista opera com a demanda – que vem vestida de qualquer roupa – há possibilidade de utilização do dispositivo analítico. Lacan nos diz que a obra de Freud traz algo muito "particular, como é o nosso trabalho de todos os dias, ou seja, uma maneira pela qual temos de responder [...] à demanda do doente à qual nossa resposta confere uma significação exata – uma resposta da qual devemos conservar a mais severa disciplina para não deixar adulterar o sentido, em suma profundamente inconsciente, dessa demanda" (Lacan, 1991, p. 10). Ao responder à demanda de forma que possa trazer alguma abertura ao inconsciente, o analista observa, muitas vezes, que as questões começam a aparecer, e o cliente histericiza o seu discurso, possibilitando-o entrar no discurso analítico: não é isso, nem aquilo. O que é, então? Por que eu faço isso ou aquilo? "Eu não sei". A dimensão do "não sei" introduz uma nova possibilidade de interrogação e de busca do seu desejo.

Partindo de um sonho relatado por Freud (do pai que estava morto e não sabia), Lacan relaciona o inconsciente com o "ele não sabia", sonho-paradigma da divisão do sujeito (Kaufmann, 1996, p. 503). Um homem sonha que seu pai está novamente vivo, ao mesmo tempo, o sonhador tem a dolorosa impressão de que o pai na verdade já estava morto, no entanto, ele não sabia. Freud interpreta o sonho acrescentando "segundo seu voto" após "estava morto". Lacan lê esse sonho, pontuando: é no nível do "ele não sabia" que o sujeito como tal se situa e se constitui. O sujeito é aquele de quem só podemos dizer: "ele não sabia".

A confissão

Se o nosso trabalho com família e casal puder produzir esse sujeito, não se trataria de uma verdadeira psicanálise que, segundo Freud, é uma só? Usaremos um fragmento clínico de um casal buscando a verificação dessa possibilidade. Os cônjuges vêm ao analista com a demanda de definir a situação em que se encontram: moram atualmente em casas separadas, no entanto, andam de aliança e se dizem marido e mulher. Um dia, quando o marido não comparece à sessão, a esposa diz à analista que se encontra dividida entre o marido de um lado, e uma situação amorosa impossível que a satisfaz, mas é absolutamente inviável, de outro. "Por que persiste com o marido?", interroga a analista. "Ele é boa pessoa, traz segurança", responde.

Questão ética: o que fazer? Advertida de que o sujeito é estruturalmente dividido, a analista a escutou como um sujeito que estava trazendo a sua divisão. No atendimento de casais podemos perceber com nitidez como a divisão pode se traduzir numa situação em que há uma busca de materializar, de dar substância a esses lugares – o que também ocorre numa análise individual. Dessa perspectiva, a analista tomou essa "confissão".

O marido se coloca no lugar do que sabe das coisas. Acusa, insistentemente, a mulher: não confia nela, porque na depressão suga as pessoas e, depois na euforia, não quer nem saber delas. A mulher, submissa, ouve as acusações. Não diz uma palavra, a não ser quando demandada pela analista. Seria essa uma conjugação de um sujeito que no seu fantasma obsessivo, deprecia a mulher, a qual, na sua posição histérica, coloca-se no lugar que o marido solicita, como objeto de desejo e, portanto, desprezível e depreciado?

O cônjuge vem para o atendimento com um discurso predominantemente de mestre: ele sabe e tem certeza de que nada vai mudar, de que a mulher vai continuar no mesmo lugar. Como um sujeito tão dedicado, tão competente, continua com essa mulher, que lhe esconde as coisas, que sempre quer gastar o seu dinheiro e o desorienta? Há um segredo no seu discurso. Certamente, não se trata daquele que a mulher busca confessar à analista. É um segredo da falta, do desejo, do gozo que o marido ignora: a mulher, quem sabe, poderia saber algo. Será essa a promessa encerrada na relação que o prende? De encontrar o desejo, o gozo por meio da mulher? Aliás, ela, com seus silêncios, com seus mistérios e enigmas continua a se colocar como aquele sujeito barrado, dividido, que se dirige a um outro procurando saber algo.

O que vai acontecendo nos atendimentos? A mulher começa a falar, e o marido passa a ser menos seguro das "verdades" que pregava anteriormente. Se antes falava sempre mal da família desagregada da mulher, agora a situação começa a mudar. Por ocasião de umas férias – sem o suporte fálico do trabalho –, ele se deprime, sente-se carente e sozinho. Busca o consolo e o cuidado da mulher que, antes, só ele é quem dava. Volta-se mais para si mesmo: seus projetos, sua família, a mãe que não suporta, o pai difícil, o irmão de quem não gosta. Fala das "suas mulheres": uma é idealizada, *a avó*; *a mãe* é tida como descuidada, desvalorizada; *a empresa* em que trabalha, que chama pelo qualificativo feminino, que "se fosse séria teria despedido X". Aliás, uma das suas queixas é que a mulher não leva nada a "sério". E, é lógico, *a mulher* com quem está casado figura nessa sucessão de objetos depreciados.

Os lugares vão se alterando nesse casal. Algo está se movimentando. A mulher inicia uma análise individual com outra analista, com quem estabelece um vínculo de transferência, e começa a faltar às sessões do casal. O marido vai permanecendo no espaço "do casal" e caminha para um atendimento individual. Qual é o trajeto que faz esse analisante? Nas sessões fala muito da ex-esposa, tira a aliança, entretanto, sempre está procurando contato com ela. Ao mesmo tempo, busca outros relacionamentos esporádicos – mulheres bonitas, prontas para programas eventuais – que o satisfazem, pois se sente atraente. Evita, dessa forma, uma ligação mais estável. O compromisso que teve em toda a sua vida foi com o sucesso. Competia com ele mesmo, precisava se superar, ganhar dele mesmo. Sempre foi o filho que deu certo na família de origem, que conseguiu uma boa colocação profissional em empresa extremamente valorizada por ela.

Na análise, inicia uma série de indagações: por que ele era assim, qual era a sua responsabilidade no fracasso do casamento, qual a sua necessidade de sempre colocar a culpa na doença da mulher? Inquieta-se: por que sempre tinha de ser o "primeiro"? Como vimos anteriormente, a dimensão do "não sei" introduz uma nova possibilidade de interrogação e de busca do desejo. Lacan relaciona o inconsciente com o "ele não sabia" e pontua: "é no nível do ele não sabia" que o sujeito como tal se situa e se constitui.

Após esses questionamentos, utilizando cada vez menos o fracasso da mulher, começa a se voltar para si mesmo. Consegue, inicialmente, "separar-se" da mulher, ao mesmo tempo em que começa a se preocupar com a sua situação profissional. Busca cada vez mais uma opção particular, até que pede demissão da empresa para cuidar de seus projetos pessoais, nos quais aposta. Não quer mais ser chamado pelo sobrenome ao qual atribui um sentido de ter de se desdobrar, atender a uma expectativa idealizada, como a de ser um super-homem, mas quer ser "um homem" entre os outros, com um nome próprio. Revê seus projetos pessoais e profissionais, implicando-se cada vez mais no que deseja. Diz ter cansado de "vestir a camisa da empresa", de trabalhar para os outros, começando a desenvolver um projeto profissional que tem a sua marca, o seu nome. Para tal, muda de cidade e termina a análise.

Houve uma produção do sujeito do inconsciente? O atendimento do casal teve como efeito fazer advir um sujeito? Podemos pensar que esse indivíduo, anteriormente tão "bem-sucedido", dificilmente buscaria uma análise se não fosse movido pela questão de "resolver" o casamento. As intervenções na análise permitiram que ele começasse a se colocar em questão, a se implicar, apesar da "facilidade" que tinha de atribuir as responsabilidades de tudo à esposa. A partir daí, podemos pensar numa abertura do inconsciente e numa produção do sujeito que pôde elaborar a sua "separação" não só conjugal, mas a de outra ordem que implicou na busca da sua marca, do seu nome, do seu desejo.

Um resto de real

Em 1974, Lacan vai designar o inconsciente freudiano como sendo da ordem de um saber que tem a ver com uma invenção e cuja função é a de assegurar a continuidade da espécie: "o saber do inconsciente por Freud designado, é o que inventa o húmus humano para sua perenidade de uma geração a outra" (Lacan, 1995, p. 53). É necessário que o ser falante invente um saber para perpetuar a geração, e é isso que o diferencia das outras espécies onde esse saber se encontra já inscrito no real biológico.

Trata-se de inventar, porque sobre esse ponto o saber é faltoso, e a invenção vem suprir uma falta na estrutura decorrente do "não há relação sexual". Homem e mulher, enquanto diferença sexual, escrevem duas maneiras radicalmente distintas de se determinar a respeito do falo e da castração. É necessária a passagem pela castração, para que no sujeito se instale uma posição inconsciente, resultando que ele se identifique a seu sexo. Daí, a conclusão: "parece-nos que, entre essas funções a mais eminente que nossa família conjugal assegura, é aquela que consiste em transmitir ao vivente que ela acolhe, para transformá-lo em sujeito, uma subscrição ao inconsciente" (Solano-Suarez, 1995, p. 120).

Nas "Duas notas sobre a criança", quando Lacan faz considerações sobre a família, ele destaca que sua "função de resíduo sustenta e, ao mesmo tempo, mantém a família conjugal na evolução das sociedades, ressalta o irredutível de uma transmissão – pertencente a uma ordem distinta da satisfação das necessidades – que é a de uma constituição subjetiva, que implica a relação com um desejo que não seja anônimo" (Lacan, 1998, p. 56, tradução livre). É a função de resíduo que coloca a família na operação de constituir um sujeito em conexão com um desejo abaixo da égide do Nome-do-Pai. Por outro lado, essa função de resíduo parece representar para a família esse resto do real que o reino da cultura não consegue recobrir totalmente. E isso produz efeitos...

Retornamos à questão colocada no capítulo anterior: quando escuta uma família, o analista se posiciona diante de um sujeito-família ou diante de vários sujeitos, marcados por uma singularidade? Psicanálise da família ou psicanálise com a família?

Partimos do enunciado: *o coletivo é o sujeito do individual.* Essa afirmação de Lacan, densa e enigmática, articula aquilo que aparentemente é inarticulável – o coletivo, o sujeito e o individual – resumindo a tese básica de Freud em "Psicologia de grupo e análise do eu" (1980): o que constitui e caracteriza um grupo é o fato de que certo número de indivíduos colocou um só e o mesmo objeto no lugar de seu ideal do eu e, consequentemente, identificaram-se uns com os outros em seu eu.

O grupo, assim visto, recupera o elemento externo – o líder – e o incorpora, anulando-o em sua alteridade ou sua extimidade, implicando na lógica do Um, em todos iguais, nas identificações, nos semelhantes. Existe, porém, uma outra lógica proposta por Lacan, a do coletivo, que traz possibilidades diferentes quando se refere a um grupo, à família, que é nosso objeto de interesse. Como o "conjunto" de Lacan que funciona graças ao elemento que lhe é exterior, a família tomada na lógica do coletivo, vai tratar o "um por um", o "não-todo", as diferenças (lógica da posição feminina) (Garcia, 1993, p. 7-9).

Em *O tempo lógico e a asserção de certeza antecipada*, Lacan trata da questão do coletivo em psicanálise, relacionando-o com o apólogo dos prisioneiros, os quais deveriam escolher a cor do disco colocado em suas costas – preto ou branco – segundo um cálculo que levasse em conta os outros prisioneiros. Cada sujeito é tomado um por um, mas deve levar em consideração os outros sujeitos para que o cálculo possa ser feito. O cálculo é, pois, coletivo, o que quer dizer que uma pessoa só pode saber sobre si a partir do outro, que lhe possibilita o conhecimento da lógica dessa situação. Lacan indica que o coletivo se define pelas relações recíprocas de um número "definido" de indivíduos – ao contrário de uma classe que abrangeria um número indefinido – não sendo possível a aplicação da lógica do coletivo a um número ilimitado de indivíduos, pois o tempo de compreender é difícil de se objetivar quanto mais aumenta o número de indivíduos.

Como nos diz Lacan,

> *[...] a verdade depende para todos, do rigor de cada um, e até mesmo que a verdade sendo atingida apenas por uns, pode gerar, senão confirmar, o erro nos outros. E também que se, nessa corrida para a verdade é apenas sozinho, não sendo todos, que se atinge o verdadeiro, ninguém o atinge, no entanto, a não ser através dos outros (Lacan, 1998, p. 166).*

A topologia do sujeito

Domingos Infante (1994, p. 94-96) evidencia a semelhança da rede proposta por Freud (incorporação de objeto líder, externo que passa a fazer parte da subjetividade) com a lógica do significante e do objeto "a" (objeto exterior por definição – algo externo e interno ao mesmo tempo), o que permite pensar o coletivo a partir da topologia do sujeito. Se a rede proposta por Freud é de indivíduos, as instâncias que a articulam são as do sujeito da psicanálise, ideal do eu, eu e o objeto. Há que supor um sujeito a esse ideal, e este não poderia ser o sujeito indiviso da sociologia ou da política. (Existe um isomorfismo do objeto "líder" e os distintos sujeitos, e do objeto "a" em relação ao sujeito.)

A nossa proposta é trabalhar analiticamente a família utilizando a lógica do coletivo. Se, para a psicanálise, o que se visa é algo da ordem da produção do sujeito do inconsciente, não podemos dizer que o atendimento é uma análise "da família" tomada como um todo, um grupo tal como nos coloca Freud em psicologia das massas, mas é uma psicanálise com família, na qual é levada em consideração sua dimensão não-toda, do um-por-um, das diferenças. Não podemos excluir a especificidade dessa situação na medida em que o coletivo incide na clínica com a família e traz uma diferença, e até mesmo um elemento de pressão, ou mesmo de precipitação, pois, como com os prisioneiros, deve-se fazer um cálculo coletivo para localizar-se como sujeito, e a presença dos sujeitos, tomados um a um, introduz variável distinta na objetivação do tempo de compreender.

Podemos dizer que a família é um conjunto que inclui os "x" que respondem a uma propriedade determinada, sendo que o elemento simbólico que detém essa propriedade na família conjugal é o patronímico – transmissão de um nome – operação realizada pela e na família (Solano-Suarez, 1995, p. 120). Cada família tem um conjunto de significantes que determinam o dizer de cada sujeito: há uma particularidade familiar.

Por outro lado, cada sujeito desse conjunto-família tem sua particularidade ligada à questão do objeto, ao real, que provém da solidão do sujeito com o objeto "a", causa de desejo e não dos ideais imperantes. Assim, na clínica com família, devemos levar em consideração tanto os aspectos do sujeito quanto os aspectos da família, dentro de uma lógica do coletivo. Fazer advir o sujeito, considerando que ele pertence a um conjunto familiar determinado, que além de transmitir a cultura de ser sede da cultura é sede do gozo pulsional, em conflito permanente com a cultura e a sociedade – fonte, pois, de mal-estar.

A DISSOLUÇÃO COMO QUESTÃO PRELIMINAR

Ana Maria Portugal

> Há sempre
> uma família na conversa.
> A família é toda a história: primos
> desde os primeiros degredados.
> Aqui presentes
> avós há muito falecidos. Mas falecem
> deveras os avós?
> Alguém deste clã é bobo de morrer?
> A conversa o restaura e o faz eterno.
> *(Carlos Drummond de Andrade)*

"Dissolução" é o termo proposto pela edição *standard* brasileira das obras de Freud para traduzir o declínio do complexo de Édipo no texto que tem esse título (Freud, 1924/1976, p. 215). O termo alemão *Untergang* – utilizado por Freud – quer dizer "naufrágio, declínio". Este é um dos casos em que a tradução foi criadora, permitindo ampliar e esclarecer o que está sendo aí discutido.

Segundo Walter Benjamin, a tradução, como forma contínua, faz o mesmo trabalho de "formar", proposto pelo original. Os "modos do querer-dizer" de cada língua, com seus fonemas e suas palavras, vão se complementando e se aproximando de um núcleo intraduzível, tornando necessária a transcriação. A palavra como *Urelement* – proto

-elemento do tradutor, como pensa Benjamin – é a abertura, a arcada por onde se pode penetrar no muro da frase (Saliba, 2003, p. 77).

Assistimos a essa peculiaridade da tradução nos textos e nos conceitos da psicanálise. Nesse texto de Freud surge o termo dissolução – *Auflösung* – que, provavelmente, não passou despercebido ao tradutor, que optou por ele no título. Esse termo é bem freudiano, aparecendo em contexto anterior, no livro dos sonhos, para introduzir o método que Freud diz ter aprendido com Breuer: "a solução (*Lösung*) de um sintoma coincide com sua dissolução (*Auflösung*)" (Freud, 1900/1972, p. 107)[20]. Nessa passagem, o que Freud quer dizer com "dissolução" se refere a decifrar o sintoma, destrinchando-o em seus elementos de composição para dar-lhe um sentido. Bem diferente é a "dissolução" tratada aqui, incidindo sobre o complexo de Édipo, cujo declínio vai apontar uma falta de sentido.

Esta é a perspectiva com que vamos abordar a dissolução no que diz respeito à família, na medida em que ela é estruturada para suportar a falta de sentido, o Real[21](ver p.179). Propor a dissolução da família como uma questão preliminar para um tratamento possível significa trabalhar em psicanálise "com" a família, tratando-a como um instrumento que está fazendo sua escrita do Real.

A ideia de uma questão preliminar é a proposta de Lacan na abordagem das psicoses, na medida em que ele quer "restaurar o acesso à experiência que Freud descobriu" (Lacan, 1958/1998, p. 581). Lacan mantém-se com Freud sem pretender ir além, mesmo sabendo que poderia fazê-lo com o que propõe. No que se refere à psicose, a questão que deve ser colocada previamente é a da constituição do sujeito na cadeia significante e seus efeitos lógicos, nos quais acidentes tais como a forclusão do Nome-do-Pai e o fracasso da metáfora paterna marcam a psicose como condição, essencialmente, diferente da neurose. Trata-se de uma questão preliminar que, por não ter sido colocada pelos pós-freudianos na abordagem das psicoses, fez retornar a uma etapa anterior aos ensinamentos de Freud.

No caso do tratamento possível com a família, a dissolução como questão preliminar tem este intuito: permanecer com Freud no argumento de

---

20 Esta passagem nos foi indicada por Célio Garcia em um seminário para psicanalistas, em 1984.

21 Cf. nosso texto, "A família ao avesso: a estrutura do cristal", presente nesta obra.

que a civilização se sustenta dos efeitos do mal-estar que ela própria [a civilização] criou, mantendo na família as esperanças de transmissão de seus ideais coletivos impregnados de ideologias em detrimento das realizações subjetivas, em cuja defesa deve estar a psicanálise.

No entanto, a mesma sociedade que tem, antes de tudo, como exigência cultural o respeito pela barreira ao incesto, necessita da família para o estabelecimento de unidades sociais mais elevadas, e, ao mesmo tempo, precisa se defender contra a absorção desses interesses por ela, buscando por todos os meios possíveis, especialmente, no caso dos jovens, afrouxar os laços com a família – laços que, na infância, foram os únicos importantes (Freud, 1901-1905/1972, p. 232).

Bem se vê que o complexo de Édipo e sua dissolução estão no centro dessa problemática. Já apontamos que se trata de uma dissolução que aponta não à solução – como no caso do sentido do sintoma – mas, sim, à falta de sentido.

Lacan, em *Télévision*, conduz essas questões a uma articulação, ao considerar que a estrutura do inconsciente como linguagem, isso libera duas vertentes: a do sentido e a do signo. Acentua que a pesquisa freudiana, dirigida pelo *nonsense* das manifestações do desejo em sintomas, lapsos e fantasias abre, portanto, a vertente do signo (Lacan, 1974/2001, p. 513). Vamos segui-lo nesta articulação.

Partindo das duas vertentes liberadas pela estrutura da linguagem por interessar ao inconsciente, a experiência mostra que a vertente do sentido é a do sentido sexual, o que leva muitos a acreditar que é da psicanálise que isso vem, tendo sido a descoberta freudiana a responsável por conferir a tudo um sentido sexual. Entretanto, o que se esquece é que foi exatamente a psicanálise a disciplina que soube revelar esse sentido reduzido ao *nonsense*, sempre óbvio nos ditos de amor.

Há também o sentido que se faz passar por bom senso, ou senso comum, o que chega a ser cômico. Aí é importante a divisão que o cômico, como gênero, coloca. O bom senso representa a sugestão, a comédia, o riso. Está aí um dos fracassos da terapêutica, pois se acomodando ao bom senso trazido pela sugestão, pode levar ao pior (Lacan, 1974/2001, p. 514). Estamos nos referindo a Lacan, numa passagem de *Télévision*, na qual aponta as diferenças entre psicanálise e psicoterapia. A psicoterapia, pautada no bom senso e na sugestão, mesmo camuflada por um não diretivismo, pode levar ao pior, *pire*, diretamente, e não por via do pai, *père*, ou do dizer, *dire*[22], pois o sujeito vai se arriscar até a morte para fazer valer a incompletude de seu desejo. Do lado da psicanálise, é preciso manter o *nonsense*, como forma de lidar com o pior, para que fique exposto o limite do interpretável que denuncia o fundamento do inconsciente.

O *nonsense* que acompanha o inconsciente, a insistência pela qual se manifesta o desejo na repetição do que aí se demanda, reconhecido na lalíngua, *lalangue*, traduz como o estudo da linguagem opõe a vertente do sentido à vertente do signo. O sintoma traçou o caminho, pois Freud, dócil à histérica, lê seus sonhos, seus lapsos, seus ditos espirituosos como se desvendasse uma mensagem cifrada. De onde vem essa cifra? Esse ponto que evolui pelo signo é onde Freud supõe o processo primário, é o gozo destilado nos desfiladeiros lógicos. Assim, na progressão de um tecido de ambiguidades, metáforas e metonímias, evoca-se uma substância: a libido.

A vertente do signo marca a associação ao significante. No entanto, não se trata aqui do signo na definição de Peirce, como o que significa alguma coisa para alguém. É o signo definido pela lógica de Port-Royal, definido pela disjunção de duas substâncias que não têm nenhuma parte em comum, atualmente denominado interseção (Lacan, 1973, p. 21). O signo é algo contingente, que faz suplência nesse ponto de disjunção.

O significante, disposto numa bateria, fornece a cifra do sentido. Mesmo assim, não se trata de código, pois isso suporia um sentido predeterminado, e não daria lugar para o *nonsense* na sustentação da hiância do inconsciente. Portanto, da bateria dos significantes, o que importa é sua lógica.

Do código à lógica, da gramática à escrita

Para trabalhar nisto, é preciso fazer a oposição do código à lógica e da gramática à escrita. O código aponta para o sentido, enquanto

22 É importante aqui o jogo de palavras possível em francês *père-pire*, assim como *dire-pire*.

a lógica remete ao signo, àquilo que surge como interseção, cifrando uma disjunção.

A gramática, por sua vez, é o que se perde na escrita. Lacan o demonstra quando passa do "Nome do Pai" como função para "Os nomes do pai", com uma escrita que produz equívoco: *les non-dupes errent,* no qual se pode ouvir tanto a pluralização dos nomes quanto o enunciado: "os não tolos erram". É uma questão de escrita, e não de gramática, mantendo o equívoco como fundamental na construção, apontando como o "Nome do Pai" passa a ser o Não do pai – *nom* e *non* em francês – e, ainda, o pai do nome, a função de nominação (Lacan, 1974). Para sustentar os dois sentidos é preciso acatar o "não saber", ser tolo do inconsciente, deixar-se errar pela estrutura, e, na contingência do signo, ser possível avançar quando falta o sentido.

No trabalho com a família, passar do código para sua lógica seria apreender os signos – sintomas, fantasias, posições subjetivas, atuações – como respostas lógicas, escritas a partir do Real, do que a família suporta como resíduo nos pontos de impasse do que lhe é dado transmitir na sociedade dos falantes[23](ver p. 179).

É uma proposta ousada, no entanto, é uma tentativa de tornar "precisa" a intervenção do psicanalista. "Precisa" no duplo sentido: de rigor e de necessidade para que se torne efetiva a intervenção.

Família, fames, famulus, fama, infâmia

Em *Télévision* (Lacan, 1974/2001, p. 532), Lacan comenta: a ordem familiar vai mal, havendo certa anarquia que aponta o ponto de impasse de onde partiu a ficção. Ora, é próprio da ordem não ser preciso prová-la, pois está estabelecida. Mesmo se as lembranças da repressão familiar não fossem verdadeiras, seria preciso inventá-las, e aí nunca se falta. Assim, o mito nada mais é senão a tentativa de dar forma épica ao que se opera por estrutura.

Aqui temos o engodo em que se pode cair, se pensamos que a repressão proposta pela ordem da civilização – e da família como seu núcleo – é a causa das infelicidades e dos desacertos entre os homens. Não é bem isso.

23 Cf. "A família ao avesso: a estrutura do cristal", neste livro.

Se, na família, a repressão existe e efetivamente funciona, isso se deve a seu fundamento primário: o recalque primário como um ponto da estrutura que toca no limite do sentido, no limite do ciframento demonstrado pelo inconsciente, no limite do interpretável (Vidal, 1997, p. 11).

Freud não disse que o recalcamento provém da repressão. Ele insiste sempre em postular o recalcamento como sendo o primeiro. Aí está a báscula da segunda tópica. A gulodice com a qual ele denota o supereu é estrutural, e não efeito da civilização, mas, sim, "mal-estar (sintoma) na civilização". É preciso voltar sobre a experiência a partir de que seja o recalcamento o produtor da repressão (Lacan, 1974/2001, p. 531).

A partir disso, Lacan coloca a questão: "Por que a família e a própria sociedade não seriam criações a se edificarem a partir do recalcamento?" (Lacan, 1974/2001, p. 531). E nós fazemos as nossas: a família é mesmo uma criação, um mito, algo ficcional? Qual seria o propósito da psicanálise ao atendê-la? Rearranjar o mito, apenas modalizando-o? Ou denunciar e trabalhar seu ponto de origem no impossível?

Afinal, que ordens e invenções carrega essa palavra? Família, do latim, *familia* significa grupo de semelhantes, conjunto, classe. Lacan, em *As formações do inconsciente*, na análise do chiste "familionário", cuidadosamente trabalhado por Freud, no livro dos chistes (Freud, 1905/1977, p. 32), propõe a conexão do termo família com *fames*: falta, fome, carência; *famulus*: o servil; *fama*: celebridade; *infamia*: descrédito, afronta, inferindo que todos esses sentidos afloram nas associações ao significante *familia*, e é a partir daí que se produz o chiste de Heine, o poeta alemão (Lacan, 1957-1958/1998, p. 44).

Vemos nesse dito espirituoso as duas vertentes da criação metafórica. Há a vertente do sentido, na medida em que essa palavra é rica de significações e nos retém por um talento nos limites da criação poética. Entretanto, há um tipo de avesso, não percebido de imediato, mostrado pelas combinações que se estendem indefinidamente: a palavra abre várias linhas em torno de um objeto.

Fames: fome. No caso de Heine, Freud mostra as raízes nas relações do poeta com a família. Haveria também *fama*, a necessidade de brilho e renome do personagem, o Barão Rothschild, do qual fala o poeta. Haveria também a *infamia* fundamental dessa familiaridade servil: *famulus*. São restos do objeto metonímico, resíduos da criação metafórica.

Bela invenção a família! A etimologia caminha ao nosso lado ao propormos a dissolução como uma questão preliminar para um tratamento possível a partir da psicanálise.

O texto de Freud sobre a dissolução diz respeito ao declínio do complexo de Édipo, que, como sabemos, é o complexo nuclear das neuroses e constitui a peça essencial de seu conteúdo. Nele culmina a sexualidade infantil, que, por meio de seus efeitos ulteriores (*Nachwirkungen*), influencia, decisivamente, a sexualidade do adulto. Para cada humano que nasce, diz Freud, configura-se a tarefa de dominar o complexo de Édipo; quem não o realiza sucumbe à neurose (Freud, 1901-1905/1972, p. 233).

A perda radical

Freud esclarece: as análises demonstram que o declínio (Freud, 1924/1976, p. 393) do complexo de Édipo é uma experiência de dolorosos desapontamentos. A menina, até então objeto de amor do pai, sofre dura punição e fica fora do paraíso. O menino, que tem a mãe como sua propriedade ou objeto, descobre que ela dirige seu amor e cuidados para um recém-chegado. O complexo de Édipo encaminha-se para seu fracasso devido a impossibilidades internas. Estas incluem, além das decepções amorosas, a confluência da fase fálica que traz o tema da castração, ressignificando duas outras experiências de perda relativas a partes do corpo altamente valorizadas, pelas quais passam todas as crianças: a retirada do seio materno e a exigência cotidiana da entrega das fezes. Mas só agora, com a castração, a perda tem sua força mais radical.

Ao supor, vagamente, contudo, sem muita convicção, que tenha chegado o momento de seu declínio, Freud confessa não ter razão para negar ao destino do complexo o termo "recalque". No entanto, considera-o mais do que um recalque: uma destruição (*Zerstörung*) e uma suspensão (*Aufhebung*) simultâneas. Se fosse só recalque, os restos permaneceriam no inconsciente, criando sintomas neuróticos. Portanto, deve acontecer algo mais radical.

A pluralidade de termos com que Freud se refere a esse destino[24] mostra a presença de um buraco na estrutura, furo que precisa ser rebordado de muitas maneiras, como o manto de Siegfried, herói da saga germânica, excessivamente bordado, precisamente, no ponto em que recobre o ponto fraco de seu corpo, para servir de indício à flecha do traidor.

O mito é construído e convocado para sanar as falhas na compreensão do mundo. Como nos lembra Lévi-Strauss, a leitura freudiana do mito de Édipo deve ser associada a outras versões, enfatizando que Freud tenta explicar não a oposição autoctonia/reprodução sexuada, mas, sim, como pode o homem originar-se de dois: ter uma mãe e, além disso, um pai[25](ver p. 179). Não há dúvida de que a constelação edipiana estrutura a posição do sujeito em relação ao desejo inconsciente e dá lugar ao objeto para sempre perdido, mãe, e à lei, na figura do pai. É o Nome-do-Pai, como propõe Lacan. Dissemos anteriormente que o avanço da psicanálise se dá ao pluralizá-lo, introduzindo o equívoco que fala da necessidade de ser tolo da estrutura, sem garantias na unicidade desse nome. É o mesmo movimento de deixar naufragar o complexo de Édipo, sem recuar frente à sua "impossibilidade interna".

O preço do saber Édipo paga com a cegueira e o exílio. Exílio da família. Repetindo: o complexo de Édipo é a estrutura nuclear da família, e, como tal, resulta por naufragar devido à sua impossibilidade interna. A família, responsável por tal manutenção, não tem conserto porque não é possível consertar o real.

Em *Le moment de conclure*, um de seus últimos seminários, Lacan afirma: "a linguagem é uma má ferramenta e é bem por isso que não

---

24 No texto que estamos seguindo, Freud utiliza os termos: destruição (*Zerstörung*), declínio ou naufrágio (*Untergang*), dissolução (*Auflösung*), saída (*Ausgang*), ruína (*Zugrundegehen*) e suspensão ou abolição (*Aufhebung*). Ainda aparecem: demolição (*Zertrummerung*) e desfecho (*Auslaufen*), em "O ego e o id" (1923), além de recalque (*Verdrängung*), utilizado na maioria das passagens anteriores à proposta da segunda tópica.

25 Cf. "A família ao avesso: a estrutura do cristal", neste livro.

temo qualquer ideia do Real. O inconsciente – é o que eu disse – não impede de contar, de contar de duas maneiras que não são senão duas maneiras de escrever. O que há de mais Real é o escrito e o escrito é confuso" (Lacan, 1978, p. 46).

Pensamos que tratar a família pela psicanálise só pode ser por meio da lógica, considerando como ponto necessário da estrutura sua dissolução/naufrágio/declínio, destruição. Assim se chega ao limite do interpretável e é aí que se escreve. Este é seu ponto crucial: ponto de *fames*, fome, falta, carência; de *famulus*, servidão infame; e por que não, de *fama*, ou seja, o ponto por meio do qual a família perdura e vem conseguindo funcionar com certo sucesso.

Vale aqui a frase com que Lacan termina *Télévision*: "do que perdura de perda pura ao que não aposta senão do pai ao pior" (Lacan, 1974/2001, p. 545, tradução livre).

VESTIDOS DE CASAL: QUAL É A DEMANDA?

Carmen Moreira Caram

> Amor me fere é debaixo do braço,
> de um vão entre as costelas.
> Atinge meu coração é por esta via inclinada.
> Eu ponho o amor no pilão com cinza
> e grão de roxo e soco. Macero ele,
> faço dele cataplasma
> e ponho sobre a ferida.
> *(Adélia Prado)*

> Não tem nome de amor. Nem se parece a mim.
> Como pode ser isto? Ser tenro, marulhoso
> Dançarino e novo, ter nome de ninguém
> E preferir ausência e desconforto
> Para guardar no eterno o coração do outro.
> *(Hilda Hilst)*

O laço conjugal abordado pelo viés da psicanálise é o propósito deste texto, implicando articular o saber psicanalítico com as questões complexas e instigantes propostas pela relação com o objetivo de formalizar o atendimento psicanalítico com casal à luz da ética da psicanálise.

Para tal, pretende-se interrogar as possibilidades de tratamento com o casal, seus impasses e seus limites: podemos falar de psicanálise de casal? Em que consiste, afinal, o casal? Podemos pensar numa proposta de tratamento ao "casal", conforme os pressupostos teóricos psicanalíticos?

Vestidos de casal

Cada situação clínica é única, chamando a atenção do psicanalista à evidência de que em psicanálise não há como aplicar uma técnica ou ter regras estabelecidas sobre as quais se fundamentar. Porém, há uma ética que concerne ao sujeito freudiano, dividido. Nessa vertente, então, se sustenta a clínica psicanalítica. Faremos, nesse caso, algumas considerações a partir de uma situação clínica. A demanda vem, como muito apropriadamente disse Nilza Rocha Féres, "vestida de qualquer roupa"[26].

Um casal procura o psicanalista. Por que vêm juntos? Por essa via, é possível haver entrada em análise? É o marido quem telefona e marca um horário para o casal: "Estamos precisando de sua ajuda, porque conosco as coisas vão de mal a pior". Esses dois sujeitos vêm com vestimenta de "casal".

Ao chegar, ambos se queixam de dificuldades na relação, de suas brigas, na maioria das vezes tendo os filhos como detonadores dos conflitos:

"— Nunca nos entendemos no que diz respeito aos meninos (são dois filhos, homens, de cinco e sete anos). Ele pensa de um jeito, e eu, o contrário. Se dou uma ordem, ele dá outra. Antes de os meninos nascerem, nos dávamos muito bem, não brigávamos. Agora é esse inferno, hoje não damos conta de conversar, tudo vira briga. Ele me cobra o tempo todo: "Você precisa ficar mais calma!". Ele sempre me desautoriza na frente dos meninos. "Você faz tudo diferente do que combinamos. Combinamos, não? Tudo tem que ser como você quer!"

Toma lá, dá cá

O jogo de acusações e cobranças chega a patamares tão acentuados que agressões físicas substituem as palavras, fazendo cessar, temporariamente, as brigas. No entanto, irrompe uma enorme angústia. Marido e mulher relatam que, poucos dias antes da entrevista, tinham vivenciado um desses episódios.

26 Bordão pronunciado recorrentemente pela autora em seminários.

Na chegada dos dois juntos, o marido fala: "Os casais que fazem análise individual acabam se separando".

Vamos retornar à questão proposta inicialmente: por que vêm juntos? A maneira especial de chegarem juntos faz uma marcação, que diz algo sobre as fantasias dos sujeitos. É a forma como se apresentam: um "casal" que vai "de mal a pior". E vem, portando, um pedido: "Tratenos juntos, porque estamos correndo o risco de nos separar, caso nos tornemos dois sujeitos".

O texto freudiano nos diz que toda escolha de objeto amoroso tem em sua constituição um movimento pulsional que busca encontrar o objeto perdido, e, nessa via, a escolha amorosa é uma tentativa, através do semelhante, de alcançar a completude e tamponar essa falta de objeto. Assim, o amor traz a ilusão do reencontro do objeto. Referindo-se a uma operação narcísica, a conjugalidade, a escolha amorosa deve ser considerada sintomática. Assim, é nesta tentativa de negar a castração, a inexistência da complementaridade, que os encontros amorosos acontecem, como tamponadores. Como sintoma, é uma busca de obturar a hiância, da inexistência da relação sexual, fazendolhe suplência.

O momento de crise se articula com a ineficácia do tamponamento. A resposta já não dá garantias da estabilidade da relação. A crise do "casal" apresenta essa falência, revelando que os dois sujeitos estão diante do insuportável da castração.

"Antes estava tudo bem, com a chegada dos meninos tudo mudou". O sujeito para se constituir precisa do Outro, ao qual se aliena, oferecendo-se como objeto de seu desejo. Entretanto, há de vir um terceiro, que, fazendo um corte, promove a ruptura fundante do sujeito – $\not{S}$ – constituindo-o Sujeito dividido.

Alienação/separação: este é o processo inerente ao sujeito. Ao se casar, a reedição desse movimento é feita. O estado de "apaixonamento" leva à alienação do sujeito no Outro, ao qual se cola, na tentativa "de 2 fazer 1". Conforme o discurso de Aristófanes, dois seres que saem pelo mundo afora em busca de se encontrarem e formar um só corpo (Platão, 1991, p. 22).

Você é meu bem?

Nascem os filhos. O par fusionado recebe um dos vários cortes, desvelando suas diferenças particulares. Há no par conjugal uma reedição do "estágio de espelho" constitutivo da subjetividade. No golpe sofrido pelo casal, a imagem especular se quebra, deixando refletida aí a "deformação" de cada um dos parceiros, causando-lhes horror, desarvoramento, possibilitando que a hostilidade venha à tona, tão frequente na vivência de perda da ilusão amorosa. Narcisismo e agressividade, amor e ódio, é o paradoxo ao qual estão destinados os sujeitos desejantes, submetidos às condições dos encontros e desencontros amorosos.

Uma vez deflagrada a crise, o casal busca resgatar e recuperar o estado anterior de suposta "harmonia". "Eu sou o seu bem". "Você é meu bem". Com o surgimento de outros bens (filhos), a posição anterior é perdida.

Freud, na primeira tópica, supõe que o movimento natural do ser humano é no sentido do estabelecimento do prazer e da conservação. Já na segunda tópica, ele questiona sua primeira suposição e diz que o movimento humano fundamental se dá em direção ao desligamento. Assim, para fugir ao desprazer, o homem se movimenta em direção a formar laços sociais; no entanto, não fica livre de um certo mal-estar. O amor e a criação de vínculos estão no alicerce do social.

Eros – força que pretende a união – não consegue dominar inteiramente a pulsão de morte, silenciosa, entretanto, sempre presente. As forças opostas – unir, separar, amor, ódio – geram tensão e impasses constantes aos sujeitos submetidos à condição amorosa.

O pedido implícito é "trate-nos juntos para que possamos reencontrar 'o casal', o 'bem' perdido". Essa procura denuncia a tentativa de restauração do narcisismo ilimitado, do desejo de anular as diferenças e encontrar um equilíbrio, ainda que momentâneo. A maneira de chegar com a formulação desse pedido não é, em si mesma, uma demanda de análise.

Marido e mulher vêm pedir um tratamento para o "casal", que está doente: "comigo está tudo bem, só meu casamento que vai mal". Como o analista vai operar a partir daí? Surge outra questão: por essa via, é possível haver entrada em análise? O que não vai bem para cada um é colocado na "entidade casal". A relação passa a ser a depositária da parte de cada um, sem que eles percebam ou consigam distinguir esse movimento.

Ética de bem-dizer

Qual a direção do tratamento? Como o analista pode acolher esse pedido sem, no entanto, "tratar" a relação? Atender ao pedido do casal, para curá-los da dor da separaração, não seria compactuar com a relação que impede a emergência de duas subjetividades?

Se não há "relação sexual" e não há possibilidade de complementaridade de dois sujeitos, propor o tratamento do casal, nesses termos, é avalizar a "relação sexual" e tornar possível a formação do par. A inexistência da relação sexual põe em evidência a discordância absoluta quanto à possibilidade de fazer um. Embora possa haver o ato sexual, não há condição que permita aos sexos serem complementares.

A inexistência da relação sexual revela, em sua essência, essa discordância radical da injunção de fazer um, revelando que, apesar de poder haver um ato sexual, não existe uma condição adequada e suficiente que faça com que os sexos sejam complementares, nos diz Lacan em *Mais, ainda*. E acrescenta: "Só lhe é dado atingir seu parceiro sexual [...] por intermédio disto, de ele ser a causa de seu desejo" (Lacan, 1972-1973/1985, p. 108).

"Eu sou o seu bem, você é o meu bem". Afinal, qual é o bem que interessa aqui? É a ética. A ética de bem-dizer o desejo. Há, portanto, na aliança conjugal um interjogo fantasmático, na medida em que um quer corporificar o fantasma do outro, apresentando-se como o objeto que causa seu desejo. Porém, é impossível fazer uma correspondência exata entre o objeto-causa de uma escolha amorosa e a pessoa que é chamada ao lugar de sua sustentação em um dado momento: "É na neurose que o fantasma expressa uma promessa de encontro, uma possibilidade de o sujeito da castração encontrar o objeto-causa de seu desejo e ser feliz" (Alvarenga, 1994, p. 31).

A escuta do um a um

A clínica psicanalítica propõe a escuta do sujeito na sua singularidade, o que é inquestionável. O objeto de estudo privilegiado por

Freud é o sujeito do desejo, o ser-de-falta. Articulado à castração, o desejo aponta para aquilo de singular em cada um, e o confronto com o impossível da reciprocidade leva o sujeito ao encontro com as próprias questões, possibilitando-lhe o resgate do que lhe é particular e irredutível.

O que interessa, aqui, não é o indivíduo da relação, não é a relação de objeto, nem a interpessoal, entretanto é a posição do sujeito na estrutura. O lugar do sujeito diante do Outro. Quem me diz quem sou é o Outro. Por quê? Porque a posição do sujeito é dada pela resposta ao desejo do Outro, no entanto o Outro é barrado. Algo sempre vai lhe faltar. Aí está a importância da falta na origem do desejo, apontando para a desarmonia inerente ao ser falante.

Diante do caso clínico citado, surgem as seguintes questões: qual o espaço possível dentro da clínica psicanalítica para se escutar dois sujeitos e seus conflitos psíquicos, atualizados no enquadre da relação conjugal? Há algum dispositivo analítico que permita encontrar uma saída para esses casos? Se cada sujeito não conseguiu ainda articular suas próprias questões e vem portando a queixa do casal, é possível haver entrada em análise?

Direção: entrevistas preliminares

Retornando a Freud, em momentos diferentes de suas pesquisas, encontramos falas que suscitam indagações: Quem era o analisante, o pai ou Dora? O pequeno Hans ou seu pai? De quem era a demanda no caso da jovem homossexual? Neste último caso, Freud foi procurado pelos pais dessa moça, que lhe demandaram "orientação médica e confiaram ao médico a tarefa de reconduzir sua filha a um estado normal de espírito" (Freud, 1920/1969, p. 186). A situação clínica em questão possibilitou-lhe teorizar a respeito de duas fases claramente diferentes do processo analítico.

Freud utilizou aqui da metáfora da viagem, em que há dois momentos: o dos preparativos para que a viagem se dê (compra da passagem, roteiro, entre outros) e o momento posterior, a viagem propriamente dita. Há, portanto, no processo de análise, um tempo inicial, no qual o sujeito está se preparando para fazer ou não sua própria demanda de análise.

À guisa de indagação, por que será que a jovem homossexual não fez seu ingresso na segunda fase, não fez sua entrada em análise? Assim, somos levados a pensar sobre a constituição da verdadeira demanda de análise que, muitas vezes, não é feita. É comum recebermos filhos trazidos pelos pais ou um dos parceiros, vindo a reboque do outro, e que não porta ou não faz tal demanda.

A "análise de prova", proposta por Freud em "Sobre o início do tratamento psicanalítico (1913)", tem função diagnóstica, apresentando-se como fator fundamental para a aceitação do "candidato à análise". Enquanto Freud indaga sobre a possibilidade da análise do psicótico, Lacan sugere ao analista "não recuar ante a psicose", entretanto, recomenda prudência e preconiza mudanças no dispositivo analítico para essa clínica.

Lacan denomina "Entrevistas preliminares" o momento da procura e da emissão do pedido, o qual não pode, na maioria das vezes, ser chamado de demanda de análise. Esta será constituída no decorrer das primeiras entrevistas. Para Lacan, tais entrevistas não são um truque, mas uma maneira de fazer.

É um tempo em que se faz a avaliação subjetiva, tendo como objetivo o diagnóstico que possibilitará ao analista estabelecer a estratégia da direção do tratamento, sem a qual ele ficaria desgovernado. Espera-se que, nesse tempo, prévio à possível entrada em análise, o sujeito possa deparar com suas questões e assumir uma posição perante sua demanda.

No caso clínico citado, em um determinado momento das entrevistas é dito: "Ele não tem culpa das minhas coisas. Não sei bem o que está se passando comigo, mas o que sei é que nem ele e nem os meninos são culpados". Esta fala é um exemplo do que Lacan definiu em psicanálise de "retificação subjetiva".

É o trabalho de "retificação subjetiva" que possibilitará aos sujeitos vestidos de casal, portando uma queixa em torno da qual giram, repetitivamente, sem conseguirem dela se desprender, fazer um movimento de implicação, passando a "interrogar-se": o que é meu nessa história? O que eu tenho a ver com tudo isso? A emergência dos processos psíquicos individuais provoca uma transformação: a queixa apresentada como o "problema do casal" sofre um deslocamento, em vez de resposta passa a ser a questão de cada um.

Nessa outra vertente, o sujeito pode questionar sua posição diante do Outro: "A noção de 'entrevistas preliminares' remete a um corte, ou seja, ao questionar a posição subjetiva, transforma-se a queixa conjugal em sintomas individuais, reorganizando-se a economia libidinal no contexto da relação com o outro" (Alvarenga, 1994, p. 11).

Fica evidente, assim, que há uma mudança na modulação do gozo dos sujeitos enquanto "casal", levando-os a não se posicionarem mais da mesma maneira diante do Outro. Na medida em que os sujeitos em questão foram se desnudando das roupagens conjuntas, depararam-se com as faltas inerentes a todo ser humano. E como sujeitos, desejantes, passaram a fazer a verdadeira demanda de análise.

Diante do exposto, consideramos que não se deve recuar ante a demanda, mas, sim, acolhê-la e dar-lhe tratamento, colocá-la a trabalho. No âmbito das entrevistas preliminares, é possível receber um pedido conjunto e colocá-lo em movimento, para que haja um trabalho a partir do qual o sujeito possa enunciar a demanda verdadeira de análise.

A FAMÍLIA E OS DISCURSOS: PODE O MESTRE PERDER O NOME?

Iziná Helena Travaglia

> As palavras sonham que as nomeemos
> *(Paul Valéry)*

> Veio me dizer que eu desestruturo a linguagem.
> Eu desestruturo a linguagem?
> Vejamos: eu estou bem sentado num lugar.
> Vem uma palavra e tira o lugar de debaixo de mim.
> Tira o lugar em que eu estava sentado.
> Eu não fazia nada para que a palavra me desalojasse daquele lugar.
> E eu nem atrapalhava a passagem de ninguém.
> *(Manoel de Barros)*

Para abordar a questão da família articulada aos discursos, é essencial que se retome a proposta de Lacan: "Não há nenhum exemplo de que um analisante note a especificidade, a particularidade que diferencie de outros analisantes sua relação com seus parentes mais ou menos imediatos. [...]. O parentesco em questão coloca em valor esse fato primordial: que é da língua que se trata" (Lacan, 1976-1977, p. 120-121).

Lacan desnaturaliza o conceito de família ao marcar que o parentesco é um intercâmbio alicerçado nos laços significantes. Transcendendo o vínculo biológico, consanguíneo, família é uma estrutura significante, um fato ou discurso.

É no romance familiar de cada um que o discurso toma sua eficácia, quando o sujeito consente em sua submissão aos significantes emprestados do Outro familiar, para se separar de sua origem biológica e engendrar-se como ser falante, simbólico.

Os laços familiares são os mediadores entre o sujeito e a linguagem, fornecendo os significantes com que cada um vai tecer sua estória, construindo uma sintaxe particular, sua trama gramatical. A posição subjetiva vai, assim, se definir pela maneira como o sujeito é afetado pelo significante.

Ao entrar no mundo, o ser falante ingressa em um universo linguístico dominado inicialmente pela língua materna, em que se insere em uma dimensão de sons e palavras sem sentido, que constituem uma língua não estruturada que Lacan chamou *alíngua*. São detritos de linguagem, marcando o psiquismo de maneira particular e que, transcendendo o sentido, ordenam e determinam os alicerces das cadeias significantes que serão constituídas.

São os primeiros sons que o sujeito ouve – com os quais vai ter de se virar para interpretar – e que constituirão o particular de seu inconsciente e de seu sintoma. Como fragmentos de linguagem, vão abastecer a bateria significante, como significantes primordiais, alicerces para outras cadeias discursivas.

Alíngua

Na "Conferência em Genebra sobre o sintoma" (Lacan, 1998), Lacan afirma que faz diferença a maneira como os pais desejam uma criança, interferindo no modo como lhe ensinam a falar e esse instrumento é a *alíngua*. Esta não supõe um diálogo, como um dispositivo de comunicação, mas, sim, serve para gozar, equivocar, visto que, nesse território, o que se presentifica são falantes de línguas estrangeiras, pois os significantes primordiais – marcas de sons e palavras sem sentido – prestam-se a equívocos e mal-entendidos com os quais o sujeito terá de se haver para interpretá-los. Diz Lacan: "Os pais modelam o sujeito nessa função que intitulei como simbolismo. O que quer dizer, estritamente, não que a criança seja o princípio de um símbolo mas que a maneira com que foi ensinada a falar leva a marca do modo como seus pais a aceitaram" (Lacan, 1998, p. 124, tradução livre).

Então, pode-se propor que o significante é a instituição a que cada sujeito pertence, e que a família sustentada pelo discurso é, sobretudo, uma instituição de significantes.

Se o muro da linguagem está entre os seres falantes, o significante é a base das identificações. A linguagem mais que se prestar a compreensão e comunicação de mensagem, tem por função identificar o sujeito, permitindo sua inclusão na ordem simbólica, como mortal e sexuado. E é a família que detém o poder de instalar as primeiras identificações na criança.

Assim, a família é "uma consequência da lógica da linguagem e uma entidade que encontra sua definição, ser articulada em termos de discurso, isto é, de vínculo social" (Suárez-Solano, 1995, p. 118). E entre as instituições, a humana é a que põe em destaque uma propriedade fundamental: é engendrada pelo símbolo e tem a incumbência de transmiti-lo.

O avesso do avesso

A teoria dos discursos, proposta por Lacan em *O avesso da psicanálise* (1969-1970/1994), vem formalizar as possibilidades, à medida que o significante recorta o campo linguístico, segregando um conjunto de elementos destacados do universo simbólico, provocando uma particularização, uma forma específica de gozo para cada sujeito.

O atendimento psicanalítico com família, pretende, portanto, intervir nessa gramática, e, nesse sentido, a utilização dos quatro discursos é uma possibilidade de formalização desse trabalho sob outra vertente, pois o discurso é um modo de uso da linguagem como vínculo. Portanto, é o discurso que determina o laço social como uma maneira específica de articular o gozo com a linguagem.

Pretende-se ultrapassar, por essa via, a dimensão do sentido, potencializada pelos efeitos imaginários de grupo na direção da dimensão do efeito, do que escapa à significação.

Os discursos articulam-se com a estrutura do inconsciente, em um processo de configurações significantes que vão além da linguagem, já que não implicam busca de sentido, no entanto visam interrogar o estatuto da legalidade do sujeito, no qual não há palavras que o definam, na dimensão do avesso da significação, na direção do real.

Se os discursos se propõem a enunciar a verdade do sujeito a partir de um saber que não sabe de si, as palavras são ultrapassadas para que o que não se pode falar possa ser mostrado, a partir de recursos lógicos.

As quatro posições

Então, a partir de quatro posições – o agente, o Outro, a produção e a verdade – que giram, os discursos pretendem, em uma temporalidade lógica, fazer advir o sujeito dividido em sua evanescência, subtraído de toda exigência de atributos e materialidade.

São configurações significantes que se diferenciam e se especificam por sua distribuição espacial – discurso do mestre, histérico, universitário e analítico – e que mantêm entre si relações de oposição e de suplementação. As rotações são realizadas em sentido contrário à rotação horária e cada uma delas, de um quarto de círculo, marca a passagem entre eles.

Não há relação de causa e efeito entre os discursos. A verdade, como lugar, está presente em cada um deles, sempre oculta e sempre em disjunção com sua produção. Os discursos não supõem hierarquia e não operam em uma direção progressiva ou de regressão, estando, portanto, excluídos de qualquer representação histórica.

Todo discurso é uma ordenação de gozo. Há sempre um resto de gozo inassimilável pela linguagem, na medida em que o significante não pode significá-lo todo, restando um resíduo sem cobrir.

O sujeito advém da dimensão significante que incide sobre o real do gozo primordial, de fusão com o Outro materno. O acesso a um ser pleno de gozo está proibido àquele que fala, como condição de constituição da subjetividade.

Cada discurso será, para Lacan, um modo de dominar, com a linguagem, o gozo perdido, fazendo uma modulação e moderação dele.

Então, todo discurso comporta um lugar para o resto desse gozo impossível, e é a partir desse lugar que se verifica quanto os laços sociais têm uma abertura sintomática, já que cada discurso tem sua maneira própria de manifestar que algo não vai muito bem na dimensão do real. Diz Lacan (1971/2009):

"Se alguma coisa que se chama o inconsciente pode ser semidita como estrutura linguareira, é para que, enfim, nos apareça o relevo desse efeito de discurso que até aí nos parecia como impossível, a saber, o mais-de-gozar. Quer dizer, para seguir uma das minhas fórmulas, que na medida em que era como impossível, funcionava como real?" (p. 18).

O mestre em questão

As queixas com que a família se apresenta denunciam que é pelo discurso do mestre que a demanda se apresenta: a família chega aprisionada no discurso de queixas, ao mesmo tempo, encobridor e revelador da verdade, procurando transferir para o outro as causas de seu sofrimento. Estão alienados ao mestre sintoma, a que se submetem como escravos, já que o discurso do mestre mostra que ele encontra sua verdade no trabalho do Outro. Há o impedimento do acesso do sujeito à sua própria verdade.

Este é um mestre "estouvado" (Lacan, 1971/2009, p. 35), segundo Lacan, que intimida o sujeito, um cavalo de Tróia que precisa ter sua porta aberta para que os significantes daí extraídos provoquem a destituição da vestimenta sintomática do significante mestre em posição de tirania.

Quem bate à porta, fazendo essa provocação, é o discurso histérico, visando causar uma produção subjetivada, já que instaura a vacilação, quando os membros da família são levados a se interrogar sobre a posição de cada um em relação às queixas, implicando-se nelas e não responsabilizando uns aos outros pelo seu conflito.

O mestre sintoma vai perdendo o valor de gozo, alterando-se o suposto equilíbrio homeostático pretendido pela família. A histericização do discurso provoca a produção de um saber, a partir da instauração do não sentido quando a família é vacilada pela intervenção do analista na direção das perdas de certezas, sem garantias ou completude do Outro.

É o momento em que o grupo é provocado a se descolar do mito familiar criado como possibilidade de encobrimento dos fracassos e desencontros entre si, não mais localizando a falta no Outro.

Histérica industriosa: analista acossado

Se a histérica é industriosa, demandando produção, esse é o momento da vontade de saber, quando há expectativa de que haja um saber instituído que dará a todos uma chave para desvendar o enigma de seus conflitos.

O analista é acossado para que se apresente como um novo mestre que irá harmonizar o grupo. Dele se espera orientação, sugestão, que pela via do discurso universitário tenha um saber confirmado, completo sobre o melhor modo de funcionamento da família. Nesse discurso, o analista deixa de ser o agente provocador para ser o agente tamponador, visto que esse discurso é o da ideologia da supressão do sujeito, cuja sustentação é oposta à noção de inconsciente. Então, se o analista ficar aí é ficar na canalhice, pretendendo ser o grande Outro de alguém, em uma posição de impostura, distribuindo e regrando o gozo de todos.

Assim, é pelo discurso analítico que o analista, na posição de objeto-causa de desejo, promove a destituição de posições subjetivas, provocando efeitos de sujeito, efeitos de divisão, em que cada membro de família é contado no *um a um* e se particulariza, fazendo que a causa do desejo agencie a particularidade do sujeito, desarticulando-o do gozo da servidão imposta pelas queixas do grupo.

A entropia

O trabalho de elaboração suscitado pelo atendimento, pela via dos discursos, provoca a emergência de uma nova posição subjetiva para cada um e nesse percurso ocorre uma entropia, perda de gozo e efeitos de divisão quanto ao se defrontar com a incompletude do Outro, o sujeito passa a se indagar sobre seu desejo.

Entretanto, esse trabalho tem seu ponto-limite a partir da proposta do que é irredutível como produção do discurso analítico, que é a essência de uma análise: a produção da verdade como extração do gozo primeiro, ao qual responde o inconsciente, uma mestria de lidar com a falta-a-ser. O mestre é aí destituído de atributos, significação, um mestre sem nome, despido de predicados. É a extração do traço unário, marca primordial que organiza e direciona a vida do sujeito, influindo em suas escolhas e em seu destino, um significante irredutível "puro não senso, portador da infinitização do valor do sujeito, de modo algum aberto a todos os sentidos, mas abolindo todos, o que é diferente [...] O que funda com efeito, no senso e não senso radical do sujeito, a função da liberdade é propriamente esse significante que mata todos os sentidos" (Lacan, 1964/1988, p. 238).

O ponto-limite desse atendimento refere-se à impossibilidade de, pela via do coletivo, chegar-se a um processo de redução estrutural, circunscrevendo o traço unário, quando "os enunciados do sujeito convergem para um enunciado essencial" (Mille, 1998, p. 48), em que o significante mestre é a constante dos elementos variáveis no discurso e o sujeito "descobre, então, que os avatares de sua vida são redutíveis ao efeito da marca significante" (Mille, 1998, p. 49).

O vacilo

O trabalho com família faz o sujeito vacilar em suas garantias, outorgando-lhe um vislumbre de saber sobre sua verdade, mapeando alguns significantes-mestres; entretanto, encontra obstáculos inerentes à própria estrutura de funcionamento dos discursos aí incluídos.

O giro dos discursos supõe, em uma temporalidade lógica, a emergência do real, do que resiste à simbolização. O discurso analítico é o único que não se propõe a amansar o real, obturando-o. No grupo familiar, há um real em jogo, denunciado pelo segredo encoberto, o gozo não dito, censurado, as traições, as questões incestuosas, os maus-tratos, real que escapa por mais que o laço familiar se proponha a referendar a existência da relação sexual na injunção de obturar o mal-estar.

Trabalhar com família pode fazer vacilar esse encobrimento, denunciando no romance familiar aquilo que se reveste como solução ortopédica no trato com o indizível que permeia os vínculos, o real do gozo.

O real, onde o encontramos?

A experiência psicanalítica é orientada para o encontro com o real, encontro faltoso a que o sujeito é chamado, um real impossível de se escrever, que insiste, inscrito na estrutura discursiva e ordenando toda a cadeia significante do sujeito.

Então, esse desafio se apresenta: que o real do grupo familiar possa ser denunciado e atingido, a partir do que escapa à linguagem, como o impossível de ser defrontado na estória da família, rastreado e mapeado a partir de significantes que vão se decantando no processo do atendimento. Elucidam-se, desse modo, os significantes censurados e o lugar ocupado por cada um em relação à fantasia parental e os efeitos dessa operação para cada sujeito, em uma proposta desagregadora, não uniformizante. Os discursos vão promovendo maior mobilidade e impondo um reconhecimento do inconsciente.

O discurso sem partido

Embora a formalização redutiva escape ao trabalho analítico com família, pode-se criar – pela via dos discursos – um dispositivo que possibilite a cada um se defrontar com o mal-estar e a desordem que provoca no grupo, com vias à elucidação.

Célio Garcia, ao abordar o real do grupo familiar, propõe que se possa adotar um discurso que viabilize a intervenção e a elucidação, um "discurso político sem partido", e acrescenta: "[...] cabe articular os diversos significantes que dão forma à história mitológica dos filhos e do casal: só assim o grupo familiar é levado a se descolar do que terá sido a imagem própria mantida, até então, assim como o gozo não dito, mantido em segredo" (Garcia, 1995, p. 303).

Assim, a utilização dos discursos como um dispositivo para o tratamento do coletivo, aí incluída a família, possibilita que a psicanálise possa estar comprometida com um saber operante, para além da práxis em um sentido restrito, ampliando suas possibilidades de intervenção.

PSICANÁLISE COM FAMÍLIA: QUE BARULHO É ESSE?

Yolanda Mourão Meira

> Eu amo minha família sobrenatural,
> aquela que não herdei.
> *(Murilo Mendes)*

> Restos
> O amor, o pobre amor estava putrefato.
> Bateu, bateu à velha porta, inutilmente.
> Não pude agasalhá-lo. Ofendia-me o olfato.
> Muito embora o escutasse, eu de mim era ausente.
> *(Carlos Drummond de Andrade)*

A questão que se coloca neste capítulo está relacionada ao atendimento de casais e famílias dentro dos parâmetros da psicanálise. Poderíamos falar de uma *psicanálise com família*[27]?

A operação psicanalítica sustenta-se pela transferência. Freud (1912/1969) a define como um método específico, próprio a cada sujeito de se conduzir na vida erótica, obtido por meio da ação combinada de sua disposição inata e das influências sofridas durante os primeiros anos de vida, que cria um clichê constantemente repetido e reimpresso no decorrer da vida. A transferência torna-se, assim, uma

27 Termo proposto por Ana Maria Portugal Maia Saliba, por ocasião do cartel.

predisposição que mobiliza o sujeito nas escolhas afetivas e na relação com o psicanalista.

Freud (1912/1969, p. 136) já dizia que há transferência em outros contextos nos quais ela pode ocorrer com mais intensidade e até sob "formas mais indignas", e conclui: "essas características da transferência, portanto, não devem ser atribuídas à psicanálise, mas sim à própria neurose" (Freud, 1912/1969, p. 136). Assim, a partir das indicações de Freud, a transferência é um fato de estrutura do sujeito, ocorrendo – mesmo que desapercebida – nos mais diferentes contextos, entretanto é com a psicanálise que ela se torna um instrumento, um elemento operador[28].

Lacan estabelece a transferência em duas vertentes: a de "sujeito-suposto-saber" na vertente simbólica, e a de *semblant* de objeto "a" na vertente do real. Aqui, estamos tratando da segunda, a do objeto, buscando formalizá-la no atendimento de um casal e visando algo da ordem de uma verificação.

Quando o sujeito se constitui, algo é destacado, perdido – o objeto "a". Lacan (1962-1963/2005) utiliza o fetiche como ilustração da função do objeto como causa do desejo. Ele causa o desejo que vai se enganchar onde pode: para o fetichista é preciso que o objeto esteja lá, pois ele é a condição com a qual se sustenta o desejo. Apesar da consistência com que se apresenta o objeto-fetiche, é necessário lembrar que um dos pontos do objeto "a", destacados por Lacan (1962-1963/2005, p. 115), é a sua dimensão de vazio – objeto "a" como falta. Esse lugar vazio institui a dimensão da transferência, sendo cernido por algo que se materializa em uma imagem, abrindo-se como uma janela, e, em ocasiões privilegiadas, marcando o limite ilusório do que Lacan chama *a cena*.

O intolerável

Em que essas considerações nos são importantes? No atendimento psicanalítico com família, é imprescindível uma localização precisa do sujeito, do objeto, para podermos operar com os equívocos provocados pela

---

28 Para Lacan, a transferência não é mera repetição, mas, sim, um meio de intervir nela, na medida em que comporta uma vertente de invenção.

própria estrutura do sujeito, servindo-se deles para ir além. Diz Lacan: "ali onde há isso que no discurso vocês articulam como sendo vocês, aí onde vocês dizem 'eu', é aí que no nível do inconsciente que se situa *a*" (1962-1963/2005, p. 110). "Nesse nível vocês (qualquer um) são '*a*', o objeto, e, cada um sabe que aí está o que é intolerável" (1962-1963/2005, p. 111). Esse objeto – exterior por definição – pode, entretanto, ser vestido de diversas imagens e vivido de distintas formas: o filho, o cônjuge, o chefe.

Uma vez que, na constituição do sujeito, uma parte é destacada, excluída e não simbolizada – o objeto "a" –, esse objeto, que no inconsciente "sou eu", ao mesmo tempo é tomado como distinto e destoante do "eu", pois se trata de algo "intolerável" para o sujeito. O que é real e está fora tende a retornar "desde fora", como nos ilustra o delírio do psicótico, no qual o que foi rejeitado *(Verwerfung)* retorna do real como um delírio ou uma alucinação. Assim nos diz Freud no caso de Schreber: "foi incorreto dizer que a sensação suprimida internamente é projetada para o exterior; a verdade é que aquilo que foi internamente abolido retorna desde fora" (Freud, 1911-1913/1976, p. 95). Não se trata de uma projeção, mas de um fragmento não simbolizado que é excluído para fora do "eu" (*Ausstossung*).

Podemos ver esse fenômeno acontecer também na constituição do sujeito, pois o objeto "a" é algo excluído que retorna de alguma maneira. Esse fato, próprio da estrutura do sujeito, se presta a muitas ilusões e equívocos. Assim, o cônjuge, o filho podem ser tomados como o objeto, encenando o fantasma. Em "Duas notas sobre a criança", Lacan nos conta que "a criança pode realizar a *presença* do objeto 'a' no fantasma" (Lacan, 1988, p. 55, tradução livre). Quanto mais próximo se apresenta do real, maior suborno no fantasma. Isso não quer dizer que há um fantasma comum, porém, que ele é compartilhado de tal forma que o objeto-causa de desejo de um é enganchado no outro que, ajudado pela dialética externo-interno, situa-se fora, no entanto é incluído no fantasma do sujeito.

Esse objeto que faz parte da subjetividade e é intolerável é tomado como um "outro" estranho (*Unheimlich*). A presença desse "outro" pode suscitar a experiência do estranho-familiar, daquilo que provoca horror, é intolerável e é, ao mesmo tempo, algo familiar, que não pode ser excluído, pois faz parte da estrutura do sujeito. Na clínica, vemos isso aparecer com frequência: aquela família tão honesta que se vê "surpreendida" com um filho que rouba; a mãe moralista que se "horroriza" com a filha promíscua; os pais obsessivos que "têm de se dar" com o filho encoprético. Aí está toda a dificuldade e, ao mesmo tempo, a riqueza do trabalho analítico com família.

Nada a declarar!

Tomamos um fragmento clínico de um casal que, procurando análise para a filha, demanda, na verdade, trabalhar suas próprias questões. Depois de inúmeras descobertas de traição do marido, a mulher quer se separar, mudar de vida. Sempre escondeu de todos o que se passava com ela e o marido. Mantinham uma imagem de casal ideal; e ela, de mulher muito ajustada e competente, que tinha uma vida harmoniosa com ele. Acuado pelas acusações da mulher, o marido não tinha nada a declarar, nada a justificar. Só dizia que queria manter o casamento. A questão que se coloca é: separar-se de quê? Manter o quê? Essa questão colocada pela analista funcionou como um corte que possibilitou o aparecimento de novas vias significantes que redundaram em um posicionamento diferente dos sujeitos.

Em uma perspectiva analítica, não se trata de restaurar o equilíbrio perdido, pois a família é atravessada pelo mal-estar, inerente ao sujeito. Não há de obturar esse mal-estar, porém operar com ele. Sabemos que a família funciona quando fracassa, pois a completude é um obstáculo para o advento da particularidade do sujeito. Entretanto, o fracasso e o mal-estar às vezes são intoleráveis. Se não podemos acabar com o mal-estar é porque, na estrutura do sujeito, evidencia-se a presença da pulsão de morte a qual não pode ser eliminada, e, ao contrário, insiste, repete, levando o sujeito a situações que parecem envolver prazer, mas, ao mesmo tempo, implicam dor. Isso tem o nome de gozo. O gozo, próprio da constituição do sujeito, circula na família.

A máquina desejante

No encerramento das jornadas sobre as psicoses na criança, Lacan enunciou que "toda formação humana tem por essencial e não por acidente a moderação (refreamento) do gozo" (Lacan, 2001, p. 364, tradução livre). O que caracteriza todo o agrupamento humano, compreendendo a família, é a forma como os sujeitos lidam com o desejo, com o gozo, e como estes circulam. Nesse sentido, a família pode ser considerada uma pequena máquina: entramos nela com um certo gozo – mítico e originário – e dela saímos com a sua moderação, que recebe o nome, no ensino de Lacan, de função da castração. Para Miller (1993, p. 39, tradução livre), quando o paciente fala da família, diz dos meios de gozar: perda e substituição do gozo perdido pelo da castração. É por isso que se pode pensar a posição subjetiva de cada sujeito a partir das suas relações com a família: elas traduzem a maneira com que se perdeu o gozo e de que maneira se substituiu por outro.

Ao retornarmos ao fragmento clínico, o que se vislumbra é uma mulher que se diz vítima das loucuras do homem. Da posição de "vítima" do outro, no decorrer das sessões, a mulher assume a posição de "carrasco", passando a criticar o marido, destituindo-o e depreciando-o. Este, timidamente, começa a dizer que a mulher é muito brava. Dá um jeito de escapar, por meio de saídas com amigos, bebidas em bar para "aproveitar a vida". A mulher, enraivecida, questiona: por que o marido não se indaga sobre as causas de seu agir, de suas atuações?

Os mascarados

Podemos pensar aqui em um engate fantasmático em que cada um se coloca como a causa do desejo do outro. Posição de objeto-causa, por mais "estranho" (*unheimlich*)[29] que isso possa parecer a cada um deles. Essa mulher precisa desse homem; ela se coloca como o falo, recusando a posição não toda (Lacan, 1962-1963/2005, p. 156), própria

29 No Seminário 10 (1962-1963/2005), Lacan nos diz que *Heim* tem o sentido da casa do homem: "o homem encontra sua casa num ponto situado no Outro, além da imagem de que somos feitos, e este lugar representa a ausência onde estamos [...] Ela se apropria da imagem que a suporta e a imagem especular torna-se imagem do duplo com aquilo que ela traz de estranheza radical [...] fazendo-nos aparecer como objeto ao revelar-nos a não autonomia do sujeito" (p. 55). Lacan ainda nos conta: "meu desejo entra no outro onde é esperado desde toda a eternidade sob a forma do objeto que sou, enquanto ele me exila de minha subjetividade resolvendo por ele mesmo todos os significantes a que esta subjetividade está ligada" (p. 56).

da posição feminina. O homem dá corpo ao objeto "a": o marido é o objeto que causa seu desejo. Por outro lado, o marido busca esse falo "vestido de mulher", a perfeição "que sabe das coisas", no entanto isso acaba provocando *actings-out* repetitivos, idealizando a mulher enquanto precisa, também, da prostituta.

Segundo Silvia Botto (1994, p. 224, tradução livre), a posição de alienação em relação ao desejo do grande Outro é quase natural nas mulheres. Esta afirmação é sustentada por Lacan (1993): "não há limites às concessões que as mulheres podem fazer por um homem. Elas concedem seu corpo, seus bens e sua alma, elas se emprestam à perversão do homem" (p. 70). Por um lado, as mulheres se alienam ao desejo do grande Outro, colocando uma máscara que se articula com a história de cada um e com um grande Outro da cultura. Por outro lado, está a particularidade de cada fantasma masculino para o qual a mulher consente em encarnar seu objeto. A mulher pode se identificar com esse objeto, ficando totalmente alienada de seu desejo, à mercê do fantasma do seu parceiro. Abdica, assim, da feminilidade.

O enquadramento

Voltando ao fragmento clínico, a mulher, muito angustiada, telefona à analista dizendo que acabou de saber de uma relação extraconjugal do marido, quando ainda estavam recém-casados, e o fato adquire um caráter avassalador. É como se fosse uma revelação, o encontro com a verdade última, o que lhe traz muita angústia. Este conhecimento é acrescido do seguinte episódio: em uma revista aparece uma foto da família do marido e, no lugar em que deveria aparecer a esposa, aparece uma filha deles. O efeito é como uma revelação de que o marido nunca iria mudar.

Para Miguel Bassols (como citado em Miller, 1993, p. 38), toda foto de família conduz a decifrar um segredo, que é um desejo não dito e é sempre um segredo sobre como goza a mãe e o pai. Teria havido uma encenação fantasmática dirigida ao analista? A mulher vislumbra algo, o véu (*vel*) do seu fantasma é descortinado – instante de ver. A Outra mulher toma corpo, é fotografada, enquadrada. A filha toma o lugar da Outra.

O bode pula na cena

O fantasma tem uma estrutura de janela, de moldura, no meio é o buraco do objeto "a" que pode estar preenchido com uma cena, com algo que traz horror ou fascínio. O objeto "a" que se faz "ser" no fantasma do neurótico "cai como uma luva mais ou menos como cenouras para um coelho" – considera Lacan (1962-1963/2005, p. 58) –, e é por isso que não faz grande coisa com ele, pois ele consegue defendê-lo contra a angústia, justamente na medida em que é um "a" postiço. O objeto "a" do fantasma é chamado "a postiço" por não se tratar do objeto "a" verdadeiro, que seria o objeto-causa do desejo. O objeto "a" do fantasma toma consistência do objeto-causa, que é buraco, vazio, nada e, portanto, desprovido de consistência. Na análise, a primeira forma do objeto "a" se apresentar é no fantasma, em que é enquadrado em uma cena. Para além dele, há o nó borromeneano no qual "a" aparece como falta[30]. Quando o objeto "a" aparece no fantasma, ele vem frequentemente como um *acting-out*, que pode aparecer de forma escandalosa ou sutil. É o momento do *acting-out*, como se vê com a entrada intempestiva de Alcebíades no *Banquete*, de Platão. Devemos tomar o *acting-out* como uma encenação dirigida ao analista, como uma *mostração*. O "bode pula na cena", nos diz Lacan, indicando que o fantasma entra na situação analítica. Por isso, o analista não deve recuar e deve suportar algo do *acting-out* para que o objeto entre em cena. Se a transferência é o motor da análise, ela deve aparecer para que se possa operar com ela e não invocar os demônios e mandá-los embora, como adverte Freud. Lacan indica a função do corte do analista como a maneira de operar com essa transferência, cortar o jogo, tirar a roupa do objeto.

Poderíamos pensar que a mulher do fragmento clínico citado teve a experiência do objeto "a", não como falta, mas com a consistência de uma cena imaginária? Como nos diria Lacan: o objeto "a" postiço, do fantasma? O último caso do marido a deixou muito humilhada. Aparecem sonhos nos quais ela está sozinha, e o marido não a salva

---

30 Anotações pessoais de seminário proferido por Gilda Vaz Rodrigues no Iepsi sobre Transferência, durante o ano de 1999.

do vigor das águas que a levam, uma vez que ela não sabe nadar. Ela tem de se virar sozinha, o que lhe dá muita angústia: "estou mesmo sozinha, não posso contar com ele". Aos poucos, vai conseguindo descobrir nos sonhos uma saída para essa situação que a inunda. Também é evidente a sua situação de desamparo diante da morte, como mostra um sonho: ela e o marido esperam encomendas; chegam dois caixões. Ela, horrorizada, assiste à abertura das encomendas: louças antigas. O que ela anda recebendo? Itens relacionados à morte, caixões.

Por sua vez, o marido se implica cada vez mais na análise. De uma postura de "passar borracha" em tudo, de esquecer e de fazer atuações periódicas, ele começa a se perguntar "por que" fez aquilo, histericizando o seu discurso, inquietando-se ante o "não sei". Começa a se lembrar de alguns sonhos – "Estava num banheiro que transbordava; buscava fechar a porta com uma trava..." –, indicando uma abertura ao inconsciente. Como aponta Myriam Fernandes,

> *Já vimos que o momento de entrada em análise, que se dá exatamente pela irrupção do significante da transferência, é também o momento de um "não se sabia", e, portanto, de um encontro com um ponto de tiquê, que é tanto para o analista como para o paciente. Esse "não se sabia" [...] é algo que estava lá, de forma latente e que, justamente com o significante da transferência, irrompe também, escapando ao próprio significante. Trata-se então, da emergência fugaz do objeto "a" (s.d., p. 28).*

Marido e mulher vão demandando cada vez mais atendimento individual, até que a analista pontua e avalia essa demanda. Inicialmente, não aceitam: o mito da "família unida" ainda ressoa. No entanto, por meio de faltas de cada um deles às sessões de casal, o atendimento vai se tornando mais individualizado. Quando comparece sozinho à sessão, o marido percebe que, em ocasiões em que aparentemente concorda com a mulher (por exemplo, pede autorização para ir a algum lugar, e ela nega), em um segundo momento rebela-se contra o que identifica como o jugo autoritário da mulher, e escapa dele de alguma maneira: ele acaba atuando. Lembramos que o *acting-out* é um modo de o fantasma aparecer na análise, como um "objeto *a* vestido".

O corte

No discurso de fechamento da jornada acerca das psicoses infantis, Lacan (2001, p. 366) diz que "o valor da psicanálise reside em que opera sobre o fantasma [...] De onde se coloca [...] que o fantasma converte em realidade seu enquadre: evidente! [...] E ademais impossível de mover, a não ser pela margem que deixa a possibilidade de exteriorização do objeto *a*" (tradução livre).

Por outro lado, operar com o objeto *a* não significa colar o sujeito a esse objeto, de modo que o sujeito faça dele a sua verdade. Ao contrário, a estratégia clínica do analista seria a de um "corte separador"[31] para retirar a consistência do objeto a ou, dizendo de outra forma, desvestir esse objeto podendo, assim, aparecer a sua dimensão de falta. Então, o analista deve operar levando em consideração a natureza de *semblant* do objeto "*a*".

Lacan procede a uma redução ao essencial, irredutível, do laço entre um homem e uma mulher: o casamento, fenômeno social, discursivo é um reflexo do primeiro casamento com o gozo (Strauss, 2001[32]). O parceiro, se ele existe, é um instrumento para a colocação em ato do gozo. A questão para a psicanálise é a de saber como o sujeito opera seu casamento com o gozo, que lhe é exterior; onde e como em cada um lida com ele. Pergunta-se: o sujeito faz apelo ao nome do pai, àquele que lhe dá sua significação fálica, ou o gozo permanece como reflexo de sua posição de objeto, que capta o gozo do Outro primordial, dito maternal? Gozo fálico ou gozo do Outro? O gozo tem ou não, para o sujeito, um valor fálico que está fora do corpo, mas não está fora do significante, do discurso, e pode fazer um retorno ao sujeito por intermédio do viés de seu parceiro, que toma valor de sintoma?

---

31 Anotações pessoais do Seminário proferido por Eduardo Vidal, em Belo Horizonte, em 2001.

32 Strauss, M. (2001). Les nouvelles formes de la sexualité et de la famille. Texto inédito proferido em 2001. A odisseia lacaniana. tradução livre.

Torna-se, pois, importante operar com o casal e com a família, levando em consideração o "real". Não se trata de tentar reproduzir os laços familiares tradicionais, mas de cernir alguns conceitos fundamentais que se encontram na estrutura do que consideramos a causação do sujeito.

Lacan ocupa-se dessa causação mais além do Édipo, para dar conta da causação do sujeito como uma operação do simbólico em sua inserção com o real e as consequências que isto se realize ou não, no tratamento do gozo. Dizer que a intervenção psicanalítica visa o sujeito é implicar um outro sujeito além do sujeito da palavra, é implicar o sujeito sobre o ponto em que ele é causado (Lysy-Stevens, 1992, p. 37).

De acordo com Geert Hoornaert (1992, p. 55), uma intervenção psicanalítica dirige-se aos significantes, uma vez que os significantes do sujeito – via real do Outro – fazem parte de uma estrutura que faz limite ao gozo e é através deles que o sujeito faz passarelas para o Outro. Como o significante pode operar sobre o real do gozo? Lacan recorre ao termo ressonâncias da interpretação para dar conta de como a interpretação com sua materialidade significante pode apontar para o gozo, isto é, tocar o real do gozo (Tizio, 1995, p. 26).

Por intermédio da palavra, de intervenções e do ato analítico busca-se atingir o Real, já que em uma análise com família se visa que o sujeito tenha possibilidade de se haver com o gozo, fazendo advir um sujeito do inconsciente, "castrado" e, portanto, desejante. Se nos ativermos aos "ideais" ligados à família, estaremos sendo dirigidos pelos universais totalizantes da Cultura, ao passo que a particularidade se liga ao gozo, se liga ao objeto *a* e a como cada sujeito se subjetiva, mesmo pertencendo a um conjunto familiar. Estamos novamente às voltas com o paradoxo do individual e do coletivo e lembramos a célebre frase de Lacan: o coletivo não é senão sujeito do individual. Temos pois que, frente ao mal-estar, o analista se situa do lado feminino (não todo), dando lugar à particularidade, sem, porém, deixar de considerar o universal da cultura. Ou, como diria Marie Jean Sauret (2001): "o discurso analítico toma partido desse intratável e desse irrecuperável, preservando assim as chances do sujeito de fazer uma saída à sua singularidade, de fazer dela um destino" (p. 9, tradução livre).

Voltando ao fragmento clínico, o que se observa é que se instaura uma nova possibilidade de interrogação, e o corte produzido na análise introduz novas vias. Constata-se um movimento do gozo para uma "moderação", no qual se evidencia a função da castração e o advento do sujeito do desejo. Prossegue essa análise com família. Diante desse fragmento clínico, podemos nos interrogar sobre os efeitos e limites de uma análise com família.

As análises com família e com casal fornecem um campo fértil – e, na maioria das vezes, conturbado – para que possamos operar com o "objeto *a*". A dificuldade é que esse objeto, vazio por estrutura, vem vestido de determinadas formas fantasmáticas, oculto, vivido como *acting-outs*. E este é um motivo para recuar? Podemos concluir dizendo que a sutileza da psicanálise com família é a de suportar o mal-estar, não obturá-lo, mas, sim, lidar com ele: *savoir-faire*.

ACRÉSCIMOS

1- SALVE O PAI!

Rosely Gazire Melgaço

> A paternidade deve ser uma ficção legal.
> *(James Joyce)*

Em dezembro de 1899, Freud escreve a Fliess um precioso escrito à maneira de um poema, cujas pontuações acerca da função do pai nos surpreendem:

Salve
O bravo filho que, ao comando do pai, surgiu no momento exato,
Para ser seu assistente e companheiro de trabalho na perscrutação da ordem divina.
Mas salve também o pai, que, pouco antes do acontecimento, descobriu em seus cálculos
A chave para restringir o poder feminino

> *E para arcar com seu fardo da sucessão legítima:*
> *Não mais confiando em aparências sensoriais, como faz a mãe,*
> *Ele invoca os poderes mais altos para reivindicar seu direito, sua conclusão, sua crença e sua dúvida;*
> *E assim, no começo, eis que ali se ergue, vigoroso e são, à altura das exigências do erro, o pai,*
> *Em seu desenvolvimento infinitamente maduro.*
> *Que o cálculo esteja correto e, como legado do trabalho, seja transferido do pai para o filho e, mais além da separação dos séculos,*
> *Conjugue na mente o que as vicissitudes da vida rompem e separam*
> *(Masson, 1986, p. 394-395).*

Para além do nascimento de um filho, Freud apresenta o nascimento de um pai: salve o pai! Dessa maneira, surge um pai que faz cálculos e restringe o poder da mãe. Tal pai tem um lugar, diferente do ocupado pela mãe, lugar de direito, que, no entanto, inclui a crença, a dúvida, o erro bem como a função de transmissão. Um pai que reivindica ainda a sua inclusão.

Ao percorrermos as palavras de Freud, encontramos um leque de indicações. De início, destacaremos a expressão "sua dúvida", a fim de que a articulemos com a afirmação de que "o pai é sempre incerto". Freud, quando trata a fantasia do romance familiar nas crianças, lembra-nos dessa marca inicial:

> *Quando finalmente a criança vem a conhecer a diferença entre os papéis desempenhados pelos pais e pelas mães em suas relações sexuais, e compreende que pater semper incertus est, enquanto a mãe é "certíssima", o romance familiar sofre uma curiosa restrição: contenta-se em exaltar o pai da criança, deixando de lançar dúvidas sobre sua origem materna, que é encarada como fato indiscutível (Freud, 1908-1909/1976, p. 245).*

Em nota de rodapé, é esclarecido que *pater semper incertus est* é uma antiga expressão legal: a paternidade é sempre incerta, a maternidade, por sua vez, é certíssima. Ainda em 1909, quando Freud disserta sobre os neuróticos obsessivos e suas preferências pelos temas "perante os quais toda a humanidade está incerta e nossos conhecimentos e julgamentos necessariamente expostos à dúvida" (Freud, 1909/1976, p. 234), lembra um deles, o tema da paternidade e cita um aforismo do físico alemão, Lichtenberg, segundo o qual "um astrônomo sabe se a lua é ou não habitada, com quase a mesma certeza com que sabe quem foi seu pai, contudo não com tanta certeza como sabe quem foi sua mãe" (Freud, 1909/1976, p. 234)

Platão já tinha provocado grande agito ao lançar a ideia de uma utopia social (Platão, 1989). O filósofo assinala que, para evitar os laços familiares egoístas, nenhuma criança conheceria seu verdadeiro pai e nenhum pai seu verdadeiro filho. São versões da questão da dúvida diante da incerteza do pai.

Na verdade, o pai é sempre incerto na sua condição de só entrar se a mãe abrir espaço para tal, a saber, se ela reconhece que não é a única que gera e cuida e se ela lhe dá um lugar. Desse modo, o pai é um nome instaurado pela mãe, passagem de genitor a pai. Anunciado, o filho toma lugar na linguagem.

O estudo do tema do pai incerto nos leva à Transmissão, como apresenta Kupfer (2001):

> *A transmissão da marca da incerteza é a única possibilidade para uma criança de abandonar sua captura na onipotência imaginária paterna e a única via de saída para um destino que escaparia à repetição. Quando o Pai real transmite, digamos, sua incerteza, abre ao mesmo tempo a via para a operação do possível, ou seja, à operação das funções paternas simbólica e imaginária. É porque há castração que o desejo e a criação podem advir. No lugar da incerteza do pai real, o que deve advir não é a certeza, mas a crença ou a ficção, a ilusão e os ideais [...]*

O Pai Real, propriamente dito, é aquele que transmite o impossível, o inominável, o limite do humano, a morte, uma enunciação do limite existencial do sujeito. Já o sistema simbólico que o pai transmite aponta a Lei, a castração, os cortes. O pai Imaginário, por sua vez, traz a dimensão dos ideais. Vamos recordar a citação de Goethe sobre o ponto fundamental da transmissão: aquilo que herdaste de teus pais. Uma leitura possível da conhecida frase é considerar "teus pais" as três versões do pai: Imaginário, Simbólico e Real, aros do nó borromano articulado por Lacan com a psicanálise.

Assim, aquilo que herdaste, herdaste dos [teus três] pais. Cada um, com sua dimensão estabelecida, cumpre seguir uma direção que pode ou não estar presente na constituição psíquica de uma criança. Freud, na carta, aponta: "para arcar com seu fardo da sucessão legítima" e, mais adiante, "como legado do trabalho, seja transferido do pai para o filho", marcando a "função Transmissão", que cabe ao pai. A cultura exige que o pai tome o lugar da Lei e é com árduo trabalho que tira a força para a sucessão, para o "fazer passar". Trata-se do legado de um labor, de um trabalho, portanto, que envolve o "sujeito pai", um pai com sua subjetividade.

Tal ideia não tem sido explorada. Muito se fala da função do Pai, entretanto, tangente ao ponto, pensamos em outra função, qual seja, a função subjetiva do "homem pai". Na experiência de ser pai, o homem coloca em cena aspectos inconscientes que revelam a sua subjetividade e que dizem respeito à relação dele consigo, não apenas com um filho. A subjetividade do pai é o sujeito do inconsciente, sempre inédito, sempre incerto. Ao ser convocado para a função de pai, a posição de sujeito é acessada com relação aos seus vínculos. Toda sociedade tem seus discursos ideológicos e isso não recobre a subjetividade do "homem pai", o qual tem de se arranjar com isso, inventar saídas, para não sucumbir a uma formatação.

No entanto, é preciso reafirmar que não podemos confundir o pai presencial da realidade ou o pai biológico com a função de pai. Esta pode ser exercida pelo pai ou por outras pessoas. Qualquer um que exerça a função da palavra ordenadora "é um pai no nó, nó-meador" (Pereira, 1997, p. 70).

Retomando o fio da carta de Freud, extraímos o trecho "à altura das exigências do erro". Tal enunciado tem ressonância com as colocações trabalhadas anteriormente ao considerar o pai incerto agente da transmissão, nas exigências da função do pai, como também nos remete a algumas articulações com a palavra "erro". Em francês, encontramos a expressão *continuer sur son erre*, cuja tradução é "seguir uma ação com a velocidade adquirida".

Lacan, ao trabalhar a pluralidade dos nomes do pai (*les noms du père*), utiliza da homofonia e conceitua que os não tolos erram (*les non-dupes-errent*). Em sua elaboração, introduz o equívoco e o erro (*erreur*), com sua raiz de impulso no que se refere ao Pai. Desse modo, Lacan coloca em cena a propulsão do fenômeno: "vocês talvez saibam o que quer dizer, um 'erre' (e, dois r, e)? É algo como o embalo, o impulso de algo, quando para aquilo que a propulsa. Ela continua correndo ainda" (1973, p. 3). Quando traz o erre como impulso e continuidade de movimento, Lacan confere uma decorrente propulsão ao Pai e continuidade de sua função. Ana Maria Portugal, por sua vez, aponta que é "no erre, real, que percebemos que o inconsciente é um saber desarmônico" (Saliba, 1997, p. 98).

Na contemporaneidade, a transmissão da incerteza do pai não se sustenta diante dos inúmeros obstáculos decorrentes da promessa de certeza enunciada pela ciência moderna. Podemos incluir, ainda, todas as certezas propagadas pela mídia, pela religião ou pela política, colocando explícita a condição de desamparo do homem, que o faz vulnerável às promessas de realização daquilo que, desde sempre, busca. Com isso, há na atualidade um movimento de que o pai, agora participativo, atuante, assíduo leitor na Internet, seja "certíssimo", colocando a dimensão do erro como inadmissível, impedindo, assim, que a incerteza possa operar, em sua condição real, nas relações.

Dando continuidade ao que Freud assinala na carta a Fliess, vamos ao destaque de outro ponto: "a chave para restringir o poder feminino". O pai restringe o poder materno sobre a criança ao colocá-la como objeto de seu desejo, dando-lhe a posição de mulher e de não toda mãe. Segundo Lacan, leitor cuidadoso de Freud, é essa a função do pai. Uma construção assim organizada já traz incluída a separação e coloca o pai, de outro modo, não apenas presente, mas atuante.

Estudos da etnóloga e psicanalista Geneviève Delaisi de Parseval, em *A parte do pai* (1986), revelam como, de forma particular, em diferentes culturas, o pai cava um espaço como integrante da história, desde a concepção de uma criança. A autora descreve uma diversidade de ritos, crenças, e o que fica claro em todos é o movimento de entrada na história que o pai segue e crê como integrante do processo. O pai não se coloca de fora, ele tem um lugar, até quando vivencia o chamado resguardo, ato de recolhimento, revelando-lhe o sentido de acumular forças, que vão ser transmitidas para o filho, uma marca de sua paternidade. Esse resguardo é o conjunto de interdições e de ritos característicos da cultura de determinados povos, que o homem está obrigado a realizar durante a gravidez da mulher e logo após o nascimento da criança.

Couvade foi um termo adotado pelo antropólogo E. B. Taylor, em 1865, ao se referir a certos rituais dos pais para atrair e afastar demônios ou espíritos da mãe e proteger a criança. É uma palavra comum na psiquiatria para nomear quadros de depressão, acidentes, automutilações, manifestações somáticas, "atos falhos no corpo", dores, alterações hormonais, dores de dente e outros sintomas e identificações presentes nos homens durante a gravidez de suas mulheres. Interpretado, na maioria das vezes, como inveja e ciúme do pai, o estudo do couvade toma uma amplitude maior do quadro descrito e abre horizontes sobre a busca de um lugar, efetivada por um pai, na vida de seu filho, um lugar também especial naquela situação de nascimento. É um fenômeno corrente que passa desapercebido na maioria das vezes.

Retomando os estudos de Parceval, em alguns povos, o bebê vai para os braços do pai, que se deita na rede e fica de resguardo, mantendo uma dieta especial até que o cordão umbilical caia. A autora empreende extenso estudo sobre o tema, por meio de pontuações sobre os ritos nos povos pesquisados.

A cultura ocidental, durante muito tempo, não conseguiu ultrapassar a questão do mal-estar relacionado ao lugar do pai, e de sua consequente exclusão, diante da apologia da relação exclusiva mãe-bebê. Hoje, observamos mudanças significativas quanto a este ponto, entretanto, por vezes, caminha-se para outro extremo, como a participação excessiva do pai, sem elaborações.

Como bem coloca Szejer e Stewart (1997, p. 222) sobre a atualidade, "por muito tempo os pais ficaram excluídos (ou se excluíram) de tudo o que dizia respeito à gestação e ao parto... Mas, é preciso pensar, que há outras formas de eles participarem disso, sem se tornarem a sombra da mulher, em tudo o que ocorre com ela". Interessante observação dos autores, pois, como aponta Freud na carta a Fliess, o pai não precisa fazer "como faz a mãe".

É preciso, então, que ele deixe de ser a sombra e invoque a sua força nos atos.

Entretanto, Freud nos alerta na mesma carta: "que o cálculo esteja correto e, como legado do trabalho, seja transferido do pai/para o filho e, mais além da separação dos séculos/conjugue na mente o que as vicissitudes da vida rompem e separam". Assim, o nascimento de uma criança marca o rompimento como condição original de todo ser falante e, desde esse momento, o pai tem uma função imprescindível nas vicissitudes da vida.

2- REPRODUÇÃO ASSISTIDA, PSICANÁLISE E CIÊNCIA

Carmen Moreira Caram

> O homem é uma descontinuidade que se quer contínua.
> *(Viegas)*

> Não é verdade que, quando se diz tudo sobre os principais temas da vida humana, as coisas mais importantes continuam por dizer?
> *(Zygmunt Bauman)*

O desejo decidido de Freud leva-o na direção de inventar a psicanálise a partir de suas experiências clínicas. Surgida dentro do campo da ciência, na especialidade da medicina neurológica, a psicanálise subverte a ordem universalizante do campo médico impondo-se como proposta de tratamento do sofrimento humano pela escuta de cada paciente. Freud fez falar o que não se calava e era expresso como sintoma no corpo ou em outras formas de manifestações psíquicas pelas histéricas. Seu ato inaugural de escutá-las permitiu-lhe chegar aos restos, ao insabido do campo inconsciente. Freud depara com os enigmáticos efeitos do sexual, o irrepresentável, o real.

Ao criar a psicanálise, Freud não ignorava que os efeitos causados por mudanças futuras na cultura e os avanços da ciência provocariam a dimensão do real. Em "O mal-estar na civilização" (1929/1976) e "O futuro de uma ilusão" (1927/1976), ele aponta essa evidência. Assistimos a mudanças marcantes no âmbito da cultura, do social e no campo tecnológico. Toda e qualquer invenção do homem não é sem alto custo para ele próprio. As contingências da contemporaneidade exigem da Psicanálise, em sua condição inventiva, a possibilidade de acolher aquilo que, próprio dessa época, é demandado ao analista. Em cada tempo se depara com novas formas de mal-estar na civilização.

Em diferentes situações, os feitos causados pelas transformações recaem sobre a precariedade humana. Somada às incertezas e buscas contínuas de satisfazer o desejo e o gozo, evidencia-se uma causa impossível para o ser falante: os desejos são inesgotáveis.

No campo das estruturas familiares, transformações sempre foram constatadas e apontam para seu dinamismo e tendência às mudanças contínuas. A pré-história da humanidade revela que, inicialmente, as estruturas protofamiliares, em períodos anteriores ao conhecimento da paternidade, existiam em torno das mães. Estima-se que o poder atribuído à mulher, nessa época, esteja relacionado à sua capacidade de gerar filhos. O tema da fecundidade era de tal importância que orientava, inclusive, a vida religiosa. As divindades femininas testemunham tais crenças. A Grande Deusa era responsável pela fecundação e pela fertilização da terra. As famílias organizaram-se, gradativamente, após a descoberta da paternidade e, desde então, surgem deuses masculinos e estes se sobrepõem às primitivas teofanias. A vida sexual reordena-se, a partir daí, conforme novas regras e costumes que causam enormes transformações nas sociedades de períodos patriarcais, até a atualidade (Dupuis, 1989). Essa raiz cultural poderosa é responsável pela transmissão da força do laço familiar. Tal verdade tem para a psicanálise sua base no desamparo fundamental do ser humano. O humano, em sua origem, é incapaz de sobreviver sem o outro; sem a "ação específica" (Freud, 1950[1895]/1969) do outro.

O espaço das relações familiares tem sido cenário de enormes transformações, especialmente com os avanços no campo da reprodução.

Pode-se dizer hoje: "Tudo foi revirado de ponta-cabeça".

O insondável campo real da morte e os enigmas do sexo e da vida instigam a ciência a manipulá-los. A medicina intervém ativamente na procriação, com reprodução assistida, inseminações artificiais, homólogas (com material genético do casal) e heterólogas (material genético de doadores), bebês gerados fora do ventre materno, em provetas, outras experiências de fertilizações, *in vitro*, por exemplo: "Bebês com três *genitores*"[33].

Cientistas movidos pelo impossível buscam, incessantemente, ultrapassar suas barreiras e, ainda que seja assustador é também fascinante, instiga-os à invenção. Paradoxalmente, as novas invenções, por sua vez, tocam e provocam o real. Tudo isso não é sem consequências subjetivas.

Da complexidade objetiva de produzir um ser à complexa subjetividade que insiste dizer.

A ciência caminha independente e objetivamente, com frequência, alheia às questões do sujeito que se submete aos seus experimentos. A ciência forclui o campo da subjetividade. Procedimentos repletos de sequências de protocolos deixam o sujeito à mercê das contingências dessas invenções. Os mistérios que inauguram a vida, desvendados em laboratórios, provocam, em cada experiência particular, efeitos a serem elaborados, *a posteriori*, pelo sujeito excluído dessas experiências. Implanta-se óvulo, embrião, porém não se implanta desejo. O desejo é intransferível e não controlável em laboratório. A subversão do sujeito se impõe e causa um movimento determinante nos efeitos resultantes daí.

Na contingência da experiência singular de cada sujeito, tais efeitos são colhidos e encaminhados. O que é causado do lado subjetivo fica, muitas vezes, a cargo da psicanálise, em que o sujeito pode se fazer presente e insiste por representar-se entre significantes. A pressão

33 Pesquisas em laboratório com finalidade de evitar transmissão, pela linhagem materna, de doenças incuráveis revelam que embriões geneticamente modificados receberiam óvulo da mãe, alterado em seu DNA, associado a outro óvulo de doadora. Desse modo, entram em sua fecundação um pai e duas mães (Estado de Minas, 2014, p.16).

para se escrever é evidenciada, muitas vezes, em um sintoma, ou até mesmo sob alguma forma de "atuação".

Reprodução Assistida

> *"A sexualidade é traumática, ou não é.*
> *Ela surge no inesperado, surpreende na estranheza,*
> *angustia frente ao enigma: de que se trata?*
> *Assim, ela atropela nossa existência[...]*
> *(Julien, 1997, p. 75)*

Seguindo a trilha de Freud, desde as primeiras investigações sobre a etiologia das neuroses, acompanhamos suas questões sobre a sexualidade como fator determinante na formação dos sintomas. O trauma ligado ao sexo, cena traumática, sedução, nascimento, angústia de castração foram temas recorrentes em suas teorizações. A pulsão sexual despertada no humano ao nascer foi vista por Freud como força capaz de mover, provocar e, também, adoecer o sujeito. Na criança considerada "perverso-polimorfa", a sexualidade ganha, desde as primeiras manipulações em seu corpo, um campo de excitabilidade importante. O autoerotismo, característico das primeiras fases de vida, junto com estádios em que predominam a excitação das zonas erógenas – oral, anal, genital, buracos do corpo – reafirmam as teorias da sexualidade infantil (Freud, 1901-1905/1976, p. 169).

O encontro com o real do sexo surpreende e assusta. A estranheza vem da impossibilidade de se escrever, de demarcar o enigmático terreno do sexo. Na Carta 52, Freud, ao falar sobre Wz, caracteriza-o como uma marca, um sinal de que a experiência está marcada, porém não é traduzida em palavras. São as primeiras inscrições a partir de experiências vivenciadas, restos vistos e ouvidos pela criança em fases em que não havia a palavra. O desencontro entre os sexos, a não complementaridade, "não há relação sexual" (Lacan, 1972-1973/1985, p. 22) – como atesta o aforismo lacaniano – é, talvez, a maior fonte de mal-estar para o ser falante.

"Não há relação sexual". Hoje, o homem é cria da ciência. No ambiente controlado do laboratório, *in vitro*, ocorre o delicado e enigmático processo de origem da vida. Assiste-se, além dos pais, à fecundação. Um espetáculo com espectadores, observada, fora do espaço reservado e longe da intimidade do encontro de dois corpos, a fecundação acontece. Em uma dessas experiências, fala um pai: "Tudo isso é muito estranho. Eu me senti de fora. Quando soube que ela estava grávida, fiquei atônito... e nunca mais foi a mesma coisa essa relação".

Gerar um filho, advindo da contingência do encontro sexual e do desejo dos pais, por si só comporta uma série de implicações, especialmente no campo das fantasias de cada um. Quando a fecundação se dá artificialmente, no ambiente asséptico, controlada em laboratório, aparentemente eliminaria as adversidades próprias do encontro sexual. Porém, despertam-se outros pontos, carregados de inquietudes, medos, inseguranças, frustrações, dúvidas, inerentes à complexidade do ser falante. O não sabido, estranho, não controlável impor-se-á. Tudo isso não é sem consequências.

Tocar o corpo é despertar a alma. Diria, talvez, o poeta.

O sujeito nasce em um corpo e aí faz sua morada.

Os discursos referentes ao corpo divergem, conforme os distintos campos de saber. Para a medicina, importa a realidade somática, material. Para a psicanálise, o corpo é, acima de tudo, uma realidade psíquica, investido pulsionalmente. O corpo, habitado pela linguagem, é cenário fantasmático, campo de sofrimento e gozo. Freud, bem ao contrário de fazer uma divisão psique/soma, inclui em seu projeto pensar esses campos como limites que se mesclam. Pulsão (*Trieb*) em Laplanche e Pontalis é definida como um "conceito-limite entre o psiquismo e o somático" (Laplanche & Pontalis, 1979, p. 508). Como um processo dinâmico, no qual um *quantum* energético circula, permanentemente, à procura de escoar e fazer ligações pela via das representações (sonhos, atos falhos, sintomas) ou sob a forma de derramamento direto sobre o corpo, causando manifestações somáticas, sem sentido interpretável, como pulsação gozosa. "Forma-se aí um buraco e ao não circular a energia, há uma deflexão tanto no psíquico quanto no somático sob a forma de uma espécie de hemorragia. Como na hemorragia de sangue que derrama dentro do corpo e interrompe a oxigenação de um tecido" (Caram, 2010, p. 80).

O corpo é sempre convocado a encenar o que da pulsão, do real comanda o espetáculo. Topar com o real é assustador porque não existe, *a priori*, um texto para dizê-lo. É preciso construir uma forma de contornar o indizível.

Linguagem, fantasias e corpo têm uma inegável intricação. O corpo responde ao psíquico e o que parte do psíquico perpassa o corpo e deixa aí marcas.

"Pensar a pulsão entre somático e psíquico, entre o que entrelaça, atravessa, conecta, corta, não há como não pensar o corpo moebianamente. Na medida em que, na banda de Moebius, se junta o avesso e direito, o que surge é o furo, um buraco. Engendra-se uma forma onde dentro e fora se mesclam e faz-se romper a lógica de interior e exterior. Assim pensado o corpo é pulsional. A pulsão aí age silenciosamente, deixando o corpo ao império do gozo. O corpo da psicanálise é um corpo de gozo. Pelas vias e passagens através do corpo escoam forças em movimento contínuo e deixam marcas, sulcos, inscrições (Caram, 2010, p. 78).

Freud, em Três ensaios sobre a teoria da sexualidade (1901-1905/1976), em nota de rodapé acrescentada em 1915 na página 188, diz: "Após refletir mais e depois de levar em conta outras observações, fui levado a atribuir a qualidade de erogeneidade a todas as partes do corpo e a todos os órgãos internos". A sexualidade liga-se às funções somáticas e está presente desde o início da vida de cada ser. A pulsão sexual apoia-se em uma função vital. O desejo estará sempre marcado pelas primeiras experiências de satisfação e pelos enlaces precoces com as figuras significativas.

Se por um lado crescem o saber e as possibilidades criadas com as descobertas científicas com relação às técnicas de reprodução humana, por outro, o desamparo inerente relança o sujeito às questões concernentes ao não sabido. A demanda de ser escutado conduz à busca do psicanalista e à possibilidade de elaborar os efeitos gerados pelos atos aos quais se submete.

Angústia frente ao desconhecido

Acompanhada pelo marido, que pede para serem escutados, L vai ao primeiro encontro com o psicanalista. Há dias L não quer se alimentar, tem chorado muito e não sai da cama.

"Eu sempre quis filhos, mas ela sempre adiava" — fala o marido.

L, profissional bem-sucedida, conquistou destaque e tornou-se disputada entre as empresas com as quais trabalhou. Ao se aproximar dos 40 anos, despertou-lhe o interesse em ser mãe. "Passei a perceber-me observando mães e bebês, por todo lado, e ele sempre pediu filhos. Era agora ou não mais."

Após tentativas de engravidar, sem sucesso, buscam um centro especializado em "reprodução assistida", onde se submetem a vários procedimentos, alguns dolorosos, incontáveis exames e sucessivas frustrações. Tudo isso se passa sem falarem para familiares e amigos. Esse fato permanece como um segredo do casal. As tentativas de inseminação artificial homóloga não foram satisfatórias. A insistência nesse processo levou-os em direção à doação de óvulos de terceiros, desconhecidos, à inseminação artificial heteróloga. Todo o período que antecedeu ao resultado positivo foi vivido com muita tensão e desgaste físico, psíquico, além de elevado custo financeiro.

L engravidou de trigêmeos. Relatam um primeiro momento de surpresa e, em seguida, instaura-se, especialmente em L, um estado de inquietude, seguido de muita angústia diante do desconhecido. Forte ambivalência impõe repetidos questionamentos: "Para que fui fazer isso? Eu quero mesmo ter esses filhos? Sem meus óvulos, está muito difícil!".

Desejo de engravidar? Desejo de ter filhos? Desejo de ser mãe? Em diferentes faces a lógica do desejo, em suas errâncias, tem sua arquitetura singular, seus arranjos e desarranjos próprios. Obedece à lógica inconsciente, apresenta-se entre divisão, conflitos e paradoxos.

L deprime-se e é invadida por fantasias que apontam as contradições do desejo. Imagina-se em quedas e abortando os bebês, gerando nela forte sentimento de culpa. Esconde a barriga proeminente ao passar por momentos de vergonha de aparecer grávida e não se sentir uma mulher jovem para tal.

As experiências sofridas pelo corpo, no decorrer dos procedimentos médicos, tomam outra dimensão nas sessões analíticas. Tocar, invadir o corpo é cutucar o real. Interferir no processo original, comum da ordem "natural" de reprodução humana, alterar o que foi, idealmente, planejado, muito mais que complexo é desorganizador, psiquicamente. Para além do revelado no corpo está o campo inconsciente. O que habita o corpo, como impressões, sensações, no espaço analítico ganha outro discurso. O vocabulário médico transforma-se em significantes e associam-se a lembranças, fantasias que permeiam tais experiências, causando "outra cena", como sugere Freud. É preciso colocar tudo isso em palavras.

A possibilidade de falar e ser escutada sobre sua relação com a mãe revolveu em L lembranças marcadas por ideias de abandono e rejeição. Sua mãe, acometida por depressão pós-parto, confiou-a aos cuidados de uma tia. O ir e vir entre mãe e tia, cenário presente em toda sua infância, determinou sua posição subjetiva. "Sou um acidente de percurso na minha família." L é caçula e nasceu quando seu sexto irmão estava com 9 anos. "Tenho certeza de que não fui desejada." Diz isso carregada de emoção e sob muito choro. Mas, em seguida, tenta desculpabilizar a mãe ao dizer: "Também... ela já era mais velha".

A repetição fica evidente. O gozo é cruel.

Há a realidade histórica e a construção fantasmática singular. A articulação entre esses elementos dá origem à realidade psíquica e podem funcionar como campo fértil ou armadilha em que o próprio sujeito se embaraça. A realidade psíquica ocupa uma posição de comando, e, assim, o sujeito se movimenta e se debate, conforme sua estrutura inconsciente. Isso tudo tem um alto custo para sua economia psíquica.

Em raros momentos, L expressa alegria por vir a ser mãe. O imaginário em relação aos bebês provoca-lhe muita angústia: "Com quem irão parecer? Será que os outros irão ver que não são meus? E se não parecer com o pai, como serão? Não consigo imaginá-los!" "E quando eles me perguntarem, o que direi? Será que terei que dizer que não sou mãe deles?" Estas são algumas questões com as quais L se tortura.

A ciência busca resolver, preencher o que falta. A psicanálise ocupa-se em fazer falar o sujeito em falta. Aí está o cerne da questão a ser encarada. Não calar os desejos e seus paradoxos, seus impasses e o gozo que o circunda. Na singularidade de cada experiência, topar com o real da origem, do sexo e da morte e responsabilizar-se pelas escolhas, quase sempre guiadas pelo inconsciente, determina o processo analítico.

3- INCIDÊNCIAS DO REAL EM *REUNIÃO DE FAMÍLIA*

Yolanda Mourão Meira

> Nossa família era então um espelho sem moldura.
> Inconsistente: um toque mais brusco, tudo se estilhaçava.
> *(Lya Luft)*

Pretendo articular as incidências do real na família utilizando o livro de Lya Luft intitulado *Reunião de família* (2004), que, apesar de ficção, vou tomar como uma mostração, um fragmento clínico, buscando verificar como se apresenta o real naquela família.

Para pensarmos a família, temos *elementos imaginários* – por exemplo, os mitos e as histórias que caracterizam a família – *elementos simbólicos* – relativos a lugares, funções –, e *elementos reais* – ligados ao gozo, ao que não se representa na linguagem e circula pela família.

Em *Reunião de família,* o que deveria ser um encontro "normal" de família em um fim de semana, na verdade, vai apresentar toda a desarticulação, a solidão de cada um de seus membros, indicando como os encontros são faltosos e carregados de mal-estar. Algo acontece quando os membros da família estão juntos. Há uma pressão do coletivo que vai possibilitar que se coloque às claras o que de um a um arduamente foi escondido por cada um. Como se dá a interseção entre o coletivo da família e os distintos sujeitos?

Seguindo a abordagem de *O Porão da Família: Ensaios de Psicanálise* (Meira, 2003), a proposta é fazer uma leitura da família, empregando a lógica do coletivo. Se, para a psicanálise, o que se visa é algo da ordem da produção do sujeito do inconsciente, a família não deve ser tomada como um todo, um grupo no sentido colocado por Freud (identificação com um líder que os faz se identificar entre si), o que teria como consequência uma visão ideal da família: a da união, da busca de completude, a da harmonia.

Na leitura da família, devemos levar em consideração tanto os aspectos do sujeito quanto os aspectos da família, dentro de uma lógica do coletivo: o advento do sujeito, tendo em vista que ele pertence a um conjunto familiar determinado, que além de transmitir a cultura, de ser sede da cultura, é sede do gozo pulsional, em conflito permanente com a cultura – fonte, portanto, de mal-estar. O coletivo incide, pois, na família, trazendo uma diferença, um elemento de pressão, ou mesmo de precipitação – como com os prisioneiros tratados por Lacan em "O tempo lógico e a asserção de certeza antecipada" (1998), deve-se fazer um cálculo coletivo para localizar-se como sujeito.

O livro *Reunião de família* é narrado na perspectiva de Alice, que vai passar o fim de semana com a família com o intuito de tratar do problema da irmã, que não está bem após a perda do filho e se comporta como se ele estivesse vivo. No decorrer do livro, as máscaras vão se desfazendo e mostrando os segredos, as perversidades, as verdades ocultadas, que dizem respeito ao sexo e à morte.

Os filhos, órfãos de mãe, foram criados por Berta, uma mulher brusca, tosca, que cuidava dos meninos, porém sem afeto. O pai, professor, homem violento que massacrava os filhos, agora, começando a caducar, se encontra perturbado por mosquitos que ouve na orelha. A irmã de Alice, Evelyn, é atormentada pela morte do filho em um acidente provocado por ela: enlouquecida, agarra-se em um boneco-palhaço como se fosse o filho. Aretusa, mulher do irmão Renato, debate-se com o sacrifício de uma aluna (Corália) que tentou suicídio por amor a ela, enquanto Renato, o irmão massacrado pelo pai, é agora continuamente criticado e maltratado pela mulher. E Alice, que fugiu das loucuras familiares, contraindo um casamento sem grandes emoções – águas paradas da rotina –, se ampara na identificação de dona de casa cuidadosa. Mas a iminência do encontro familiar traz à tona a possibilidade de reencontrar o que estaria evitando: "Apenas um encontro de família: mas sinto-me como se estivesse à beira de um lago, um rio, mirando a superfície calma debaixo da qual se movem *estranhas criaturas*. Se as contemplar por mais tempo, ainda *serei a mesma pessoa*?" (Luft, 2004, p. 15).

Alice busca satisfação na realidade virtual de sonho, da fantasia, em que o espelho revela a imagem de uma outra Alice. Lembra-se de que, na infância, brincava de ser poderosa e inconquistável: "*Meu lado avesso, esconjurado, começava a ser o legítimo. E muito mais feliz*" (Luft, 2004, p. 37). Esse imaginário se sustentaria quando o encontro com a família a faz se deparar com o que evita? A epígrafe do livro anuncia: "*Sinto o medo do avesso*" (Miguel Torga como citado em Luft, 2004, p. 7). O que vê na cena da família remete a uma outra realidade, a uma Outra Cena. Não há como fugir das loucuras familiares, posto que está no meio delas e delas faz parte (do avesso).

Ao contrário do ideal de família completa, perfeita, harmônica, "toda", o que temos é uma família que não funciona bem, que é atravessada pelo mal-estar, pelo estranho e que faz transitar o "objeto *a*" de distintas formas. A família está ancorada na lógica do não todo fálico, incluindo em sua estrutura um ponto de vazio, no qual não há palavra que possa dizê-la toda: não existe A Família, pensada dentro de um ideal de perfeição, mas Ⱥ Família (Caram, 2003b) por analogia a Ⱥ Mulher, restando-lhe a possibilidade de fazer encontros faltosos, contingentes.

No capítulo 7, Luft fala de um jantar de família, dos fantasmas, de uma segunda família que aparece no espelho da sala de jantar. Começa dizendo que os membros da família formam uma "estranha cena à mesa de jantar". Anuncia aqui o campo do estranho (*Unheimlich*). Diz que nessa "meia-luz" eles se parecem fantasmas. Para Freud, "O

Estranho" (*Unheimlich)* é também nomeado O Estranho Familiar (1919/1976, p. 277). A família revela e denuncia o Estranho: o familiar pode tornar-se insuportavelmente estranho, falhando os arranjos até então estabelecidos para a organização familiar e fracassando as tentativas de recobrir o Real (Melgaço, 2003). Logo após anunciar o estranho-familiar, a autora diz que uma segunda família janta no espelho, que vai do aparador até o teto. "Uma feia rachadura sobe do canto esquerdo até o meio e divide meu rosto obliquamente em duas partes." (Luft, 2004, p. 55). Interessante o percurso: ela enuncia o campo do estranho/do fantasma/do duplo (segunda família) e da divisão subjetiva (divide meu rosto em duas partes). O que vem a seguir é uma família tomada na dimensão do estranho-familiar, na qual aparecem situações inusitadas e uma clara divisão: a família "real", marcada por mentiras, decadência, máscara, podridão, e a outra, a família "do ideal", que aparece no espelho. Interessante que a única pessoa que Alice diz não precisar ver no espelho é a irmã Evelyn, que "naufraga na loucura abraçada ao filho morto" (Luft, 2004, p. 56). Poderíamos pensar que a loucura de Evelyn anuncia algo da dimensão do real que o imaginário do espelho não recobre?

"Que grande farsa representamos diante do espelho" (Luft, 2004, p. 56), interroga Alice. Pois o que há é decadência e podridão: transgride-se a proibição médica, a carne elogiada por Aretusa está fibrosa e seca, o pai não daria dinheiro para um bom jantar, e a velha empregada já não enxerga direito: "há um vermezinho rosado movendo-se na rodela do tomate que afastei para a beira do prato" (Luft, 2004, p. 56).

Mas "a família do espelho, em sua existência de sombras, não liga para essas coisas, o seu mundo é outro. Ali, todos estão salvos" (Luft, 2004, p. 56).

Aqui, a autora coloca claramente que o imaginário é que salva a família da decadência, da ruína, dos restos de real que se apresentam como "o vermezinho" da salada. Continua: "Tentamos encontrar e tramar o fio de alguma conversa inofensiva, mas nossos pensamentos rastejam no chão como serpentes ameaçadoras que a qualquer momento podem dar o bote" (Luft, 2004, p. 57) Apesar de quererem fugir, cada um de uma forma, algo que não foi simbolizado ameaça irromper no real.

O que vem a seguir são considerações sobre a *falta e a carência*. A família "ideal" já não se sustenta. Uma a uma as máscaras vão caindo e deixando aparecer o que não tem conserto, o mal-estar, os segredos e as histórias mal contadas, as repetições: um pai violento e sem amor que foi expulso da família de origem pelo pai violento e alcoólatra, o que se repete na própria família, no tratamento que dá aos filhos; uma mãe morta precocemente, pouco falada, mas "trazida" nas brincadeiras de mãe e filha das duas irmãs e de Renato com a empregada, e talvez também na loucura de Evelyn agarrada no boneco-filho morto.

A redoma frágil vai se rompendo nos outros encontros, especialmente nos jantares em que a "cumplicidade na mentira" (Luft, 2004, p. 13) vai se desfazendo, a fala descongelando, e os gritos vão se dando: "quem somos afinal? As imagens que me rodeiam, essas sólidas coisas familiares: o que ocultarão de mais secreto? As pulsações de uma vida que não se vê... mas estão lá nos subterrâneos..." (Luft, 2004, p. 23). E podem reaparecer... A pergunta "*Quem Somos, Afinal?*" remete à dificuldade de se posicionar diante dos subterrâneos do inconsciente, ao avesso, onde, entretanto, a vida pulsa. Há sempre uma ideia de que as coisas sólidas familiares ocultam uma verdade. Uma metáfora interessante – a da árvore cortada – dá ideia de que o reprimido, recalcado, cortado, não morre, reaparece com toda a potência nas frestas, nos interstícios, nas hiâncias. Em contraposição à vida, ao que pulsa e reaparece insistentemente, encontramos no texto a morte e vários mortos-vivos: Corália, a aluna de Aretusa[34]; o pai (*enterrado vivo, batendo no caixão*); e a própria Alice que, ao se refugiar na vida de dona de casa sem emoções, deixa em suspensão a sua sexualidade, sua feminilidade e sua violência. Por outro lado, a morte de Cristiano, mal elaborada por alguns, forcluída por outros, se faz presente em todo o texto. Desde que chegou à casa do pai, Alice acha que Cristiano vai aparecer. Vê caras (do boneco ou de Cristiano), ouve passos de criança, barulho da árvore cortada e do balanço com uma criança.

---

34 "Corália não morreu; mas não era mais Corália. Era uma criatura aparvalhada, que não podia mais andar; nem falar; mal sustentava a cabeça, a baba escorrendo. Há mais de 20 anos minha cunhada carrega esse segredo sombrio [...]" (Luft, 2004, p. 69).

Há uma elaboração precária do luto, que tem no esteio outra perda fundamental, que é a da Mãe. E esta deixa marcas profundas em todos os filhos, pois remete ao desamparo: "Ninguém nos falava em nossa mãe, era como se tivéssemos nascido sem ela; *desenraizados*" (Luft, 2004, p. 34). Ao lado dessa ausência radical, a presença de um pai rígido, violento, distante: "o velho Rasputim... Olhos: lâminas frias furando a alma da gente, encontrando o menor grão de sujeira" (Luft, 2004, p. 39). Pai esse que deixou marcas profundas em todos os filhos, que andavam encolhidos procurando não ser notados, com medo de serem repreendidos. Mas, quando o pai não estava presente "às vezes *pareciam demônios*, gritando sem motivo aparente" (Luft, 2004, p. 36). E esses demônios, bichos descontrolados (ou pulsões desgovernadas), vão aparecendo nas demais reuniões, quando o pai já não sustenta a posição anterior rígida e repressora, mostrando, ao contrário, uma decadência, um relaxamento, que em outros tempos não se permitia.

Vemos isso em duas situações: no embate de Renato com o pai e no de Alice com a cunhada. Renato acusa o pai de nunca ter sido pai, mas carrasco. "Então os vermes estão comendo o senhor, antes da morte? [...] Quero que apodreça!" (Luft, 2004, p. 82). Situação de crueza, crueldade, selvageria, que ninguém consegue conter ou impedir exatamente, porque Renato traz o que todos haviam silenciado: o desejo de morte do pai. "Mas talvez *ele tenha falado por todos nós*" (Luft, 2004, p. 86). A agressão diz respeito ao desejo de morte do pai tirano, compartilhado possivelmente por todos os filhos, o que remete ao mito da horda primitiva, inventado por Freud, no qual os filhos matam o pai e se banqueteiam com o seu corpo. "Somos animais que se lançam sobre o mais velho, mais fraco, que antigamente os tiranizou; vão dilacerá-lo" (Luft, 2004, p. 86).

No grupo familiar (Travaglia, 2003), o real em jogo pode ser denunciado pelos segredos encobertos, o gozo não dito. Nesse sentido, questão interessante que o livro trata é da Mulher. Aretusa faz um jogo de contrastes com Alice, pois ela retrata a mulher sensual, que causa desejo até nas alunas adolescentes, enquanto Alice reprime a feminilidade, vivendo-a através do espelho, através da Outra mulher, parte esta que pode viver apenas nos sonhos ou nas fantasias de encontros ardentes com amante. Daí que o aparecimento do segredo de Berta – figura aparentemente assexuada, "que recortou figuras de mulheres nuas com os sexos entreabertos" (Luft, 2004, p. 102). – é avassalador para Alice, pois remete ao que é da ordem da própria sexualidade, que pode também ser desnudada e horroriza, pois diz respeito ao real do sexo da mulher. Por outro lado, Aretusa reflete a imagem de uma Alice que ninguém conhecia, e essa imagem tinha a ver com sua sexualidade: "Uma Alice suja, louca, pervertida, má"[35] (Luft, 2004, p. 110). Percebendo-se desnudada de maneira vil, sente um ódio que nunca se julgou capaz e acusa a cunhada de destruir as coisas ao seu redor. Convoca, entretanto, o lugar da vítima: "Agora quer *outra vítima*?" (Luft, 2004, p. 107). É como dirigisse uma pergunta a esse Outro, encarnado no momento por Aretusa: o que quer de mim? *Che vuoi?* Os outros continuam calados; estão paralisados. "Nosso descontrole aliviou suas tensões, nossa dor os distraiu de seus dramas". (Luft, 2004, p. 110).

Por último, Alice escuta: "Você pensava que estaria segura na sua vida confortável enquanto os outros iam se desgraçando? [...]". E conclui: "Talvez agora me acolham melhor no seu meio; *estamos todos igualados, não passamos de animais condenados*" (Luft, 2004, p. 115-116).

Vemos, aqui, o que acontece em muitas famílias, quando, diante de uma situação avassaladora, as pessoas como que se economizam, quando os outros vivem as cenas de tanta intensidade emocional. Podemos dizer: uns condensam o gozo que circula na família. A narradora vai mudando a narração intimista do eu e passando para um "nós" que achata as diferenças ao em vez de revelá-las, o que redunda, no final, em "estamos todos igualados" – na sujeira, na agressão, na maldade, na condenação.

Alice convoca a morte, colocando-se em uma situação masoquista, de submissão ao castigo que supõe ser imposto pelo outro. Ser aniquilada pela morte daria expressão dramática à posição em que se colocou: objeto do outro.

É possível recompor o quadro familiar? Na fala de Alice: "Sei apenas que... queremos recompor o quadro familiar, não queremos ser

35 Uma cadela, seios balouçantes e sexo quente (Luft, 2004, p. 110).

animais, não queremos ser loucos ou sujos. Mas não conseguimos. [...] Estou aliviada: logo vou pegar o táxi, entrarei no ônibus, chegarei em casa... [...] *O mundo voltou a ser ordenado...*" (Luft, 2004, p. 119, 125).

Não se sabe o que se seguiu a essa reunião de família, na qual o real irrompeu de maneira tão avassaladora. Se isso tivesse acontecido em uma sessão de Psicanálise com família, o desfecho poderia ser diferente: o trabalho com a família poderia ter permitido aos distintos sujeitos se posicionarem diferentemente, fazendo uma passagem do familiar que estranha ao confronto com o *Estranho Familiar*. Não se trata de negar, mentir, e voltar tudo ao que existia anteriormente, mas de se apropriar desse real e poder fazer algo com ele. Talvez, fazer uma escrita.

Vemos que Família pode evocar sentidos múltiplos, que coexistem simultaneamente. Usando o modelo do cristal (Portugal, 2003b) – um agregado formado pela organização de ligações de cargas opostas –, as distintas versões da família podem se justapor. Em *Reunião de família*, vários sentidos de família vão aparecendo, sendo que o avesso anteriormente mantido oculto vai se insinuando e aparecendo de maneira menos metafórica, mais crua, e até mais selvagem, à medida que as reuniões vão acontecendo. Se o real traz uma ameaça de dissolução (Meira, 2003a), não se trata de visar a uma conciliação, pois, se a família vem a preencher a "fome" (uma das derivações em torno do significante "família"), aí está o real, o mal-estar. Assim, chega-se ao limite do interpretável e é aí que se escreve.

É disso que *Reunião de família* faz uma mostração.

4- NO HORIZONTE DA PSICANÁLISE EM EXTENSÃO

Ana Maria Portugal

> A dignidade suprema
> de um navio
> perdendo a rota.
> *(Paulo Leminski)*

Apesar de o trabalho com a família ser uma prática já bastante exercida nos meios da clínica psicanalítica de hoje, esta é uma questão que retorna sempre: em que medida esse trabalho se mantém dentro dos estatutos da psicanálise? Seria apenas acolhimento de uma demanda? Seria uma aplicação da psicanálise? Ou podemos considerá-lo dentro do campo da psicanálise em extensão?

Por outro lado, se optamos por denominar esse trabalho "psicanálise com a família" – e não "psicanálise da família" –, estaremos já acentuando não apenas a abordagem que o psicanalista se dispõe a fazer com a família, mas ainda o aspecto instrumental da preposição "com"[36], no sentido de que os problemas e os impasses que cercam uma família e a levam a buscar uma escuta clínica servem de instrumento para que a investigação da psicanálise avance e aprofunde a articulação de seus conceitos.

É um trabalho que exige todo cuidado e rigor, porque o modo como a família é trazida aos consultórios, apenas pela fala dos analisantes, também pode incorrer em desvios. Essa fala mostra as relações com um núcleo em que cada sujeito é filho, portanto há aí uma tendência a privilegiar uma experiência individual, psicológica (Lacan, 1954-1955/1978). Tal destaque poderia mascarar questões mais fundamentais do sujeito, como sua própria origem, sua legitimidade, lugar que ocupa no grupo familiar e como esse lugar o determina e o oprime etc. Entre outras, tais questões encontram no trabalho específico com a família um desdobramento peculiar, fazendo que a psicanálise exija de seus conceitos básicos um aprofundamento que favoreça sua sustentação. A psicanálise mostra-se, então, como um processo vivo, que acolhe a demanda onde ela aparece, incluindo em seu corpo teórico, o que lhe possibilita a experiência empírica.

Ao postular o que é um conceito em psicanálise, especialmente a partir dos textos incluídos no que denominou "metapsicologia", Freud (1915/1977, p. 137) afirma que, apesar de esperarmos que uma ciência se defina a partir de conceitos claros, o que constatamos é que nenhuma delas – nem mesmo as exatas – começou assim. Iniciando sempre com observações empíricas, estas foram sendo descritas, agrupadas e ordenadas em conexões, a partir das quais a nova ciência foi construindo seus conceitos, que, sendo testados em novas experiências, foram adquirindo maior precisão, finalmente, se definiram como conceitos fundamentais. Com isso, prossegue ele, essas ciências chamadas conjecturais, como a psicanálise, lidam com conceitos que portam certa quota de indefinição, conceitos abertos ao material empírico, desde que esse material possa ser submetido ao corpo de conceitos e não esbarre em contradições.

---

36 Lacan utilizou o sentido instrumental da preposição "com", ao escrever "Kant com Sade".

Tais condições onde se exerce a psicanálise trazem a estreita relação entre os parâmetros lógicos de intensão e extensão[37], relação testemunhada por ela, pois, de certa maneira, a psicanálise se define na prática. Perguntamos: até onde pode ser levada a extensão da psicanálise, respeitando o rigor dos limites da intensão?

Por isso, permitimo-nos tomar emprestada de Lacan a expressão que nos serve de título para prosseguirmos nas reflexões em torno do atendimento psicanalítico com a família. A expressão é retirada da "Proposição sobre o psicanalista da Escola" (1967) e afirma que "é no horizonte mesmo da psicanálise em extensão que se enlaça o círculo interior que traçamos como hiância da psicanálise em intensão" (Lacan, 1967, p. 40). Situar no horizonte – que como todo horizonte não é algo fixo, e, sim, ponto em perspectiva – permite-nos acolher mais amplamente a experiência da clínica, com os argumentos e conceitos da teoria da psicanálise.

É importante destacar que se trata da teoria da psicanálise, que envolve sua prática, e não simplesmente da teoria do inconsciente. Lacan nos alerta sobre os desvios que daí advêm, embora haja algo fundamental nesta experiência. Diz ele:

> *Que haja teoria da prática analítica, certamente. Do inconsciente, não, salvo a querer fazer verter o que se trata dessa teoria da prática psicanalítica que, do inconsciente, nos dá aquilo que pode ser tomado assim no campo desta prática, e nada mais [...]. Falar de teoria do inconsciente é na verdade abrir a porta a este desvio bufo que eu espero barrar, que já se estende há muitos anos sob o termo de psicanálise aplicada, e que permite todo tipo de abuso (Lacan, 1966-1967, p. 66).*

Exemplos de abuso são aplicados nas artes e nas literaturas, trazendo escoamentos sobre a borda do caminho analítico, que não honram a psicanálise.

---

37 Os termos "intensão" e "extensão" são relativos à apreciação de conceitos (Lógica). "Intensão" refere-se ao conjunto de características que definem o objeto representado pelo conceito; "extensão" refere-se à aplicabilidade do conceito dentro dos limites da intensão. Segundo Lalande (s.d., p. 440 e 685), o termo "intensão" caiu em desuso e hoje é substituído por "compreensão".

Sobre a "Psicanálise aplicada", notamos que constituía, na *Ata de Fundação da Escola Freudiana de Paris* por Lacan, uma das três seções propostas para a escola, seções que funcionariam de forma circular. Seriam elas: Seção de Psicanálise Pura, Seção de Psicanálise Aplicada e Seção de Inventário do Campo Freudiano. A Seção de Psicanálise Aplicada abrangeria grupos médicos que contribuiriam para a experiência psicanalítica pela crítica de suas indicações nos seus resultados, nas definições nosográficas, e na própria posição dos sujeitos terapêuticos (Lacan, 1964, p. 19), e com isso poderiam trazer à psicanálise questões surgidas a partir de outra escuta com outra direção.

O que se pode observar, no entanto, é que no documento posterior sobre a Escola, de 1967 – "Proposição sobre o psicanalista da Escola" –, a "Psicanálise Aplicada" não aparece mais, surgindo a relação entre intensão e extensão, que já mencionamos (Lalande, s.d.), circunscrevendo com o rigor da lógica o que vem a ser a experiência da psicanálise.

Voltando ao nosso tema inicial, para propormos que o trabalho de psicanálise com a família possa se incluir na psicanálise em extensão, seria preciso que fossem respeitados os limites da intensão. O que seria a intensão relativa aos conceitos em psicanálise?

Já recorremos a Freud (1915) quanto à certa indefinição e incompletude dos conceitos das ciências conjecturais como a psicanálise, assim como sua ancoragem contínua na experiência da prática. Tais assertivas se confirmam em seu texto póstumo "Esboço de Psicanálise", de 1938, publicado em 1940. Esse texto, escrito no exílio, em Londres, busca abranger, em nove capítulos, o essencial da psicanálise, discorrendo sobre seus conceitos fundamentais: a natureza do psíquico e suas dissecções, a teoria sexual, o inconsciente, a importância da prática e os ganhos teóricos trazidos pela psicanálise, que se traduzem em um mundo interno regido por uma divisão estrutural – *Spaltung* – que induz o sujeito a tratar a realidade em uma posição sintomática e, de certa maneira, fantasiosa e ficcional, a *Verleugnung*, termo traduzido como desmentido ou renegação.

No capítulo em que se dedica a descrever o inconsciente como fundamento do que é característica própria do psíquico, Freud retoma as condições da psicanálise como ciência, insistindo sobre seu aspecto de indefinição e incompletude, o que desanima aqueles que esperam desse texto póstumo, finalmente, algo mais definitivo.

Uma das condições que Freud aponta é que é fundamental nas hipóteses da psicanálise abrir mão do privilégio da consciência, tomando o desafio de lidar com algo não totalmente definido e diretamente inapreensível como o inconsciente, fato que, para os filósofos, é considerado uma clara contradição, que não poderia influir de maneira alguma sobre as ciências. No entanto, as mesmas ciências repousam em observações e experiências guiadas pelo aparelho psíquico, com suas percepções e reflexões. A dificuldade para a psicanálise é que este aparelho é que é seu objeto de estudo, exatamente nos pontos onde falha seu funcionamento em termos psíquicos. Várias negativas cercam o texto de Freud no que diz respeito aos processos inconscientes: são indefinidos (*unbestimmt*), inapreensíveis (*unfassbar*), incognoscíveis (*unerkennbar*), falhados (*luckenhaften*). Os caminhos de estudo dessas falhas e negatividades, conseguidos pelas associações trazidas pela fala, vão permitir deduções, que serão agrupadas em uma série até que esse material inconsciente seja traduzido para a consciência. "A relativa certeza de nossa ciência psíquica baseia-se na força aglutinante dessas deduções" (Freud, 1940[1938]/1975, p. 184).

Quanto a Lacan, a condição de negatividade que cerca o inconsciente foi sempre considerada por ele ponto fundamental durante todo seu ensino. Podemos verificá-lo desde o modo como se serve do *cogito* cartesiano, a partir do seminário *A Lógica do Fantasma* (1966-1967), propondo que se acompanhe de duas negativas: "ou não penso, ou não sou", situando o "não penso" como o lugar do Isso (*Es*) – "sou onde não penso", e o "não sou" como o Inconsciente (*Unbewusst*) – "penso onde não sou" (Lacan, 1966-1967, p. 49). Nota-se o mesmo ainda em um de seus últimos seminários, quando pluraliza o Nome-do-Pai, conceito-chave para a formalização de seu ensino. Nesse momento, Lacan joga com a homofonia de *nom* e *non* do pai (em francês), ou seja, nome, que implica o nome como função, nomear, e o não (*R.S.I.*) (Lacan, 1975). Mas essa negativa não é a da interdição e da lei, que coincide com o Nome-do-Pai, inserido no registro simbólico. É um ponto de Real, em que o Pai toma o lugar da exceção em se inscrever na ordem. Com essa proposta, Lacan, com o recurso da lógica, dá um lugar e outra leitura para o *Urvater*, o pai primevo, descrito por Freud em "Totem e Tabu" (1913) (Simmoney, 2007, p. 260).

Estamos considerando tais condições como que pode descrever mais essencialmente o que é a intensão (ou compreensão) dos conceitos em psicanálise, embora outros pontos fundamentais devam ser lembrados: inconsciente, recalque ("pedra angular", no dizer de Freud), sexualidade, complexo de Édipo, castração. Mas é que muitas práticas de psicoterapias e de acolhimento de conflitos pessoais podem utilizar alguns desses conceitos, mas nem sempre com o rigor da sua intensão.

Nossa conclusão é a seguinte: para que uma atividade exercida pelo psicanalista seja considerada extensão da psicanálise, é necessário que ela se enquadre dentro dos limites exigidos pela intensão. Essas atividades não podem abranger campos tão amplos que excedam esses limites, pois, à medida que a extensão de um conceito cresce, a sua intensão (ou compreensão) decresce, e vice-versa[38] – essa é a regra primeira dos conceitos em lógica.

Somente se a psicanálise com a família, tal como a circunscrevemos, permanecer atenta a preservar as condições de trabalhar a partir das incompletudes, da presença do Real e de seus encobrimentos, abandonando os ideais de harmonização e de garantia de resolução de conflitos que são frequentemente solicitados nessa clínica, é que poderemos dizer que esse trabalho se define no horizonte da psicanálise em extensão.

38 Disponível em: <https://sites.google.com/site/filosofarliberta>.

SOBRE AS AUTORAS

Ana Maria Portugal nasceu em São João del-Rei (MG). É psicóloga e psicanalista, membro da Escola Letra Freudiana (RJ). Tem artigos publicados em revistas de psicanálise: *Reverso*, *Aletheia*, *Grîphos*, *Revista da Escola Letra Freudiana*, *Transfinitos*, *Seminário Lacaniano* (Buenos Aires), *Trieb* (Brasília), *Imaginário* (Labi-USP), *Plural* (Fumec) e Ética da Inclusão (Cristina Abranches, Org.). Participou dos livros *Culpa: aspectos psicanalíticos* (Antônio Ribeiro, Org.), *Fascínio e servidão* (Gilda Vaz Rodrigues, Org.), *Sexualidade* (Eliene Nery, Org.), *A escrita do analista* (Thais Gontijo, Org.), *Destinos da sexualidade* (Ana Maria Portugal, Org.) e *Entre cartas e recortes: a psicanálise no cotidiano* (2006).

É doutora em literatura comparada pela Fale - UFMG (2003), autora do livro *O vidro da palavra* (2006), tendo colaborado em livros e revistas da área de Letras, como *A palavra inquieta* (Maria Esther Maciel, Org.), *A força da letra* (Lúcia Castello Branco, Org.), *Aletria* (CEL - UFMG), *Variaciones Borges* (Dinamarca), *Maurice Blanchot* (Lúcia Castello Branco), *Interpretextos* (Colima, México) e *Walter Benjamin: rastro, aura e história* (Seldmayer e Ginzburg, Orgs.).

Carmen Tereza Ribeiro Moreira Caram nasceu em Barão de Cocais (MG). Formou-se em Psicologia pela Pontifícia Universidade Católica de Minas Gerais. É Psicóloga e Psicanalista. No Instituto de Estudos Psicanalíticos (IEPSI), coordenou seminários e cursos. É coautora dos livros : *O Porão da Família: Ensaios de Psicanálise* e *Entre Atos e Laços*, (Thereza Bruzzi Curi, Org.). Tem artigos publicados em revistas de Psicanálise, entre elas, *Grîphos* e *Estudos de Psicanálise-CBP*. Dedica-se à atividade clínica e transmissão da Psicanálise.

Iziná Helena Travaglia nasceu em Colatina (ES). Formou-se em Psicologia na Pontifícia Universidade Católica (PUC-MG). É psicóloga e psicanalista, tem artigos publicados nas revistas *Grîphos* e *Estudos de psicanálise-CBP*. Dedica-se à atividade clínica e à transmissão da psicanálise. É coautora dos livros: *O Porão da Família: Ensaios de Psicanálise* (São Paulo: Casa do Psicólogo, 2006), e de *Entre atos e laços* (Thereza Christina Bruzzi Curi, Org.)

Rosely Gazire Melgaço nasceu em Belo Horizonte (MG) e formou-se em psicologia na UFMG. É psicanalista, membro da EFBH/Iepsi, coordenadora em Minas Gerais do PREAUT Brasil. Diretora da coleção Aventuras e Travessuras na Linguagem, do Instituto Langage; coautora dos livros *O Porão da Família* e *Entre Atos e Laços*. Foi organizadora do livro *A Ética na atenção ao bebê: psicanálise, saúde e educação* (Casa do Psicólogo) e coorganizadora de *O bebê e as palavras: uma visão transdisciplinar sobre o bebê* (Instituto Langage). Participou dos livros *Sexualidade, psicanálise e educação*; *Atendimento ao bebê: uma abordagem interdisciplinar*; *O bebê, o corpo e a linguagem*; *Psicanálise e Hospital 5 – A Responsabilidade da Psicanálise diante da Ciência Médica*; e *Oncologia – Clínica do limite terapêutico?*. Publicou artigos em periódicos especializados, entre eles *Grîphos* (BH), *Estudos de psicanálise-CBP*, *Foco* (RJ), *Vorstellung* (BH), *Carnets da École de Psychanalyse Sigmund Freud* (Paris), *Transfinitos* (BH), *Epistemo-somática* (BH). Dedica-se à atividade clínica e à transmissão da psicanálise.

Yolanda Mourão Meira nasceu em Belo Horizonte (MG). Na Universidade Federal de Minas Gerais (UFMG), formou-se em Psicologia. Participa da Escola Freudiana de Belo Horizonte/Iepsi. Foi professora do Departamento de Psicologia da FAFICH/UFMG (1975-1990). É autora de *As estruturas clínicas e a criança* (Belo Horizonte: A. S. Passos, 1996), que teve uma segunda edição ampliada (São Paulo: Casa do Psicólogo) e uma terceira edição revisada e ampliada (São Paulo: Casa do Psicólogo, 2013). É coautora de *Destinos da Sexualidade* (Ana Maria Portugal, Org.) e de *Entre atos e laços* (Thereza Christina Bruzzi Curi, Org.), organizadora e coautora do *O Porão da Família: Ensaios de Psicanálise* (São Paulo: Casa do Psicólogo, 2006). Publica também em periódicos especializados, entre eles *Grîphos*, *Estudos de psicanálise-CBP*, *Aleph* e *Revista da Letra Freudiana*. Além exercer a atividade clínica, participa da transmissão e da circulação da psicanálise por intermédio de seminários, grupos de estudo, cartéis e eventos.

REFERÊNCIAS

Prefácio à 2ª Edição: Enlaçando códigos e monstros: a família sai do porão

Freud, S. (1976). O Estranho. In: S. Freud. *Edição Standard Brasileira das Obras Psicológicas Completas de Sigmund Freud* (J. Salomão, Trad., v. XVII). Rio de Janeiro: Imago. (Obra original publicada em 1919.)

Freud, S. (1996) Psicologia das massas e análise do eu. In: *Edição Standard Brasileira das Obras Psicológicas Completas de Sigmund Freud* (J. Salomão, Trad., v. XVIII). Rio de Janeiro: Imago. (Obra original publicada em 1921.)

Gattai, Z. (2001). *Códigos de família*. Rio de Janeiro: Record.

Kafka, Franz. (2013). *A metamorfose/O veredito*. (Trad. Marcelo Backes) Porto Alegre: L&PM.

Lacan, J. (1998). *Escritos* (V. Ribeiro, Trad.). Coleção Campo Freudiano no Brasil. Rio de Janeiro: Zahar.

Safouan, M. (1970). *Estruturalismo e psicanálise*. São Paulo: Cultrix.

Sigmund, F. (2013). *Psicologia das massas e análise do eu*. Porto Alegre: L&PM.

Wierzchowski, L. (2013). *Sal*. Rio de Janeiro: Intrínseca.

Coisas de família

Bachelard, G. (2000). *A poética do espaço* (5. ed., A. de P. Danesi, Trad.). São Paulo: Martins Frontes.

Foucault, M. (1987). Las meninas. In: M. Foucault. *As palavras e as coisas* (4. ed., S. T. Muchail, Trad., p. 19-31). São Paulo: Martins Fontes.

Guimarães, C. (2005). Os nomes impróprios do sexo. In: V. B. Couy, *Mural dos nomes impróprios: ensaio sobre grafito de banheiro*. Rio de Janeiro: 7Letras.

Houaiss, A., & Villar, M. de S. (2001). *Dicionário Houaiss de língua portuguesa*. Rio de Janeiro: Objetiva.

Miller, J. A. (1993). Cosas de família em el inconsciente. In: *Lapsus – Revista de psicoanálisis*. Espanha, Valencia: Ediciones Eólia, *1(3)*: 33-40.

Ragghianti, C. L. (1968). *Enciclopédia dos museus – Prado-Madrid*. São Paulo: Melhoramentos.

Rebuzzi, S. (2002). *Pó de borboleta*. Rio de Janeiro: 7Letras.

Saliba, A. M. P. M. (1988). A trama de um quadro. In: *Reverso*. Belo Horizonte: Círculo Psicanalítico de Minas Gerais, ano XIII, n. 28, p. 142-153.

Veiga, C. G., & Faria Filho, L. M. (1999). *Infância no sótão*. Belo Horizonte: Autêntica.

Telles, L. F. (1998). *As meninas* (32. ed.). Rio de Janeiro: Rocco.

À maneira de um conto

Piglia, R. (1994). *O laboratório do escritor*. São Paulo: Iluminuras.

Freud, S. (1972). Fragmento da análise de um caso de histeria. In: S. Freud. *Edição Standard Brasileira das Obras Psicológicas Completas de Sigmund Freud* (J. Salomão, Trad., v. VII). Rio de Janeiro: Imago. (Obra original publicada em 1905.)

Freud, S. (1976). Dois verbetes de enciclopédia. In: S. Freud. *Edição Standard Brasileira das Obras Psicológicas Completas de Sigmund Freud* (J. Salomão, Trad., v. XVIII). Rio de Janeiro: Imago. (Obra original publicada em 1923.

FAMÍLIA E ESTRUTURA

Família: o que sai desse baú?

Féres, N. R., & Costa, R. T. (1999). Do Ofício. In: *Em dia com a psicanálise*. Belo Horizonte: A. S. Passos.

Freud, S. (1972). Os três ensaios sobre a teoria da sexualidade. In: S. Freud. *Edição Standard Brasileira das Obras Psicológicas Completas de Sigmund Freud* (J. Salomão, Trad., v. VII). Rio de Janeiro: Imago. (Obra original publicada em 1901-1905.)

Freud, S. (1972). Sobre a tendência universal à depreciação na esfera do amor. In: S. Freud. *Edição Standard Brasileira das Obras Psicológicas Completas de Sigmund Freud* (J. Salomão, Trad., v. XI). Rio de Janeiro: Imago. (Obra original publicada em 1912.)

Freud, S. (1972). Psicologia das massas e análise do eu. In: S. Freud. *Edição Standard Brasileira das Obras Psicológicas Completas de Sigmund Freud* (J. Salomão, Trad., v. XVII). Rio de Janeiro: Imago. (Obra original publicada em 1920-1923.)

Freud, S. (1972). O mal-estar na civilização. In: S. Freud. *Edição Standard Brasileira das Obras Psicológicas Completas de Sigmund Freud* (J. Salomão, Trad., v. XXI) Rio de Janeiro: Imago. (Obra original publicada em 1930-1936.).

Lacan, J. (1987). *Os complexos familiares na formação dos indivíduos.* (M. A. C. Jorge & P. M. da Silveira Jr, Trads.). Rio de Janeiro: Zahar.

Lacan, J. (1998). O tempo lógico e a asserção da certeza antecipada. In: J. Lacan. *Escritos* (V. Ribeiro, Trad.). Rio de Janeiro: Zahar.

Moraes, V. (1960). Soneto de fidelidade. In: *Antologia poética.* Rio de Janeiro: Ed. do Autor, p. 213.

Souza, O. (1964) Uma visita ao amor e a conjugalidade na época de Freud. In: *O laço conjugal.* Porto Alegre: Artes e Ofícios.

A lei familiar

Alvarenga, L. L. de. (1994). *Escutando o laço conjugal: uma proposta de um novo modelo teórico-clínico.* Tese de doutorado. Departamento de Psicologia, Pontifícia Universidade Católica do Rio de Janeiro, Rio de Janeiro, RJ, Brasil.

Caram, C. T. M. R., Travaglia, I. H., Melgaço, R. G., & Meira, Y. M. (nov. 1995). Do amor ao desejo. In: *Estudos de psicanálise.* Belo Horizonte: Círculo Brasileiro de Psicanálise, (18): 43-7.

Freud. S. (1974). O mal-estar na civilização. In: S. Freud. *Edição Standard Brasileira das Obras Psicológicas Completas de Sigmund Freud* (J. Salomão, Trad., v. XVIII). Rio de Janeiro: Imago. (Obra original publicada em 1930-1936.)

Lacan, J. (1990). *Os complexos familiares na formação dos indivíduos.* (2. ed., M. A. C. Jorge & P. M. da Silveira Jr, Trads.). Rio de Janeiro: Zahar.

Melgaço, R. G. (1995). O resto nos caminhos de versos. In: *Foco, criança e adolescente.* Rio de Janeiro: SPC, 6(47), 29.

Em nome da família:

Cabas, A. G. (1988, setembro). Das estruturas clínicas. In: *A política.* Letra da Coisa. Curitiba: Associação Coisa Freudiana, (6):73.

Dupuis, J. (1989). *Em nome do pai: uma história da paternidade* (A. de P. Danesi, Trad.). São Paulo: Martins Fontes.

Lacan, J. (1995). *O Seminário.* Livro 4 – A relação de objeto (D. D. Estrada, Trad.). Rio de Janeiro: Zahar.

Lacan, J. (1987). *Os complexos familiares na formação dos indivíduos* (M. A. C. Jorge & P. M. da Silveira Jr., Trads.). Rio de Janeiro: Zahar.

Miller, J. A. (1995). *A lógica na direção da cura:* elaborações sobre o seminário IV de Jacques Lacan, A relação do objeto. Belo Horizonte: EBP-Minas Gerais.

Perrot, M. (1993). O nó e o ninho. In: *Reflexões para o futuro* (P. Neves, Trad.). Rio de Janeiro: Abril.

Saal, F. (1995, junho). La familia como instituición de lo imposible. In: *El psicoanálisis en el siglo*. Córdoba (3-4): 83.

A família: uma questão de estrutura?

Féres, N. R., & Teixeira, R. (1999). Não se fazem pais e mães como antigamente In: *Em dia com a psicanálise*. Belo Horizonte: A. S. Passos.

Laurent, E. (1992). Institution du fantasme, fantasmes de l'institution. In: *Les feuillets du Courtil.* (4) Templeuve: Ed. du Courtil, 11-20.

Féres, N. R. *Considerações sobre o laço inconsciente e laço social.* No prelo.

Lévi-Strauss, C. (1974). La familia. In: *Polémica sobre el origen y la universalidad de la familia*. Barcelona: Anagrama.

Cabas, A. G. (1988, setembro). Das estruturas clínicas. In: *A política*. Letra da Coisa. Curitiba: Associação Coisa Freudiana, (6):73- 83.

Lacan, J. (1987). *Os complexos familiares na formação dos indivíduos.* (M. A. C. Jorge & P. M. da Silveira Jr, Trads.). Rio de Janeiro: Zahar.

Stevens, A. (1996, setembro). A família, o declínio da paternidade e o declínio da virilidade. In: *Curinga:* Periódico da escola brasileira de psicanálise-MG, Belo Horizonte, (8):105-108.

Lacan, J. (1994). *O Seminário.* Livro 4 – A relação de objeto (D. D. Estrada, Trad.). Rio de Janeiro: Zahar. (Obra original publicada em 1956-1957.)

Miller, J. A. (1995). Bonjour sagesse. In: *Barca!*: Poésie, politique, psychanalyse. Paris, (4):173-196.

Braunstein (1995). N. Sobre deudas y culpas apud Gerez-Ambertín, M. El padre, qué es hoy? In: *El psicoánalisis en el siglo*. Córdoba, (3/4), p.55-58.

Seldes, R. (1992). La fertilización assistida. In: *Comentario del seminario Inexistente*. Buenos Aires: Manantial.

Lacan, J. (1988). Dos notas sobre el niño. In: *Intervenciones y textos* 2 (J. Sucre & J. L. Delmont, Trads.). Buenos Aires: Manantial.

Bleger, D. (1992). Comentario de un fragmento de "Cuestión preliminar". In: *Comentario del seminario Inexistente*. Buenos Aires: Manantial: 47-54. (Trad. livre.)

Soler, C. (1991). *Artigos clínicos* (E. L. Cólb, Trad.). Salvador: Fator.

Rosa, M. (1999). O que é um pai? In: *Aletheia*. Belo Horizonte, Centro de Estudos Freudianos: (1):55-61.

Lacan, J. (1992). *O Seminário. Livro 17* – O avesso da psicanálise (A. Roitman, Trad.). Rio de Janeiro: Zahar.

Santiago, J. (1996, setembro). E o homem existe na era do declínio do viril. In: *Curinga*: Periódico da escola brasileira de psicanálise-MG. Belo Horizonte, (8):14-16.

Saal, F. (1995). La familia como instituición de lo impossible. In: *El psicoánalisis en el siglo*. Córdoba, (3-4):83.

Lacan, J. (1998). De uma questão preliminar a todo tratamento possível da psicose. In: *Escritos* (p. 537-590). Rio de Janeiro: Jorge Zahar. (Obra original publicado em 1957-1958.)

O ponto de sacrifício

Eidelberg, A., & Feldstein, C. (1993). El niño como objeto del fantasma materno: soborno y sacrificio. In: J. A. Miller. *Desarrollo y Estructura en la Dirección de la Cura*. Buenos Aires: Ed. Atuel.

Kierkegaard, S. A. (1984). Temor e tremor. In: *Os pensadores* (M. J. Marinho, Trad.). São Paulo: Abril Cultural.

Lacan, J. (1985). *O seminário*. Livro 11 – Os quatro conceitos fundamentais da psicanálise (M. D. Magno, Trad.). Rio de Janeiro: Zahar.

Lacan, J. (1988). Dos notas sobre el niño. In: *Intervenciones y textos 2* (J. Sucre & J. L. Delmont, Trads.). Buenos Aires: Manantial.

Lalande, A. (1993). *Vocabulário técnico e crítico da filosofia*. São Paulo: Martins Fontes.

Pirandello, L. (1977). *Seis personagens à procura de um autor* (B. Pedreira, Trad.). São Paulo: Abril Cultural.

Saal, F. (1995). La familia como instituición de lo impossible. In: *El psicoánalisis en el siglo.* Córdoba, (3-4):83-90.

Do amor ao desejo: uma via de criação

Freud, S. (1972). Os três ensaios sobre a teoria da sexualidade. In: S. Freud. *Edição Standard Brasileira das Obras Psicológicas Completas de Sigmund Freud* (J. Salomão, Trad., v. VII). Rio de Janeiro: Imago. (Obra original publicada em 1901-1905.)

Freud, S. (1972). Sobre a tendência universal à depreciação na esfera do amor – contribuições à psicologia do amor. In: S. Freud. *Edição Standard Brasileira das Obras Psicológicas Completas de Sigmund Freud* (J. Salomão, Trad., v. XI). Rio de Janeiro: Imago. (Obra original publicada em 1912.)

Lacan, J. (1981). *Le savoir du psychanalyste – Leçon 03 - 06 Janvier 1972.* Recuperado em: 11 de novembro de 2014, disponível em: <http://www.valas.fr/IMG/pdf/s19.ou_pire.pdf>.

Lacan, J. (1981). *Le savoir du psychanalyste – Leçon 06 - 04 Mai 1972.* Recuperado em: 11 de Novembro de 2014, disponível em: <http://www.valas.fr/IMG/pdf/s19.ou_pire.pdf>.

Lacan, J. (1985). *O Seminário.* Livro 20 – Mais, ainda. 2. ed. (M. D. Magno, Trad.). Rio de Janeiro: Zahar. (Obra original publicada em 1985.)

Lacan, J. (1992). *O Seminário. Livro 8 – A transferência.* 2. ed. (M. D. Magno, Trad.). Rio de Janeiro: Zahar. (Obra original publicada em 1960-1961.)

Miller, J. A. (1981). Liminar. In: *Ornicar?* Paris: Seuil, 22-23.

Miller, J. A. (1991). *Logicas de la vida amorosa.* Buenos Aires: Manantial.

Platão (1983). *O banquete* (J. C. de S., Trad.). Coleção Os pensadores. São Paulo: Abril Cultural.

A INCIDÊNCIA DO REAL: UM PERCURSO A PARTIR DE DUAS NOTAS SOBRE A CRIANÇA

Uma leitura possível

Freud, S. (1986). Moisés y la religión monoteísta. In: *Obras completas* (J. L. Etcheverry, Trad., Tomo XXIII, p. 3-54). Buenos Aires: Amorrortu.

Lacan, J. (1987a). Función y campo de la palabra y del lenguaje en el psicoanalisis. In: *Escritos II* (T. Segovia, Trad., pp. 227-310). Buenos Aires: Ed. Siglo XXI.

Lacan, J. (1987b). Observación sobre el informe de Daniel Lagache. In: *Escritos II* (T. Segovia, Trad., p. 627-664). Buenos Aires: Ed. Siglo XXI.

Lacan, J. (1988). Dos notas sobre el niño. In: *Intervenciones y textos* 2 (J. Sucre & J. L. Delmont, Trads, p. 55-57). Buenos Aires: Manantial.

Lacan, J. (1994). *El revés del psicoanálisis, Seminario XVII*. Buenos Aires: Paidós.

Psicanálise com crianças e o lugar dos pais

Andrade, C. D. de. (2014). Verbo Ser. In: *20 poemas de Carlos Drummond de Andrade*. Recuperado em: 3 agosto 2014 disponível em <http://noticias.universia.com.br/destaque/especial/2011/10/31/883898/20/20-poemas-carlos-drummond-andrade/poemas-carlos-drummond-andrade-verbo.html>.

Freud, S. (1977). Sobre o narcisismo: uma introdução. In: S. Freud. *Edição Standard Brasileira das Obras Psicológicas Completas de Sigmund Freud* (J. Salomão, Trad. v. XIV, p. 85-119). Rio de Janeiro: Imago. (Obra original publicada em 1914.)

Lacadée, P. (1996, novembro). Duas referências essenciais de J. Lacan sobre o sintoma da criança. Guardado. In: *Opção Lacaniana. Sintoma e mal-estar na civilização* (C. M. Rumenos, Trad.). São Paulo: Eolia, *(17)*: 74-82.

Lacan J. (1987). *Os complexos familiares* (M. A. Coutinho Jorge & P. M. da Siqueira Jr. Trads., p. 19-61). Rio de Janeiro: Zahar. (Obra original publicada em 1935.)

Lacan, J. (1995). *O Seminário*. Livro 20 – Mais, ainda (M. D. Magno, Trad.). Rio de Janeiro: Zahar. (Obra original publicada em 1972-1973.)

Lacan, J. (1992). *O Seminário*. Livro 17 – O avesso da psicanálise (A. Roitman, Trad.). Rio de Janeiro: Zahar. (Obra original publicada em 1969-1970)

Lacan, J. (1995). *O Seminário*. Livro 4 – A relação de objeto (D. D. Estrada, Trad.). Rio de Janeiro: Zahar. (Obra original publicada em 1956-1957.)

Lacan, J. (1998). De uma questão preliminar a todo tratamento possível da psicose. In: *Escritos*. (V. Ribeiro, Trad., p. 537-590). Rio de Janeiro: Zahar. (Obra original publicada em 1955-1956.)

Lacan, J. (1998, abril). Duas notas sobre a criança In: *Opção Lacaniana – Revista Brasileira Internacional de Psicanálise* (A. L. B. Santiago, Trad.). São Paulo: Edições Eólia, (21):5-6. (Obra original publicada em 1969)

Laurent, E. (1994). Hay un fin de analisis para los niños. In: *Uno por uno – Revista mundial de psicoanálisis*. Buenos Aires: Eólia, (39), 24-41.

Pessoa, F. (1998). Poemas Inconjuntos (1913-1915) – [264]. In: *Obra poética*. Rio de Janeiro: Nova Aguilar (p. 231-232).

Clínica: uma criança em análise e seus efeitos no par familiar

Bernard, N., Lacadée, P., & Sauret, M-J. (1997). *O sintoma e a família – Conferências belorizontinas*. Belo Horizonte: Escola Brasileira de Psicanálise, 124p.

Freud, S. (1969). Análise de uma fobia em um menino de cinco anos. In: S. Freud. *Edição Standard Brasileira das Obras Psicológicas Completas de Sigmund Freud* (J. Salomão, Trad., v. X, p. 15-153). Rio de Janeiro: Imago. (Obra original publicada em 1906-1909.)

Lacan, J. (1974/1975) *R.S.I.* Seminário. *Leçon 4 – 21 Janvier 1975*. Recuperado em: 11 de Novembro de 2014, disponível em: <http://www.valas.fr/IMG/pdf/s22_r.s.i.pdf>.

Lacan, J. (1995). *O Seminário*. Livro 4 – A relação de objeto (D. D. Estrada, Trad.). Rio de Janeiro: Zahar. (Obra original publicada em 1956-1957.)

Laurent, E. (1994). Hay un fin de análisis para los niños. *Uno por uno – Revista mundial de psicoanálisis*. Buenos Aires: Eólia (39), 24.

Lacan, J. (1998, abril). Duas notas sobre a criança (A. L. B. Santiago, Trad.). In: *Opção Lacaniana – Revista Brasileira Internacional de Psicanálise*. São Paulo: Eólia, (21):5-6. (Obra original publicada em 1969.)

Miller, J.-A. (1998, abril). A criança entre a mulher e a mãe. In: *Opção Lacaniana – Revista Brasileira Internacional de Psicanálise* (C. P. de Mattos, C. Vidical, I. Seabratra, & S. Barroso, trads.). São Paulo: Eólia (21).

Morais, S. N. de. (1979). *Com meu olhar de crayon*. Belo Horizonte: Edição da Autora.

O Outro familiar

Andrade, C. D. de. (2004). O beijo. In: *Poesia completa*. Rio de Janeiro: Nova Aguilar.

Freud, S. (1981a). Nuevas lecciones introductorias al psicoanálisis. In: *Obras completas* (4. ed., v. III, L. Lopes-Ballesteros y de Torres, Trads.). Madrid: Biblioteca Nueva.

Freud, S. (1981b). Proyecto para una psicologia para neurólogos. In: *Obras completas*. (4. ed., v. I, L. Lopes-Ballesteros y de Torres, Trads.). Madrid: Biblioteca Nueva.

Lacan, J. (1966). De una cuestión preliminar a todo tratamiento posible de la psicosis. In: *Escritos* (16. ed., v. II, T. Segovia, Trad.). México: Siglo Veintiuno.

Lacan, J. *O ato psicanalítico*. Seminário 15. Lição de 29 de novembro de 1967. Inédito.

Lacan, J. (1985). *O seminário*. Livro 11 – Os quatro conceitos fundamentais da psicanálise (M. D. Magno, Trad., p. 9-226). Rio de Janeiro: Zahar.

Lacan, J. (1992). *O seminário*. Livro 17 – o avesso da psicanálise (Ari Roitman Trad.). Rio de Janeiro: Zahar.

Rodenbach, G. (1996). Poema XIV, O espelho do céu de natal (1898, p. 63). In: G. Bachelard. *A poética do devaneio* (5. ed., cap. III, p. 124, A. de P. D., Trad.). São Paulo: Martins Fontes.

O lugar dos pais na análise com crianças

Clastres, G. (1995). Seminário: Sobre a Perversão. In: *Letras da Coisa* n. 11, Transcrição do Seminário pronunciado em Coisa Freudiana nos dias 18 a 21 de abril de 1990. Publicação revisada e autorizada pelo autor. *A Causa*, Curitiba. Publicação da Associação Coisa freudiana – Transmissão em Psicanálise.

Hartmann, A., & Tkach, C. (1989). Los padres, bajo transferencia en la clínica de niños. In: *Niños en psicoanalisis*. Buenos Aires: Manantial.

Hoonaert, G. (1992). L'intervention entre le sujet et l'autre. In: *Les feuillets psychanalytiques du Courtil*. L'institution et le particulier, paradoxe. Belgique.

Lacan, J. (1988). Dos notas sobre el niño. In: *Intervenciones y textos* 2 (J. Sucre & J. L. Delmont, Trads.). Buenos Aires: Manantial. p. 55-7. Trad. livre.

Laurent, E. (1994, inverno). Hay un fin de analisis para los niños. In: *Uno por uno – Revista mundial de psicoanálisis*. N. 39. Inverno de 94. Buenos Aires: Eólia, (39):38.

Stevens, A. L. (1992). Intervention et Interprétation. In: *Les feuillets psychanalytiques du Courtil*. L'instituition et le particulier, paradoxe. Belgique.

Vidal, E. (s.d). Sobre o fantasma. In: *Hans$*, n. 1, Letra Freudiana Escola, Psicanálise e Transmissão, ano X, n. 9, Rio de Janeiro.

A cadeia familiar

Freud, S. (1976). Romances familiares. In: S. Freud. *Edição Standard Brasileira das Obras Psicológicas Completas de Sigmund Freud* (J. Salomão, Trad., v. IX). (Obra original publicada em 1908-1909.)

Freud, S. (1976). Um tipo especial de escolha de objeto feita pelos homens. In: S. Freud. *Edição Standard Brasileira das Obras Psicológicas Completas de Sigmund Freud* (J. Salomão, Trad., v. XI). Rio de Janeiro: Imago. (Obra original publicada em 1910.)

Freud, S. (1976). Conferência XXXIV. In: S. Freud. *Edição Standard Brasileira das Obras Psicológicas Completas de Sigmund Freud* (J. Salomão, Trad., v. XXII). Rio de Janeiro: Imago. (Obra original publicada em 1933.)

Freud, S.(1977). Extratos dos documentos dirigidos a Fliess ([1892-1899]. In: S. Freud. *Edição Standard Brasileira das Obras Psicológicas Completas de Sigmund Freud* (J. Salomão, Trad., v. I). Rio de Janeiro: Imago. (Obra original publicada em 1950.)

Lacan, J. (1995). *O Seminário.* Livro 4 – A relação de objeto (D. D. Estrada, Trad.). Rio de Janeiro: Zahar. (Obra original publicada em 1956-1957.)

Julien, P. (1997, trim.). Produire du lien, ou engendrer du lien? In: *Dialogue recherches cliniques et sociologiques sur le couple et la famille, Lien Social et Lien Conjugal.* Paris: L'Association française dês centres de consultation, (136):19-22, 2.

Julien, P. (2000). *Abandonarás teu pai e tua mãe* (P. Abreu, Trad.). Rio de Janeiro: Companhia de Freud.

Nominé, B. (1997, abril). Papai, mamãe, a babá e eu. In: *Curinga.* Revista da Escola Brasileira de Psicanálise-MG. Belo Horizonte; (9): 123-31.

ESTRANHOS NOMES DO REAL

O ESTRANHO FAMILIAR E O FAMILIAR ESTRANHO

Cosentino, J. C. (Org.). (2001). *O estranho na clínica psicanalítica.* Rio de Janeiro: Contra Capa.

Freud, S. (1976). O estranho. In: S. Freud. *Edição Standard Brasileira das Obras Psicológicas Completas de Sigmund Freud* (J. Salomão, Trad., v. XVII). Rio de Janeiro: Imago. (Obra original publicada em 1919.)

Juranville, A. (1987). A teoria do inconsciente e o problema da existência do inconsciente. In: *Lacan e a filosofia* (Vera Ribeiro, Trad.). Rio de Janeiro: Zahar.

Kauffman, P. (Ed.). (1996). *Dicionário enciclopédico de psicanálise – o legado de Freud e Lacan.* (V. L. A. Ribeiro, & M. L. X. de A. Borges, Trads.). Rio de Janeiro: Zahar.

Roudinesco, E., & Plon, M. (1998). *Dicionário de psicanálise* (V. Ribeiro & L. Magalhães, Trads.). Rio de Janeiro: Zahar.

Siqueira, B. E. F. (2000, julho). Francis Bacon: un grito suspendido en la distorsion de la imagen. In: *Lecturas*. Buenos Aires: Seminario Lacaniano, año 15, número 13-14, p.145-154.

A família

Caldas, A. (1958). *Dicionário contemporâneo da língua portuguesa.* (4. ed., v. 3). Rio de Janeiro: Delta.

Freud, S. (1976). *Carta a Fliess 75* (14 de novembro de 1897). In: S. Freud. *Edição Standard Brasileira das Obras Psicológicas Completas de Sigmund Freud* (J. Salomão, Trad., v. I). Rio de Janeiro: Imago (Obra original publicada em 1897.)

Freud, S. (1976). Sobre a tendência universal à depreciação na esfera do amor. In: S. Freud. *Edição Standard Brasileira das Obras Psicológicas Completas de Sigmund Freud* (J. Salomão, Trad., v. XI). Rio de Janeiro: Imago. (Obra original publicada em 1912.)

Freud, S. (1976). Totem e tabu. In: S. Freud. *Edição Standard Brasileira das Obras Psicológicas Completas de Sigmund Freud* (J. Salomão, Trad., v. XIII). Rio de Janeiro: Imago. (Obra original publicada em 1912-1914.)

Freud, S. (1976). A organização genital infantil: uma interpolação na teoria da sexualidade In: S. Freud. *Edição Standard Brasileira das Obras Psicológicas Completas de Sigmund Freud* (J. Salomão, Trad., v. XIX). (Obra original publicada em 1923.)

Freud, S. (1976). A dissolução do complexo de Édipo. In: S. Freud. *Edição Standard Brasileira das Obras Psicológicas Completas de Sigmund Freud* (J. Salomão, Trad., v. XIX, pp. 217-224). Rio de Janeiro: Imago (Obra original publicada em 1924.)

Freud, S. (1976). Algumas consequências psíquicas da distinção anatômica entre os sexos. In: S. Freud. *Edição Standard Brasileira das Obras Psicológicas Completas de Sigmund Freud* (J. Salomão, Trad., v. XIX). Rio de Janeiro: Imago. (Obra original publicada em 1925.)

Freud, S. (1976). A questão da análise leiga. In: S. Freud. *Edição Standard Brasileira das Obras Psicológicas Completas de Sigmund Freud* (J. Salomão, Trad., v. XX). Rio de Janeiro: Imago. (Obra original publicada em 1926.)

Freud, S. (1976). Sexualidade feminina. In: S. Freud. *Edição Standard Brasileira das Obras Psicológicas Completas de Sigmund Freud* (J. Salomão, Trad., v. XXI, p. 259-279). Rio de Janeiro: Imago. (Obra original publicada em 1931.)

Freud, S. (1976). Novas conferências introdutórias sobre psicanálise. Conferência XXXIII. Feminilidade. In: S. Freud. *Edição Standard Brasileira das Obras Psicológicas Completas de Sigmund Freud* (J. Salomão, Trad., v. XXII). Rio de Janeiro: Imago. (Obra original publicada em 1932-1936.)

Freud, S. (1998). Sobre o narcisismo: uma introdução. In: S. Freud. *Edição Standard Brasileira das Obras Psicológicas Completas de Sigmund Freud* (J. Salomão, Trad., v. XIV). Rio de Janeiro: Imago. (Obra original publicada em 1914.)

Juranville, A. (1987). *Lacan e a filosofia* (Vera Ribeiro, Trad.). Rio de Janeiro: Zahar.

Lacan, J. (1974/1975) *R.S.I.* Seminário. Leçon 4 – 21 Janvier 1975. Recuperado em: 11 de Novembro de 2014, disponível em: <http://www.valas.fr/IMG/pdf/s22_r.s.i.pdf>.

Lacan, J. (1985). *O Seminário.* Livro 20 – Mais, ainda (M. D. Magno, Trad.). Rio de Janeiro: Zahar. (Obra original publicada em 1972-1973.)

Lacan, J. (1993). *Televisão* (A. Quinet, Trad.). Rio de Janeiro: Jorge Zahar. (Obra original publicada em 1974.)

Lacan, J. (1997). *Os complexos familiares na formação dos indivíduos.* (M. A. C. Jorge & P. M. da Silveira Jr., Trads.). Rio de Janeiro: Zahar. (Obra original publicada em 1935.)

Lacan, J. (1998a). Diretrizes para um congresso sobre sexualidade feminina. In: J. Lacan. *Escritos* (V. Ribeiro, Trad.). Rio de Janeiro: Jorge Zahar. (Obra original publicada em 1958.)

Lacan, J. (1998b). A significação do falo. In: J. Lacan. *Escritos* (V. Ribeiro, Trad.). Rio de Janeiro: Jorge Zahar. (Obra original publicada em 1958.)

Lacan, J. (1998c). A juventude de Gide ou a letra e o desejo. In: J. Lacan. *Escritos* (V. Ribeiro, Trad., p. 749-755). Rio de Janeiro: Jorge Zahar. (Obra original publicada em 1958.)

Lacan, J. (1998). Juventude de Gide ou a letra e o desejo. In: J. Lacan. *Escritos* (V. Ribeiro, Trad., p. 749-775). Rio de Janeiro: Jorge Zahar. (Obra original publicada em 1966.)

Lacan, J. (1998, abril). Duas notas sobre a criança (A. L. B. Santiago, Trad.). In: *Opção Lacaniana – Revista Brasileira Internacional de Psicanálise*. São Paulo: Eólia, (21):5-6. (Obra original publicada em 1969.)

Lacan, J. (2003). *L'étourdit*. O atordoado às voltas do dito. In: J. Lacan. *Outros escritos* (p. 466-467). Rio de Janeiro: Jorge Zahar. (Obra original publicada em 1972.)

Maia, A. M. W. (1999). *As máscaras d'Mulher – a feminilidade em Freud e Lacan.* Rio de Janeiro: Rios Ambiciosos.

Prado. A. (2014). No meio da noite. In: *Entre Les Mots*. Recuperado em: 23 junho, 2014, disponível em <http://abensonhar.wordpress.com/2013/10/20/no-meio-da-noite>.

A família ao avesso: a estrutura do cristal

Freud, S. (1976). O Estranho. In: S. Freud. História de uma neurose infantil e outros trabalhos. *Edição Standard Brasileira das Obras Psicológicas Completas de Sigmund Freud* (J. Salomão, Trad., v. XVII). Rio de Janeiro: Imago. (Obra original publicada em 1917-1919.)

Freud, S. (1976). Psicologia de grupo e a análise do ego. In: S. Freud. Além do princípio de prazer, psicologia de grupo e outros trabalhos. *Edição Standard Brasileira das Obras Psicológicas Completas de Sigmund Freud* (J. Salomão, Trad., v. XVIII). Rio de Janeiro: Imago. (Obra original publicada em 1921.)

Freud, S. O. (1919). História de uma neurose infantil e outros trabalhos. Rio de Janeiro: Imago v.17, p.293.

Garcia, C. (1993, dezembro). Lógica do Coletivo x Psicologia de Grupos, ou Cartel contra a Grupite. In: *Revista Curinga.* Belo Horizonte: Setor Mineiro do Campo Freudiano – Iniciativa Escola, (1): 8-9.

Lacan, J. (1973). *Le Seminaire.* Livre XI. Les quatre concepts fondamentaux de la psychanalyse. Paris: Seuil. (Obra original publicada em 1964.)

Lacan, J. (1980). *O mito individual do neurótico* (B. Cardoso e Cunha et al. Trads.). Lisboa: Assírio e Alvim. (Obra original publicada em 1955.)

Lacan, J. (1982). *O Seminário.* Livro 20 – Mais, ainda (M. D. Magno, Trad.). Rio de Janeiro: Zahar. (Obra original publicada em 1972-1973.)

Lacan, J. (1988). Dos notas sobre el niño. In: *Intervenciones y textos 2* (J. Sucre & J. L. Delmont, Trads.). Buenos Aires: Manantial. (Obra original publicada em 1969.)

Lacan, J. (1991). *Le Seminaire.* Livre 17. L'envers de la psychanalyse. Paris: Seuil. (Obra original publicada em 1969-1970.)

Lacan, J. (1998). O tempo lógico e a asserção da certeza antecipada. In: *Escritos* (V. Ribeiro, Trad.). Rio de Janeiro: Zahar. (Obra original publicada em 1945.)

Lacan, J. (1998). De uma questão preliminar a todo tratamento possível da psicose. In: *Escritos* (p. 559-61). Rio de Janeiro: Jorge Zahar. (Obra original publicado em 1958.)

Lacan, J. (2001). Télévision. In: *Autres écrits.* Paris: Seuil. (Obra original publicada em 1974.)

Lévi-Strauss, C. (1958). *Antropologie structural* (Cap. XI). Paris: Plon.

Pereira, I. S. J. (1976). *Dicionário grego-português e português-grego* (5. ed.). Porto: Livraria Apostolado da Imprensa.

Saliba, A. M. P. M. (2000, dezembro). *Eros invicto combatente.* Rio de Janeiro, Jornada da Letra Freudiana.

Wilde, O. (1986). O fantasma de Canterville. In: *Obra completa* (O. Mendes, Trad.). Rio de Janeiro: Nova Aguilar.

Família: um dos nomes do mal-estar

Andrade, C. D. de. (1979). *Poesia e prosa* (5. ed., vol. único). Rio de Janeiro: Nova Aguilar.

Freud, S. (1981a). Psicología de las masas y análisis del yo. In: *Obras completas.* (4. ed., L. L. Ballesteros y de Torres, Trad., v. 3, p. 2.653-2.603). Madrid: Biblioteca Nueva.

Freud, S. (1981b). El malestar en la cultura. In: *Obras completas*. (4. ed., L. L. Ballesteros y de Torres, Trad., v. 3, p. 3017-3067). Madrid: Biblioteca Nueva.

Lacan, J. (1992). *O Seminário*. Livro 17 – o avesso da psicanálise (A. Roitman, Trad.). Rio de Janeiro: Zahar. (Obra original publicada em 1969-1970.)

Lacan, J. (1996). La dirección de la cura y los principios de su poder. In: J. Lacan. *Escritos 1* (16. ed., v. 2, T. Segovia & A. Suárez, Trads., p. 565-626). México: Siglo Veintiuno.

Lacan, J. (1976-1977). *L'insu que sait de l'une bévue s' aile à mourre*. Recuperado em: 24 agosto 2014, disponível em: <http://www.valas.fr/IMG/pdf/S24_L_INSU---.pdf>.

Lacan, J. (2007). Kant con Sade. In: J. Lacan. *Escritos 1* (2. ed., v. 2, T. Segovia & A. Suárez, Trads.). México: Siglo Veintiuno. (Obra original publicada em 1966). [p. 753, tradução livre].

Miller, J. (1995-1996). A. *Interpretação* – curso ministrado em Paris, 1995-1996. Lição de 24 de dezembro 1996. Inédito.

Morel, G. (1997, novembro). O sexo para a ciência e para a psicanálise. O gene da feminilidade (Márcia Rosa, Trad.). *Revista Curinga*. Belo Horizonte: Escola Brasileira de Psicanálise, (10): 51.

Pessoa, F. (1998). Isto. In: F. Pessoa. *Obra poética* (Vol. único). Rio de Janeiro: Nova Aguilar.

DE UM TRATAMENTO POSSÍVEL

O espaço do jogo familiar

Féres, N. (1999). Do Ofício. In: N. Féres. *Em dia com a psicanálise*. Belo Horizonte: A. S. Passos.

Forbes, J. (1992, março/junho). Anotações realizadas no seminário do Matema sobre "Escola", em Belo Horizonte.

Freud, S. (1980). Psicologia das massas e análise do eu. In: S. Freud. *Edição Standard Brasileira Das Obras Psicológicas Completas De Sigmund Freud* (J. Salomão, Trad., v. XVII). Rio de Janeiro: Imago.

Lacan, J. (1966). Le temps logique et l'assertion de certitude antecipé. In: J. Lacan. *Écrits*. Paris: Seuil.

Lacan, J. (1985). A presença do analista. In: J. Lacan. *O Seminário.* Livro 11 – Os quatro conceitos fundamentais da psicanálise (M. D. Magno, Trad.). Rio de Janeiro: Zahar.

Nasio, J. D. (1991). *Olhos de Laura*: o conceito de objeto "a" na teoria de J. Lacan seguido de uma introdução (P. C. Ramos, Trad.). Porto Alegre: Artes Médicas.

A produção do sujeito do inconsciente

Freud, S. (1980). Psicologia das massas e análise do eu. In: S. Freud. *Edição Standard Brasileira Das Obras Psicológicas Completas De Sigmund Freud* (J. Salomão, Trad., v. XVII). Rio de Janeiro: Imago. (Obra original publicada em 1921.)

Garcia, C. (1993, dez.). "Lógica do Coletivo" x "Psicologia de Grupos", ou Cartel contra a Grupite. *Revista Curinga.* Belo Horizonte: Setor Mineiro do Campo Freudiano – Iniciativa Escola. 1, 7-9.

Infante, D. P. (1994). O coletivo é o que representa um indivíduo para outro indivíduo. *Opção Lacaniana – Revista Brasileira Internacional de Psicanálise*, 9, 94-96.

Kaufmann, P. (1996). Inconsciente. In: P. Kaufmann (Ed.). *Dicionário enciclopédico de psicanálise – o legado de Freud e Lacan* (V. Ribeiro & M. L. X. de A. Borges, Trads.). Rio de Janeiro: Zahar.

Lacan, J. (1979). *El deseo y su interpretación* (J. B. Pontalis, Transcr.). Buenos Aires: Nueva Vision.

Lacan, J. (1988). Dos notas sobre el niño. In: J. Lacan. *Intervenciones y textos 2* (J. Sucre, Sucre, J. Delmont Trad.). Buenos Aires: Manantial.

Lacan, J. (1991). A ética da psicanálise. In: J. Lacan. *O Seminário 7* (A. Quinet, Trad.). Rio de Janeiro: Zahar.

Lacan, J. (1995). Nota italiana (A. T. Ribeiro, Trad.). Documentos para uma Escola II Lacan e o Passe – *Letra Freudiana* – Escola psicanalise e transmissão, 14(0).

Lacan, J. (1998). O tempo lógico e a asserção da certeza antecipada. In: J. Lacan. *Escritos* (V. Ribeiro, Trad.). Rio de Janeiro: Zahar.

Miller, J. A. (1993). Cosas de familia en el Inconsciente. *Lapsus* – La institucion psicoanalitica, Grupo de estudios psicoanaliticos, 1(3), 37- 41.

Sanahuja, J. (1994) La familia en entre-dicho(s). Freudiana, 11, mês azul 1994. In: *Malestar en la cultura*, 71-76.

Solano-Suarez, E. (1995, julho/dezembro). Família e função (O. Cirino, Trad.). *Rev. de Psiquiatria Psicanalítica Crianças e Adolescente,* (1): 3.

A dissolução como questão preliminar

Freud, S. (1972). A interpretação de sonhos. In: S. Freud. *Edição Standard Brasileira das Obras Psicológicas Completas de Sigmund Freud* (J. Salomão, Trad., v. IV-V). Rio de Janeiro: Imago. (Obra original publicada em 1900.)

Freud, S. (1972). Três ensaios sobre a teoria da sexualidade. In: S. Freud. *Edição Standard Brasileira das Obras Psicológicas Completas de Sigmund Freud* (J. Salomão, Trad., v. VII). Rio de Janeiro: Imago. (Obra original publicada em 1901-1905.)

Freud. S. (1976). Der Untergang des Ödipuskomplexes (1924). In: S. Freud. *Jenseits des Lustprinzips/Massenpsychologie und Ich-Analyse/Das Ich und das Es* (8. Aufl.). Frankfurt am Main: Fischer Verlag. v. 13. (Gesammelte Werke)

Freud, S. (1976). A dissolução do complexo de Édipo. In: S. Freud. O ego e o id e outros trabalhos. *Edição Standard Brasileira das Obras Psicológicas Completas de Sigmund Freud* (J. Salomão, Trad., v. XIX). Rio de Janeiro: Imago. (Obra original publicada em 1924.)

Lacan, J. (1973). *Le Seminaire.* Livre XX. Encore (1972-1973). Paris: Seuil.

Lacan, J. (1974). *Seminaire XXI.* Les non dupes errent. Paris, 1973-1974. (Inédito. Lição de 19 de março de 1974).

Freud, S. (1977). Os chistes e sua relação com o inconsciente. In: S. Freud. *Edição Standard Brasileira das Obras Psicológicas Completas de Sigmund Freud* (J. Salomão, Trad., v. VIII). Rio de Janeiro: Imago. (Obra original publicada em 1905.)

Lacan, J. (1978). *Seminaire XXV.* Le moment de conclure. Paris, 1977-1978. (Inédito. Lição de 11 de abril de 1978.)

Lacan, J. (1998) *Le Seminaire.* Livre V. Les formations de l'inconscient. Paris: Seuil. (Obra original publicada em 1957-1958.)

Lacan, J. (1998). De uma questão preliminar a todo tratamento possível da psicose. In: J. Lacan. *Escritos* (V. Ribeiro, Trad.). Rio de Janeiro: Zahar. (Obra original publicada em 1958.)

Lacan, J. (2001). Télévision. In: J. Lacan. *Autres écrits.* Paris: Seuil. (Obra original publicada em 1974.)

Saliba, A. M. P. M. (2003). Tradução e transmissão. In: M. P. M. A. Saliba. *Transfinitos.* Psicanálise: transmissão e causa. Belo Horizonte: Autêntica; Aleph.

Vidal, E. (1997). Saber e Limite. In: E. Vidal. Do pai. O limite em psicanálise. Letra Freudiana, 16(21), p. 64 -66.

Vestidos de casal: qual é a demanda?

Alvarenga, L. L. (1994, agosto). *Escutando o laço conjugal – uma proposta de um novo modelo teórico-clínico.* Tese de Doutorado, Pontifícia Universidade Católica do Rio de Janeiro, Rio de Janeiro, RJ, Brasil.

Freud, S. (1969). A psicogênese de um caso de homossexualismo numa mulher. In: S. Freud. *Edição Standard Brasileira das Obras Psicológicas Completas de Sigmund Freud* (J. Salomão, Trad., v. XVIII). Rio de Janeiro: Imago. (Obra original publicada em 1920.)

Hilst, H. (1995). III (Isso de mim que anseia). In: *Cantares do sem-nome e de partidas.* Recuperado em: 24 de agosto de 2014, disponível em: www.avozdapoesia.com.br/obras_ler.php?obra_id=1331&poeta_id=267.

Lacan, J. (1985). *O Seminário.* Livro 20 – Mais, ainda (2. ed., M. D. Magno, Trad.). Rio de Janeiro: Zahar. (Obra original publicada em 1972-1973.)

Platão. (1991). Diálogos. *O banquete.* (5. ed., J. C. de Souza, J. Paleikal & J. C. Costa, Trads.). São Paulo: Nova Cultural. (Coleção Os Pensadores).

Prado, A. (1979). Amor Violeta. In: A. Prado. *Bagagem.* Rio de Janeiro: Record.

A família e os discursos: pode o mestre perder o nome?

Barros, M. de. (2000). Palavras. In: M. de Barros. *Ensaios fotográficos*. Rio de Janeiro: Record. Recuperado em: 7 de janeiro de 2016, disponível em: <http://varaldavarandas.blogspot.com.br/2011/11/palavras-manoel-de-barros.html>

Garcia, C. (1995). Repensando o direito de família. In: *Anais do 1º Congresso Brasileiro de Direito da Família*. Belo Horizonte: IBDFAM.

Lacan, J. (1976-1977). *L'insu que sait de l'une bévue s' aile à mourre*. Recuperado em: 24 de agosto de 2014, disponível em: <http://www.valas.fr/IMG/pdf/S24_L_INSU---.pdf>.

Lacan, J. (1998). Conferencia en Ginebra sobre el sintoma. In: *Intervenciones y textos*. (2. ed., D. S. Rabinovich, Trad., p. 115-144). Buenos Aires: Manantial.

Lacan, J. (1994). *O Seminário*. Livro 17 – O avesso da psicanálise (A. Roitman, Trad.). Rio de Janeiro: Zahar. (Obra original publicada em 1969-1970.)

Lacan, J. (2009). *O Seminário*. Livro 18 – De um discurso que não seria do semblante. (V. Ribeiro, Trad.). Rio de Janeiro: Zahar. (Obra original publicada em 1971.)

Lacan, J. (1988). *O Seminário. Livro 11* – Os quatro conceitos fundamentais da psicanálise. (V. Ribeiro, Trad.). Rio de Janeiro: Zahar. (Obra original publicada em 1964.)

Miller, J. A. (1998, abril). O osso de uma análise: O inconsciente e o corpo falante. In: *Biblioteca – agente* (A. C. Araújo, S. Vicente & J. Gerbase, Trads.). Salvador: Escola Brasileira de Psicanálise (número especial).

Suárez-Solano, E. (1995, julho/dezembro). Família e função. In: *Revista de Psiquiatria & Psicanálise com Crianças & Adolescentes*. (O. Cirino, Trad.). Belo Horizonte, Residência em psiquiatria da infância e adolescência, Centro Pedagógico, Fhemig, 1(3): 118.

Valéry, P. (1996). Devaneios sobre o Devaneio. O sonhador de palavras. In: G. Bachelard. *A poética do devaneio*. (A. de P. Danesi, Trad.). São Paulo: Martins Fontes.

Psicanálise com família: que barulho é esse?

Botto, S. (1994). Acerca del semblante y la mascarada. In: *Imagenes y miradas*. Buenos Aires: A. B. R. N. Producciones.

Fernandes, M. R. (1991). A estrutura da transferência na psicanálise com crianças. In: *Letra Freudiana* – Ano X, n. 9, Han$ n. 1. Direção da cura. Psicanálise com criança e adolescente. Rio de Janeiro: Dumará.

Freud, S. (1969). A dinâmica da transferência. In: S. Freud. *Edição Standard Brasileira das Obras Psicológicas Completas de Sigmund Freud* (J. Salomão, Trad., v. XII). Rio de Janeiro: Imago. (Obra original publicada em 1912.)

Freud, S. (1976). Notas psicanalíticas sobre um relato autobiográfico de um caso de paranoia (*Dementia Paranoides*). In: S. Freud. *Edição Standard Brasileira das Obras Psicológicas Completas de Sigmund Freud* (J. Salomão, Trad., v. XI). Rio de Janeiro: Imago. (Obra original publicada em 1911-1913.)

Hoornaert, G. (1992). L'intervention entre le sujet e l'Autre. In: *Les feuillets psychanalytiques du Courtil*. L'institution et le particulier, paradoxe. Belgique, 4: 55, avr. (Trad. livre).

Lacan, J. (1988). Dos notas sobre el niño. In: *Intervenciones y textos* 2 (J. Sucre & J. L. Delmont, Trads.). Buenos Aires: Manantial.

Lacan, J. (1993). *Televisão* (A. Quinet, Trad.). Rio de Janeiro: Jorge Zahar. (Obra original publicada em 1974.)

Lacan, J. (2001). Discours de clôture sur les psychoses chez l'enfant. In: J. Lacan. *Autres écrits*. Paris: Seuil.

Lacan, J. (2005). *O Seminário*. Livro 10 – A angústia. (V. Ribeiro, Trad.). Rio de Janeiro: Zahar. (Obra original publicada em 1962-1963.)

Lysy-Stevens, A. (1992). Intervention et Interpretation. In: *Les feuillets psychanalytiques du Courtil*. L'institution et le particulier, paradoxe. Belgique, (4): 37, avr. (Trad. livre).

Miller, J. A. (1993). Cosas de família em el inconsciente. In: *Lapsus – Revista de psicoanálisis*. Espanha Valencia: Ediciones Eólia, 1(3): 39.

Sauret, M. J. (2001) *L'intérêt politique de la presence de la psychanalyse dans le monde*. Texto inédito apresentado em 2001. A odisseia Lacaniana. Anais.

Tizio, H. (1995, jun.). La interpretación en psicoanálisis. In: *Imagenes y semblantes*. Cordoba: Eol – Sección Córdoba.

ACRÉSCIMOS

1-Salve o pai!

Delaisi de Parseval, G. (1986). *A parte do pai*. (L. A. Watanabe & T. C. Stummer, Trads.). Porto Alegre: L&PM.

Freud, S. (1976). Notas sobre um caso de neurose obsessiva. In: S. Freud. *Edição Standard Brasileira das Obras Psicológicas Completas de Sigmund Freud* (J. Salomão, Trad., v. X). Rio de Janeiro: Imago. (Obra original publicada em 1909.)

Freud, S. (1976). Romances familiares. In: S. Freud. *Edição Standard Brasileira das Obras Psicológicas Completas de Sigmund Freud* (J. Salomão, Trad., v. IX). (Obra original publicada em 1908-1909.)

Kupfer, M. C. M. (2001, outubro). A transmissão do pai e suas consequências para a psicanálise de crianças. In: *Conferência pronunciada no Colloque franco-brésilien "Liens fraternels et conjugaux: fraternité ou communautarisme?"*. Paris, França. Recuperado em: 11 de novembro de 2014, disponível em: <http://www.ip.usp.br/laboratorios/lvida/coloquios/atransmissao.htm>.

Lacan, J. (1973). *O Seminário*. Livro 21, Les non-dupes errent, lição de 13/11/73. Recuperado em: 11 de novembro de 2014, disponível em: www.bibliopsi.org/docs/lacan/26%20Seminario%2021.pdf.

Masson J. M. (Ed.). (1986). *A correspondência completa de Sigmund Freud para Wilhelm Fliess, 1887-1904* (V. Ribeiro, Trad.). Rio de Janeiro: Imago. (Coleção Analytica).

Platão. (1989). *A República*. Livro VII. (E. M. Marcelina, Trad., Apresentação e comentários de Bernard Piettre). São Paulo/Brasília: Ática/Editora da UnB.

Pereira, L. M. L. (1997). Colocando o pai por dentro. *Revista Letra Freudiana. Do pai – O limite em psicanálise*. Rio de Janeiro: Escola Letra Freudiana/Revinter, Ano XVI – n.21, p.69-73.

Saliba, A. M. P. M. (1997). Em nome do pai sem nome. *Revista Letra Freudiana.* Do pai – o limite em psicanálise. Rio de Janeiro: Escola Letra Freudiana/Revinter, *XVI* (21), Ano XVI – n.21, p.93-99.

Szejer, M. & Stewart, R. (1997). *Nove meses na vida da mulher* – uma abordagem psicanalítica da gravidez e do nascimento (M. N. B. Benetti, Trad.). São Paulo: Casa do Psicólogo.

2-Reprodução assistida, Psicanálise e ciência

Bauman, Z. (2004). *Amor líquido: sobre a fragilidade dos laços humanos.* Rio de Janeiro: Jorge Zahar.

Caram, C. T. R. M. (2010, junho). O corpo em cena – Clínica psicanalítica. In: *Revista Grîphos – Psicanálise, Os nós da clínica.* Belo Horizonte: Iepsi, 23, v. 23, p. 186.

Dupuis, J. (1989). *Em nome do Pai: uma história da paternidade.* São Paulo: Martins Fontes.

Estado de Minas. (2014, fevereiro). Bebês com três genitores. *Jornal Estado de Minas*, 28/02/2014, Caderno Ciência, 16. Recuperado em: 28 de fevereiro de 2014, disponível em: <http://www.em.com.br/app/noticia/tecnologia/2014/02/28/interna_tecnologia,503000/bebe-com-tres-genitores-e-possibilidade-em-discussao.shtml>.

Freud, S. (1969). Projeto para uma psicologia científica. In: S. Freud. *Edição Standard Brasileira das Obras Psicológicas Completas de Sigmund Freud* (J. Salomão, Trad., v. I). Rio de Janeiro: Imago. (Obra original publicada em 1950[1895].)

Freud, S. (1969). Os três ensaios sobre a teoria da sexualidade. In: S. Freud. *Edição Standard Brasileira das Obras Psicológicas Completas de Sigmund Freud* (J. Salomão, Trad., v. VII). Rio de Janeiro: Imago. (Obra original publicada em 1901-1905.)

Freud, S. (1976). O futuro de uma ilusão. In: S. Freud. *Edição Standard Brasileira das Obras Psicológicas Completas de Sigmund Freud* (J. Salomão, Trad., v. XXI. Rio de Janeiro: Imago. (Obra original publicada em 1927.)

Freud, S. (1976). O mal-estar na civilização. In: S. Freud. *Edição Standard Brasileira das Obras Psicológicas Completas de Sigmund Freud* (J.

Salomão, Trad., v. XXI). Rio de Janeiro: Imago. (Obra original publicada em 1929.)

Julien, P. (1997). *A feminilidade velada*: aliança conjugal e modernidade. Rio de Janeiro: Companhia de Freud.

Lacan, J. (1985). *O Seminário.* Livro 20 – Mais, ainda (M. D. Magno, Trad.). Rio de Janeiro: Zahar. (Obra original publicada em 1972-1973.)

Laplanche, J.; & Pontalis, J.-B. (1979). *Vocabulário da psicanálise*. Lisboa: Moraes Editores.

Viegas, S. (1990). *Cinema Comentado.* Crônicas e Ensaios. Edição: Núcleo de Filosofia Sônia Viegas.

3-Incidêncas do real em *Reunião de família*

Caram, C. T. R. M. (2003). Família. In: Y. M. Meira (Org.). O *Porão da Família: Ensaios De Psicanálise* (p. 183-203). São Paulo: Casa do Psicólogo.

Freud, S. (1976). O Estranho. In: S. Freud. *Edição Standard Brasileira das Obras Psicológicas Completas de Sigmund Freud* (J. Salomão, Trad., v. XVII). Rio de Janeiro: Imago. (Obra original publicada em 1919.)

Lacan, J. (1998). O tempo lógico e a asserção da certeza antecipada. In: *Escritos* (V. Ribeiro, Trad.). Rio de Janeiro: Zahar.

Luft, L. (2004). *Reunião de família*. São Paulo: Record.

Meira, Y. M. (Org.) (2003). *O Porão da Família:* Ensaios de Psicanálise. São Paulo: Casa do Psicólogo.

Melgaço, R. G. (2003). O estranho familiar e o familiar estranho. In: Y. M. Meira (Org.). *O Porão da Família:* Ensaios de Psicanálise (p. 173-182). São Paulo: Casa do Psicólogo.

Portugal, A. M. (2003a). A dissolução como questão preliminar. In: Y. M. Meira (Org.). *O Porão da Família: Ensaios de Psicanálise* (p. 255-264). São Paulo: Casa do Psicólogo.

Portugal, A. M. (2003b). A família ao avesso: a estrutura do cristal. In: Y. M. Meira (Org.). *O Porão da Família:* Ensaios de Psicanálise (p. -205-216). São Paulo: Casa do Psicólogo.

Travaglia, I. H. (2003). A família e os discursos: pode o mestre perder o nome? In: Y. M. Meira (Org.). *O Porão da Família:* Ensaios de Psicanálise (p. 275-283). São Paulo: Casa do Psicólogo.

4- No horizonte da psicanálise em extensão

Freud, S. (1975). Esboço de psicanálise. In: S. Freud. *Edição Standard Brasileira das Obras Psicológicas Completas de Sigmund Freud* (J. Salomão, Trad., v. XXIII). Rio de Janeiro: Imago. (Obra original publicada em 1940[1938].)

Freud, S. (1977). Os Instintos e suas vicissitudes. In: S. Freud. *Edição Standard Brasileira das Obras Psicológicas Completas de Sigmund Freud* (J. Salomão, Trad., v. XIV). Rio de Janeiro: Imago. (Obra original publicada em 1915.)

Lacan, J. (1964). Ata de Fundação da Escola Freudiana de Paris. In: *Revista da Escola Letra Freudiana*, Rio de Janeiro, ano I, n. 1.

Lacan, J. (1966-1967). *Le Séminaire. Livre XIV.* La logique du fantasme. Paris: Éditions de L'Association Lacanienne Internationale. Publication hors commerce.

Lacan, J. (1967). Proposição sobre o psicanalista da Escola. In: *Revista da Escola Letra Freudiana.* Rio de Janeiro, ano I, n. 1.

Lacan, J. (1975). *Le Séminaire.* Livre XXII. R.S.I. Paris. Leçon 10 - 15 avril 1975. Recuperado disponível em: <http://www.valas.fr/IMG/pdf/s22_r.s.i.pdf>.

Lacan, J. (1978). *Le Séminaire.* Livre II. Le moi dans la théorie de Freud et dans la technique psychanalytique (p. 56-58). Paris: Seuil. (Obra original publicada em 1954-1955.)

Lalande, A. (s.d.). *Vocabulário técnico e crítico da filosofia.* (v. I). Porto, Portugal: Rés Editora.

Simmoney, D. (2007). ...ou pire. In: Lacaniana: Les Séminaires de Jacques Lacan. (Sous la direction de Moustapha Safouan). Paris: Fayard. (Obra original publicada em 1964-1974.)